价值投资经典

专注竞争优势

杨旭然 / 著

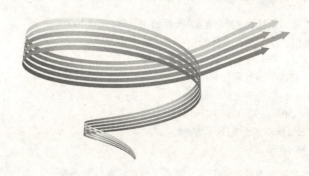

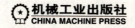

机械工业出版社
CHINA MACHINE PRESS

《专注竞争优势》是一本针对价值投资发掘竞争优势型企业的参考指南。竞争优势型企业的股价表现大多非常优秀，实现了上市之后的连年上涨，给投资者带来不同程度的回报。本书通过对竞争优势型企业的定性和定量分析，对优质企业进行合理估值，根据作者构建的价值投资交易体系、具体实战策略、风险防范技巧，帮助投资者筛选出具有投资价值的行业和企业，并通过价值投资的方法实现盈利。

图书在版编目（CIP）数据

专注竞争优势 / 杨旭然著. —北京：机械工业出版社，2019.5
（价值投资经典）
ISBN 978-7-111-62549-0

Ⅰ. ①专… Ⅱ. ①杨… Ⅲ ①企业竞争 – 竞争力 – 研究②投资 – 研究 Ⅳ. ①F271.3②F830.59

中国版本图书馆 CIP 数据核字（2019）第 072562 号

机械工业出版社（北京市百万庄大街 22 号　邮政编码 100037）
策划编辑：李　浩　　责任编辑：李　浩
责任校对：李　伟　　责任印制：张　博
三河市宏达印刷有限公司印刷
2019 年 6 月第 1 版第 1 次印刷
145mm×210mm · 12.375 印张 · 3 插页 · 252 千字
标准书号：ISBN 978-7-111-62549-0
定价：88.00 元

凡购本书，如有缺页、倒页、脱页，由本社发行部调换

电话服务	网络服务
服务咨询热线：010-88361066	机 工 官 网：www.cmpbook.com
读者购书热线：010-68326294	机 工 官 博：weibo.com/cmp1952
	金 书 网：www.golden-book.com
封面无防伪标均为盗版	教育服务网：www.cmpedu.com

推 荐 序

上海万霁资产管理有限公司董事长　牛春宝

如果你的朋友开了一家公司，一年营业收入10个亿，利润1个亿，你愿意花多少钱来收购，是10个亿，还是20个亿？如果是10个亿，对应10倍市盈率；20个亿则对应20倍市盈率。如果让你开出50亿元的天价，正常情况下你不会同意（少数具备高成长属性的新兴行业例外），这是一个简单的常识问题，对不对？但是在股市中，却很少有人以企业的角度来分析，往往给出50倍甚至更夸张的估值，或者把垃圾股作为"概念股"疯炒。这就是绝大多数股民亏损的原因。

所谓"大道至简"，如果我们能够真正以"投资"的心态来研究企业、对待股票，那么其实亏损的概率是非常小的。

有没有稳赢的赚钱方法？我认为是有的。一种方法是，永远只买5~10倍市盈率的股票，也许你不会赚很多钱，但一定不会亏损——这已经比90%的股民幸运了！而如果你恰恰买到了高增长与低估值的错位，可就发大财了，比如2017年的地产股。另一种方法是：只买行业龙头，当然必须是看得懂的龙头。

大多数行业都会呈现出一种先集中、后分散、再集中的发展过程。在这个集中的过程中，具备最强竞争优势的企业会脱颖而出,并抢占其他企业的市场份额,到了寡头垄断阶段甚至可以提价!当行业龙头确立霸主地位之后,大部分企业会生存得很艰难,并逐渐被淘汰出局。普通投资者太容易迷恋小公司的"高成长",由此陷入太多的投资误区,非常可惜。

所以我认为,对于非专业投资者,如果能通过简单的道理,构建一套竞争优势投资思维体系,就有机会抓住那些产业竞争的胜出者,实现长期稳定的收益。这就是杨旭然先生写作《专注竞争优势》的初衷。

股民入市后,一般是先简(技术分析)后繁(复杂的基本面分析),再由繁入简——掌握几个简单的基本法则。大部分股民明白此中道理需要许多年的时间,并且花费高昂的代价。如果《专注竞争优势》这本书能够让更多的股民缩短悟道的时间,并且有人能够从此走上稳健的赚钱之道,我觉得就达到了作者的目的。

当然,即使你明白了所有的道理,最终还要克服人性的弱点——贪婪与恐惧。这是另一个层面的问题,也是由一般股民向专业投资者晋级的最大障碍。祝愿中国股市的参与者能够越来越理性,也祝愿中国证券市场越来越规范、透明。

前 言

人们通常用"牛短熊长"来描述中国股市,大多数投资者也将自己的亏损归结到熊市这个原因上。

从最近五年(2013—2018)来看,市场的不确定性确实越发明显。自2013年开始,市场先后经历了大规模钱荒、欧债危机和美国主权信用评级下调、严格的房地产调控政策、"改革牛""互联网+"和创业板泡沫、股灾、熔断、大宗商品市场的震荡、2018年中美贸易摩擦等,这些影响深远的宏观事件,单拿出来每一项都会对中国证券市场的运行形成较深远的影响,更何况是集中发生在短短五年的时间里。

再向前推移观察,A股还经历过2001—2005四年时间的大熊市,这段时间上证指数从最高2245.43点跌至998.23点。如果从2001年算起,A股市场这近二十年确实是牛短熊长。

但如果把视野扩展到中国证券市场建立之初——也就是1990年,我们会发现实际情况和最近几年相比有所不同。自1990年年底中国证券市场起步,一直到2001年大熊市之前,中国证券市场实际上是经历了一轮历时十年之久、不折不扣的大牛市,上证指数从95.79点一直涨到2245.43点,十年时间累计涨幅超过 22 倍。

那么究竟是什么原因，让中国 A 股经历了如此从天堂到地狱的跌落呢？有人将原因归结到中国资本市场的管理制度出了问题，有人认为是炒作的风潮导致 A 股上市公司估值常年虚高，也有人说问题的根源在于大规模的 IPO 等。

然而这些问题在 1990—2000 年就不存在吗？如果说是制度和炒作原因的话，相比 2000 年之后，这十年之间中国证券市场的问题只会更大，而不是更小。

翻看国家统计局编写的《中国统计年鉴》，我们可以看到在 2017 年时，中国规模以上工业企业数量为 37.27 万个，总利润 74916 亿元，平均每家利润约 2009.93 万元；而在 2000 年时，全国国有和规模以上非国有工业企业的总数为 16.29 万个，总利润 4393.48 亿元，平均到每家利润约为 269.73 万元。

这个数字粗看之下上涨了大约 7.45 倍，但如果仔细推理的话，可以看到其中有一些问题。

第一，企业利润从 269 万元到 2009 万元的"7 倍增长"，建立在 17 年间中国 GDP 总额十倍增长的基础之上：从 2000 年的 8.9 万亿元增长至 2017 年的 82.71 万亿元。这 17 年间中国工资水平基本涨了十倍、房地产价格涨了十倍、主要消费品和生产原料价格均大幅上涨。

第二，就是"幸存者偏差"对统计结果的扰动。虽然截至 2017 年，按照数据统计中国有规模以上工业企业 37.27 万个，但是这个数字只是一个静态数字，并未包括在 2017 年当年破产的企业（人民法院相关数据显示为 4700 余件强制清算和破产类案件），如果把这些企业数量以粗略计算的方式加上，2017 年规模以上企业的平均利润还将进一步下降至 1985.06 万元。

如果再出于产业集中度和企业盈利能力不断集中的规律考虑，有一批能实现稳定净利润增长的头部企业实际上抬高了整体的盈利总数，其余企业的真实盈利能力会更差。

总体来看，最终的结果就是自 2000 年到 2017 年之间，中国规模以上企业的盈利绝对值虽然增长了，但真实的盈利能力不仅没有增长，实际上反而出现了下降，没有跑赢国家、人民财富增长的速度，并且有大量企业实际上是大幅跑输。

指数表现是由企业股价表现所决定的，而从长期来看，企业股价表现又是由企业盈利能力的变化所决定的（流动性和市场风险偏好等因素，只能影响股价的短期表现）。因此我们能够看到，自 2000 年之后中国 A 股一直"牛短熊长"，是有其足够充分的理由的。

进入 2018 年，因为种种原因，中国企业的盈利能力的分化变得更加明显，一部分企业变得更好，而大多数相比 2017 年以前生存境遇更为严峻。对于投资者来说，显然这并非好事。

但从另外一个角度来看，即便是在这 17 年企业盈利能力不升反降的过程中，仍然有一批企业能够不断实现盈利增长，穿越多次经济周期经久不衰。

这些企业不仅能在行业成长时赚取增量市场的利润，还能在存量市场博弈中，战胜自己大大小小的同行，夺取更大的市场份额和利润。我们可以将其定义为中国的竞争优势型企业。从最直观的历史K线图中就能看出来，它们和那些失败企业有着明显的不同。

这些竞争优势型企业的股价表现大多非常优秀，实现了上市之后的连年上涨，给投资者带来不同程度的回报，其中的典型代表，包括贵州茅台、格力电器、伊利股份、福耀玻璃等。

由于一些非常深刻的经济乃至政治、文化原因，如今中国创业者的数量仍然在不断增加，企业数量很难在短时间内出现快速下降，甚至可能在未来仍然不断增长，这意味着中国上市公司整体的盈利能力将很难出现短时间的大幅提升。

更何况经过多年的发展之后，大多数行业的增长速度都已经行将见顶，增量蛋糕不复存在，惨烈的肉搏战阶段，企业盈利能力会出现高度分化，继而导致股价表现的分化。

在这种局面下，投资者更应该聚焦于那些具备竞争优势的企业，而远离那些更有可能在竞争中失败的企业，这样才能有机会和盈利能力最强的企业一道穿越牛熊，不断获利。

目 录

|推荐序| |Ⅲ|
|前 言| |V|

|第一章|实业角度看投资|

第一节　价值投资的征途　002

第二节　股票是代码还是企业　009

第三节　什么是竞争优势　018

第四节　更有确定性的内在价值　036

第五节　构建自己的投资体系　040

|第二章|寻找企业竞争优势的定性分析|

第一节　了解你要买入的公司　048

第二节　竞争优势与护城河　053

第三节　新兴产业就是好生意吗　086

第四节　好生意坏生意　098

第五节　商业模式　107

第六节　管理层与经营战略　112

|第三章|盈利能力是一切的核心|

第一节　"去盈利化"乱象　120

第二节　利润从何而来　136

第三节　财务三大表中哪些最关键　145

|第四章|价值比估值更重要|

第一节　价值大于估值　170

第二节　三大估值指标　174

第三节　伊利股份的40倍上涨历程　189

第四节　家电三巨头的长牛之路　236

|第五章|价值投资的边界：安全边际|

第一节　投资的常见风险　248

第二节　市场的不可知和不确定性　257

第三节　仓位控制与杠杆　262

第四节　竞争优势的消失　271

第五节　强竞争中的不败者　298

|第六章|价值投资实战策略|

第一节　标的选择　320

第二节　交易时机　337

第三节　重要事件驱动　342

第四节　技术面应用　362

第五节　坚持理性　376

第一章　实业角度看投资

第一节　价值投资的征途

一、折戟沉沙

自 2015 年下半年，一直到 2018 年上半年，随着贵州茅台、伊利股份、格力电器等优秀企业股价的不断上涨，市场上掀起了一股价值投资的热潮。

投资者确实有理由为这些股票的上涨而兴奋。这一波大幅度上涨即便放在 A 股的历史上，也称得上非常耀眼：其中的几个重要代表股包括贵州茅台从 140 元上涨至最高 792.5 元（2018 年 6 月 15 日数据），伊利股份从最低 10.85 元上涨至最高 34.53 元（2018 年 1 月 16 日数据，前复权股价），恒瑞医药从最低 22.05 元上涨至最高 69.23 元（2018 年 6 月 7 日数据，前复权股价）。

刚刚从 2015 年市场的崩溃式下跌和熔断中走出来的投资者，实际上迎来了一波历史上罕见的绩优股大行情。虽然这个行情只发生在了少数的几十个种类身上，只占 A 股所有上市公司的比重不超过 2%，但动辄 3 倍、5 倍的上涨，也足够让数量众多的投资者趋之若鹜。

特别是贵州茅台长达三年不间断的大幅度拉升，给深度参与其中的投资者带来了超额回报,在股价上涨至500元以上之后,引起了巨大的社会反响,成为中国资本市场中最耀眼的明星。

人们开始相信优秀上市公司的股价可以不断上涨,突破新高。适逢美国资本市场牛市,可口可乐、强生、谷歌、Facebook(脸书)等优秀企业股价持续走强。很多投资者都感觉到,中国资本市场终于可以和美国接轨了——"伟大型企业"股价不断上涨,推动整个市场指数不断走高,形成长牛,从而给投资者带来财富。

但现实的情况远不如想象中那么美好。自2018年下半年开始,A股所谓价值投资的几面大旗,因为种种原因出现了不同程度的下跌。

先是房地产龙头企业万科A,由于前海人寿被迫抛售导致股价大幅度下跌;随后,工农中建等大银行股价塌方式下跌,几个月后,强势的贵州茅台、五粮液、安琪酵母、伊利股份、海康威视等纷纷因为业绩不达预期等多种原因,股价出现大幅度下跌。

到2018年年末,市场上具有典型代表意义的白马股已经普遍出现了40%左右的下跌:贵为股王的贵州茅台从最高点792.5元下跌至509.02元;格力电器从最高58.1元下跌至34.75元,伊利股份则是从34.53元下跌至19.90元。

伴随着这些强势了数年的股票的股价持续下挫,笼罩在"伟大型企业"头上的光环开始逐步消散。市场上流行着讽刺价值投资的段子,有股民开始大倒苦水,抱怨自从皈依"价值投资"之后,账户的贬值变得更快了。人们开始重新讨论,如果巴菲特和查理·芒格进入A股市场究竟能不能赚钱——结论当然是不能,"他们在这要把底裤都输掉"。

2018年年底,在一片纾困和救市的呼声中,小盘股、垃圾股的炒作浪潮再起,大量的投资者开始从所谓的价值投资标的中抽身出来,买入这些更加热门的品种,A股市场投资风格的偏好再次变化。

可能是中国投资史上第一次关于价值投资的全民热潮,就这样在2018年这一波持续的下跌中悄然结束。

二、投资者结构

由于非常深厚的历史原因和经济原因,中国投资者向来对于小盘股、新兴产业股有着格外的偏爱,并因此给予了创业型企业、中小型企业以很高的估值水平,以中小板、创业板为代表的小盘股长期享受着较高的估值溢价。

与之相对的"价值股",其实在很长时间里并不受到重视。

有什么样的土壤,就会长出什么样的花朵。在大多数的情况下,我们所观察到的现象,都是由一系列原因所导致的结果。因此对于理性的投资者而言,我们必须接受这样的结果,并观察它的演进趋势,而不是从心理上抗拒它,甚至是从行动上对抗它。

纵观A股历史,虽然有非常多的所谓白马股都实现了穿越牛熊、连续多年大幅度的上涨,但是真正如过去三年一样唱主角,成为市场焦点的时间却并不长。

即便是在过去三年白马股的黄金时间,我们也能看到似曾相识的问题：投资者给"伟大型企业"定了太高的价格。在贵州茅台、五粮液、伊利股份、老板电器等在内的大量股票出现大幅下跌之前，其市盈率大多已经被抬升到 30～40 倍。

这意味着如果按照其目前的净利润水平没有持续增长的前提下，以最高价区间买入的投资者必须等待 30～40 年的时间，才有可能收回成本，显然这是不可能的，实际上投资者下注的，是这些企业可以在未来实现每年 30% 甚至更高的净利润增长。

但实际情况是，对于这些大多身处传统产业，并且利润基数已经比较大的绩优股来说，其利润难以保持长期、高速增长的状态。因此较高的估值水平最终成了市场难以承受的高预期。其业绩表现稍有风吹草动，就引起了投资者——特别是机构投资者的集中抛售。

在 2007 年牛市时期，蓝筹股泡沫也曾经被炒到过登峰造极的状态，当时以规模庞大著称的四大银行、两桶油、各大央企股价都出现了巨幅上涨，估值高企，但很快就开始了"自由落体"运动。到 2013 年之后，大多数蓝筹股市盈率都降到 10 倍上下甚至 5 倍左右。

过去三年的绩优股行情，发展到 2018 年同样出现了一些估值较高的情况。这种状态和 2007 年的蓝筹股泡沫在本质上没有太大的区别，甚至和 2014 年、2015 年的小盘股和科技股牛市也没有根本性的不同。

人们的主观意识让客观事物产生变化。那么向市场施以力量、参与投资交易的都是哪些投资者呢？根据上交所 2018 年数据显示，个人投资者交易占比稳定在84%左右，是市场的主要参与者。机构投资者仅12%，其中投资基金占比3.28%，并在不断下降。

这意味着在过去相当长的时间直至今日，占据A股市场主导地位的一直是定价能力相对欠缺、理性投资能力相对薄弱的个人投资者。这也就决定了，不论是2007年的蓝筹股泡沫，还是2015年的科技股崩溃，或者是被炒到30~40倍市盈率的绩优白马股（相比前两次还算不上那么疯狂的泡沫），个人投资者都起到了决定性的作用。

在生活中，我们都知道说服一个人改变他的固有观念和行为模式是很困难的，对于一个人群来说也同样如此，对于一个数以千万计算的投资者群体来说，改变就更加困难了。

因此我们可以感受到，过去中国资本市场出现的问题，未来仍然会存在，向理性投资演进的道路仍然漫长，"价值投资"在很长一段时间里，仍然只会是一部分投资者的选择。

三、可喜变化

由于投资者结构的基础已经确定，经过几年价值投资的科普之后，中国资本市场仍然不会因此发生短期、迅猛的风格转换，炒作、投机和无规律的资金流动和巨幅换手，仍将在很长的时间内存在下去。

但这并不意味着价值投资在中国永远没有市场。相反，它作为一种更加成熟的投资模式,将伴随着"去散户化"进程的发展,不断被更多的机构与个人投资者所接纳,这是从欧美成熟资本市场数百年发展历程中体现出来的一般规律,也是一个方向非常清晰的增量市场。

很多人都知道在美国和欧洲等成熟市场,市场的定价权基本是由专业的投资机构所主导的,因此其市场表现往往更加理性、稳健,牛长熊短,不少投资者对此非常羡慕。

但这并非美国股市成立开始就有的景象。和现在的中国一样,在1929年之前,美国也有大量的家庭财富都投入到股市当中,并最终由于大萧条的降临而损失惨重。实际上直到1945年,根据美联储的数据统计,当时美股超过93%的市值,仍然是由全美各地的个人投资者所持有。

经历了20世纪60年代和70年代美国经济滞胀、石油危机、冷战等诸多因素导致的持续性低迷行情之后,美股散户投资者数量大减。与此同时,共同基金兴起,取代个人投资者成为美国市场的主要力量。时至今日,美国市场中的个人投资者所占比例已经下降至10%左右,更加专业的机构投资者完全掌握了市场的定价权。

对于中国而言,个人投资者数量众多、投机炒作盛行、理性投资意识不强的客观现实已经存在多年,这种投资者结构所导致的诸多问题,也给中国资本市场以及投资者自身都带来了巨大的困扰。

面对这些困扰,大多数投资者是迷茫、不知所措甚至身心俱疲的。特别是2015年以来,中国资本市场历经了持续的大幅度震荡。在这个过程中，曾经被投资者追捧的大量股票都出现了巨幅下跌，以创业板为代表的大量小盘股、科技股腰斩再腰斩，给投资者带来了巨大的损失。在这种惨痛的局面下，有非常多的投资者希望能够有所改变，有寻求更好投资模式的迫切需求。

从某种程度上说，过去几年市场对于"伟大型企业"的追捧，人们在价值投资上的尝试（虽然很多投资者对价值投资的理解仍非常稚嫩），既是这些企业业绩增长驱动的结果，也是这些损失惨重的投资者被迫求变、试图寻找更好的投资模式共同作用所形成的结果。

与此同时，以安邦、前海人寿为代表的相对激进的保险公司，通过沪港通、深港通进入 A 股的更加成熟的国际投资机构，也加快了价值投资的发展。

从这个角度上看，虽然价值投资方兴未艾，虽然因为种种原因被很多人所误解，虽然让很多刚刚接触价值投资的投资者感到困惑，但大的发展趋势已经出现了。尊重价值、尊重理性的大趋势是历史的发展规律，不可能因为几次波折而出现根本性的转变。

之所以会有这样坚定的判断，一方面是由于上述所说，中国资本市场必将追随更加成熟的欧美市场的发展历史进程；另一方面，这也是由股票这个客观事物的本质所决定的。

如果投资者能够正本清源，回到股票最根本、最真实的定义上，就会发现，所谓价值投资，并不是某一项不得了的"武功秘籍"或"通关密码"，而是所有稳健、成功的投资，都必须遵循的客观规律。如果不是为了给自己一个更加明确的定位和名称，我们甚至可以抛去"价值投资"这个代号。

当越来越多的机构投资者进入这个市场、越来越多的投资者对现状不满而寻求改变时，价值投资的征途也必然将会不断地行进下去。相比那些在过去早已被证明行不通的"捷径"，这才是一条能够越走越宽的阳关大道。

第二节　股票是代码还是企业

一、不是问题的问题

"股票是什么？"

很少有人问起过这样一个简单的问题。如果读者把这个问题抛给某个炒股的朋友、亲戚甚至公司领导，他大概都会怔一下，好好想几秒钟，然后给出五花八门的答案。

多数人可以熟练地在炒股软件中打出代码，甚至将股票代码记得清清楚楚脱口而出；也有的人能够凭借高超的短线技巧，把股票市场当成自己的提款机，买车买房；甚至有人凭借厉害的操盘能力成为职业投资者，掌控数以千万、亿计的资金。但对于这个问题，很多人都没有过很深入的思考。

当我们操作股票的时候，我们买的是什么？

传统的教科书式定义告诉我们,"股票(stock)是股份公司发行的所有权凭证,是股份公司为筹集资金而发行给各个股东,作为持股凭证并借以取得股息和红利的一种有价证券"。这种教科书式的解释让人看起来一头雾水。

对于这个问题,目前解释得最清楚、最形象的当属伯克希尔·哈撒韦公司的副董事长、巴菲特的老搭档查理·芒格。他曾经说过,最重要的,是要把股票看作对于企业的一小片所有权,以企业的竞争优势来判断内在价值。

也就是说,在芒格看来,股票=企业的一小片所有权。这样的解释,严格来说和很多教科书上的定义是一致的,但相比那些冗长无趣且绕来绕去的解释,芒格给股票下的定义明显简单了很多,更容易为人所理解。

股票就是企业,一些股票等于企业一部分的所有权,全部的股票等于全部的企业。拥有了这些企业,就可以参与公司每年的分红,也可以享受企业发展所带来的股份增值的权益。理论上,如果散户投资者拥有足够多的股票,甚至可以进入董事会,直接参与公司发展战略、经营决策的制定。

但对于大多数投资者来说,他们并没有在买入股票的时候抱有这样的想法,他们从来没有将股票视为一家企业,而是更多地将股票看作一串代码、一串数字,能够产生具备一定规律的K线。对于这些投资者来说,股票投资的意义在于抓住K线运行的规律,进而明确买入点和卖出点,最终获利。

这基本上是目前市场上大多数投资者的认知和选择。显然,这和"股票＝企业"这样的判断毫无关系。因此对于这些投资者来说，股票就是一个简单的代码，每一个代码之中，都有无数参与其中的筹码，来去匆匆飘忽不定。

对于把股票定义为"筹码"这样的判断和观点，我持坚定反对的态度。

原因很简单，如果说股票真的只是代码或筹码，没有价值做锚，那么市场中完全可以形成不限量的代码供应，从 600000 到 699999，从 000001 到 099999。如果这些代码完全没有价值内涵，也就是价值基础的话，那么由于其供应无限且投资者有限，最终会导致所有的代码"价格"趋近于零。

股票＝企业的所有权，意味着投资者可以通过持有股票，来持有企业现在所拥有的资产和未来若干年的收益，这是能够让人们心甘情愿掏钱支持企业发展唯一理直气壮的理由。不给出这样的等价交换，除了赌徒之外，没有人会愿意把自己辛苦工作赚来的钱真正贡献给一串代码或者一串 K 线。

明确了"股票＝企业的所有权"这个基本的命题，后续一系列关于竞争优势企业的投资机遇的论述，才能够真正地展开。

当然对于绝大多数投资者和读者来说，这并非一个难以理解的事实，只是他们此前太多地被变幻的 K 线图所吸引而没有意识到，或者沉迷于短线交易的"快感"之中，不愿承认而已。

二、 优秀幻象

虽然说优秀的股票=优秀的企业，但是二级市场从来不是一个非黑即白的市场，它的运营有非常复杂的运行机制，有无数利益主体掌控者，每只股票的走势受到资金流动、风险偏好等多重因素的影响。

特别是中国证券市场，有全球范围内最大比例的缺乏足够定价能力的散户投资者，有四处流动、脉冲式出现的游资，对于股票价格的影响扰动巨大。这就导致了中国证券市场上，有大量的企业虽然资质平平，却仍然能够获得资金的青睐，市场上大量充斥着在行业中排不上号、没有竞争优势的企业，却享受着超过30倍甚至50倍以上的市盈率。

在这种背景下，市场上经常会出现一些"明星股"，这些股票能够在很短的时间内出现很大幅度的上涨，或者以日积月累的方式完成数倍的涨幅，获得资金的追捧。但如果仔细去鉴别这些企业的基本盘的话，就能发现它们中相当多都是乏善可陈的，然而这并不会阻碍其获得全市场的关注，股价仍会大幅度上涨。

2015年，"股灾"之后的A股市场出现了令人瞠目结舌的一幕：多年没有表现、长期不被人关注的老牌深圳上市公司特力A（000025.SZ）连续大幅度上涨，用一根根涨停的K线画出了一个大大的"N"字形，所有人都在讨论这个横空出世的妖股到底为什么会上涨，但最终也没有找到什么答案（见图1-1）。

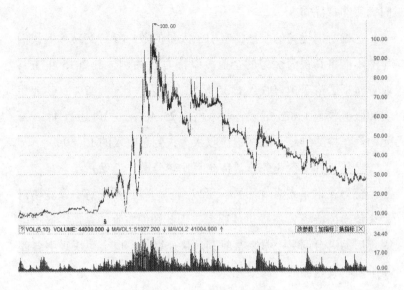

图1-1 特力A的炒作过程

2018年3月,受到贸易战、美联储加息等一系列事件的影响,A股资本市场表现沉闷,但市场上忽然又出现了一家明星公司——万兴科技(300624.SZ),在没有任何利好消息刺激的情况下,连续拉出九个涨停板,并在随后四次涨停,股价从45.12元直冲167.7元,中间连一个像样的调整都没有,而且经历了监管层的数次"特停"。

当然这两个"明星股"并非个案,在A股各个时期,都有大量类似突然出现的明星股。这些上市公司在各自所在的行业里,大都没有足够强大的竞争力,在估值上也没有太多的优势可言。但是不能否认的是,仅就在一段时间内的市场表现而言,它们确实非常优秀。

这种所谓优秀的股票,吸引了大量的散户参与交易,但我们显然不能将其视为优秀的企业。以特力A为例,其2015年主营业务包括了汽车销售收入1.35亿元,收入占比44.42%;物业租赁和服务收入1.075亿元,收入占比25.40%,另外还有4826万元的汽车检测维修和配件销售收入,占到总收入的15.89%。

显然,其主营业务非常传统且比较分散,毫无亮点。

特力A的消费者和用户,可以不费力气地用任意一家竞争对手来替换掉特力A所提供的服务,因此即便它真的兑现了股价上涨背后的潜台词——未来某时利润快速增长,也会很快吸引各路竞争者将其超额的利润稀释掉。

因此正常来说,这在看重未来发展空间的二级市场中很难享受到高估值。但就是这些拼凑在一起的不赚钱的业务,被市场给出了上百倍、最高时几百倍市盈率的估值。

类似的例子还有太多。曾经风靡一时的网络游戏股,产品虽然能够带来高额的现金流水,但是大多数的产品周期非常短,黏性不足,且必须面对腾讯、网易等巨头企业的轮番轰炸,但A股市场还是毅然决然地给出了极高的市盈率和股价,最终在腾讯一家独大的过程中,几乎所有游戏公司股票都变成了明日黄花,估值一降再降,股价一跌再跌,谁买谁亏。

新能源汽车、大数据、人工智能,各类热点题材内都有上市公司走出疯牛行情。但这些产业经历了多年的发展之后,仍然缺乏足够的盈利能力,甚至没有形成清晰的商业模式。每天都有无数的创业企业出现,以极低的价格冲击大型企业的市场。对于这些看起来市场表现优秀的企业来说,真的名副其实吗?

显然,在很多时候,这些所谓"优秀企业"只是股价波动时产生的一种假象。

三、 冷眼看波动

曾经有个天真的家伙,问 J. P. 摩根对股市走势的看法,想了解他的预测判断。据说摩根冷冰冰地回答"它将不断波动"。

没错,不断波动,不知道向上还是向下。不管任何人,在任何时候,精确地对股市短期走势进行明确判断,都是件极难的事情。越是短时间内的波动,就越难以被市场观察者掌握规律。但偏偏有很多人沉溺其中,认为自己一定能从中获取到隐藏的规律,得知天大的秘密,走向暴富之路。

实际情况显然没有这么乐观,市场的无规律波动吸引了太多人,却只有很少人能够在市场波动中赚取稳定的收益。中国资本市场更是全球范围内波动率最高的。所以有大量的股票能够出现极高的市盈率,也就不足为奇了。但对于投资者来说,是否有必要在对基本面完全不了解的情况下,跟踪或者买入每一个突如其来的"明星股",是值得商榷的。

如之前所说的,股票市场最大的特点之一,就是有非常多的利益主体。这些利益主体出于不同的目的,会以各种方式去影响甚至蓄意操纵股价。

特别是在中国,这些利益主体的购买行为往往不是从纯粹的投资角度出发,而是交织着各种复杂的利益关系,比如公司的控制权、争取更好的定向增发价格(高或者低),甚至只是一场针对散户、拉高吸引跟风的股价操控。

有名的"股票大作手"徐翔对于股价的操控术非常精通。他常用的策略,就是选择市场上关注度最低、成交量最少的一些品种,悄悄买入筹码,通过大量账户购入上市公司占比非常高的股份,然后以对敲的方式在短时间内集中,大幅度拉升股价,并在股价高位时伙同上市公司高管发出高送转、并购等利好消息,随后卖出离场。

最典型的例子就是对文峰股份(601010.SH)的操控。2014年12月21日,文峰股份公告显示,文峰股份大股东文峰集团12月21日与郑素贞(徐翔母亲)达成协议,签署了《文峰大世界连锁发展股份有限公司股份转让协议书》,文峰集团将其持有公司的1.1亿无限售流通股转让给郑素贞,占总股本的14.88%,转让价为8.64亿元。郑素贞受让文峰股份的单价为7.85元/股,为上一交易日收盘价的9折。

2015年4月初,文峰股份股价经过爆炒后达到顶峰52元,期间股价换手率超过800%。在这期间,2月28日,文峰股份抛出"10转15派3.6元"的高送转预案,进一步推高了市场炒作的情绪。

最终,股价上涨数倍、基本面毫无变化的文峰股份从52元的高价(未复权价格)跌回"凡间",截至2018年4月底股价不到 4 元（2015 年 10 送 15 后价格，见图 1-2）。

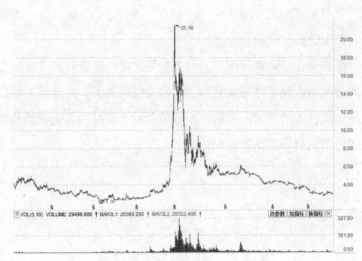

图 1-2　文峰股份的炒作过程

2012—2015 年之间，文峰股份历年营业收入的同比增长分别为 -0.25%、11.71%、8.59%、-7.39%。每年收入 20 亿元上下，从事的是利润微薄的零售行业，仅凭借在江苏一地的市场占据一些市场份额，上要承受跨区域竞争的永辉超市、大润发等企业的挤压，下要面对各类本地中小型超市卖场的竞争压力，没有垄断能力，也没有定价权，在管理层方面，董事会里有大量学历不高、思维传统的管理者。

显然，投资者如果参与到这种所谓明星股的炒作之中，就会被一些拉升股价的利益主体所"收割"。

从各种角度来看，这家企业都不是好的投资标的。如果在高价买入文峰股份之前,按照"股票=公司""好股票=优质公司"这样的逻辑简单地思考一下就会发现,这是一家从各个方面来看都不值得投资的企业。

那么是什么因素促使了人们去购买这样一家企业?最终原因是股价波动这种价格现象驱动了人们的投资决策。在连续不断的上涨面前,人们不愿再相信"企业股价的上涨是因为企业盈利能力提升"这样最基本的原则。

第三节 什么是竞争优势

一、更好的企业

能够明确股票=企业这个最简单的道理,投资者就能够将其推演成另一个公式:最好的股票=最好的企业。

在过去40年的时间里,中国各行各业都处在非常迅猛的发展过程中,很多企业都取得了不同程度的成功,或成为集团企业,或小富即安,或委身大型企业,卖了一个好价钱。"最好的企业"这样的定义,反而有些迷失了。

不论是小富即安,还是不断发展成为上市公司、企业集团,没有盈利都是万万不能的。只有赚到实实在在的利润,才能够让企业的所有者实现小康梦想，或者成为行业的领袖、优秀的企业家。

由于互联网和科技类创业事业的蓬勃发展，这个简单的原则反而被很多人淡忘了，因为现实中有大量没有实现盈利的企业被资本市场给出了高价，或者被巨头企业以巨资买下。这样的例子太多了，以至于有些人都已经将"盈利"的概念当作落后的经商原则。

关于为何互联网企业能够在亏损的时候卖出好价钱，在后面的篇幅中我有所阐述，在这一章的内容中，我们首先要谈明白的是在绝大多数情况下，能够被称为最优秀企业的条件是什么。

创办一家企业，不论是以养家糊口为目的，还是以经营国有资产为目的，还是以实现个人或一个团体远大前程为目的，最终都是要通过盈利来获得成功，赚钱是一家企业最大的成功，不论大型企业、小型企业还是个体户。

也就是说，能够获得多少利润，是衡量一家企业是否成功最核心的关键因素。即便是很多卖出高价的互联网企业，也有机会能够帮助收购方完成某项功能、获得更大利润，或者其自身未来有机会能够获得更多利润，才得以让人愿意为其未来赚得的利润，在眼下报出实际的出价。

在现在或将来能够赚得更多利润的企业，可以视作更好的企业。在资本市场中，如万科、伊利股份、福耀玻璃（见图1-3）那样，能够十几年如一日地保持稳定增长，为股东持续赚钱盈利的企业，可以视作更好的企业；或者像贵州茅台、工商银行那样，可以通过占据某一类稀缺资源，并因此获得持续盈利的能力，也可以视作更好的企业。

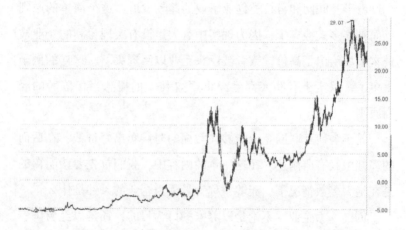

图 1-3 汽车玻璃行业优秀企业福耀玻璃上市以来走势

那么，最好的企业应该是怎样的？我的答案是，在这些"更好的企业"中，能够将这种足够强势的盈利能力一直持续下去的那些。这些企业能够长期稳定地占据稀缺资源，不论是自然资源还是牌照资源，获得超额利润，或者有能力通过强硬的竞争，战胜所有对手，最终形成强有力的"超级品牌"，占领消费者和投资者的心智。

比如说，假设在极端好的情况下，伊利在未来几十年的时间里，可以将目前的盈利能力保持下去，甚至将目前的盈利增长持续下去；或者说工商银行能够永远赚得每年 2800 亿元以上的利润，连年提升，不再下降；贵州茅台的每瓶酒都能够永远卖到高价，不断上涨；腾讯的用户数量只增不减，而且大多都能被分流到其能够创造营业利润的业务上；顺丰控股能够将国内所有高净值的快递客户牢牢把握在手里，并成功地开发出能够进行二次盈利的新业务，不再因为参与不到电子商务大市场的分羹中而纠结不已。

不论是通过占据得天独厚的资源，还是通过强有力的竞争手段或巨大的品牌号召力，如果这些企业能够做到上面所说的理想状态，那么就可以说是"最好的企业"。

在正常的情况下，这些企业可以做到大多数时间都能够超过同行竞争对手的表现。那么理所应当的，它们的一部分、一小块所有权，就能够成为最好的股票。在二级市场上，能够持续不断有新价值增加的股票，一定能够获得持续上涨的机会。

二、利润怎样持续

让我们通过举个简单的小例子来回答这个问题。假设刘大爷家里有一棵茶树，这棵茶树所产出的茶，具有一种特殊的香气，是市面上任何茶叶都不具备的神秘香味，所有喝过这棵茶树所产茶叶的人，都对此赞不绝口。那么恭喜刘大爷，他可以凭借这棵茶树大获其利，创立公司，打造品牌，成为人生赢家。

他可以每年小心翼翼地摘茶，炒制，并且以价高者得的拍卖方式，迫使想要一品香茗的客户给出能够接受的最高价格，获得高额利润。同时，刘大爷还打造了"留香型"的品牌，让这种茶叶的香气和品牌符号紧紧地联系在一起，人们看到刘大爷的商标,就条件反射一般地感受到了扑鼻而来的香气。

刘大爷对院子里的这棵树严加看管,在其周围拴上了若干凶猛的牧羊犬,以确保没有人来盗窃或破坏。因为这棵茶树绝无仅有的稀缺性,刘大爷定期卖茶,不急于增产,滋润地生活过了很多年。

忽然有一天,在距离刘大爷家数百里的地方,有一小队驴友在深山中旅行,忽然发现了一片古老且面积庞大的茶树林,并且被这些茶叶所吸引,带回去一些炒制之后,发现与知名产品"刘大爷"茶叶的味道几乎一模一样。驴友们很开心,他们找到当地政府,投资与其一起开发茶叶产品,主打的卖点就是"留香型"。

最不愿意见到这一幕的当然是刘大爷。大量的"留香型"茶叶开始出现在市场上,原来买不到他的茶叶的消费者,都转向去新的供应商那里。为了对这家新的竞争者反击,刘大爷声嘶力竭地向市场宣传他才是这种茶叶的唯一供应商,但市场并不理会,因为新企业茶叶的口感味道,和刘大爷家茶树炒制的茶叶一模一样。

最终,刘大爷对于这款高端茶叶的定价权被新企业稀释了,他的企业盈利能力出现了下滑。但这还不是最要命的,最要命的事情还在后面:那家新企业由于内部管理的不善,有员工偷盗茶树的枝杈和新苗进行再次繁育,几年之后生长出了更多的茶林,以更低的价格抢占市场。

一个曾经独一无二的茶叶品牌,最终在越来越多的竞争者的推动下，成了大路货，这时的刘大爷，自然不会对"留香型"茶叶的价格有任何的控制权了，其盈利水平也回到了常规的状态。

又过了一段时间，一个专业的资本团队看中了刘大爷企业的价值，主动找上刘大爷，帮助他引入战略投资资本，制定企业发展的规划，开发了一系列基于"留香型"茶叶的茶饮料产品，在市场上引起了巨大的反响，人们终于意识到刘大爷的品牌才是"留香型"茶品的开创者，于是品牌重新焕发活力，甚至成了茶叶的代名词。

获得成功的刘大爷，不仅在竞争对手面前夺回失地，还利用资本优势收购了这些竞争对手的企业和茶园，最终"留香型"茶产业的竞争格局得到重塑，行业的盈利能力显著提高，刘大爷的公司成了饮料行业中最强大的企业之一。

通过这个不存在却又处处存在的例子，我们看到了一家企业如果想持续盈利，可以通过独占某种商品的供应来实现，也可以通过强大的经营能力、产品能力甚至资本实力，拉开与竞争对手的差距来实现。

如果不存在资源独占，刘大爷的茶叶品牌想要在市面上永远保持独一无二，成为这个市场中最赚钱的企业，就必须以强有力的手段——包括更好的产品、更强大的产业链整合能力、更有力的资本助力，去抢占竞争对手的市场份额，打败同类型的竞争对手，并尽可能地通过各种壁垒作用来阻隔新的竞争对手出现。

虽然刘大爷的企业是一个虚构的例子，但这并非一个完全不可能完成的任务，因为在现实中确实有很多企业在做出这样的努力，其中一些，还获得了非常不错的成效。

三、成功的寡头

寡头或垄断者这些词似乎"不太好听"，因为在现实中这总是和各种阴谋诡计、对消费者和用户的伤害以及暴富、挥霍联系在一起。但实际上，市场中有太多的垄断企业。它们就像细菌一样充斥着我们每个人生存的空间，但是并非每一种都会引起人们生病。

有些人对于寡头企业、垄断企业充满敌意，大多是因为站在消费者的角度，这些企业看起来会因为在供需关系上的强势而不太好打交道，有可能不会给消费者提供足够好的商品和服务，所谓"店大欺客"。

实际上现代产业组织理论证明了，寡头垄断的市场结构其实是非常有效率的。产业经济学大师——芝加哥大学的哈罗德·德姆塞茨教授就指出：高效率的企业可以占有较大的市场份额，并带来产业集中度的提高，优秀企业的良好绩效是因为效率而不是因为市场垄断造成的。

更高的效率让企业占据行业内较大比例的市场份额，成为寡头，获得规模优势市场品牌知名度方面的认可。长期来看，具备强大竞争优势的龙头企业，可以跑赢任何一个国家的GDP增长速度。

例如 1964 年年底到 1981 年年底的 17 年间，美国 GDP 增长幅度为 370%，但同时期，《财富》500 强的销售额则增长了近六倍。

当这些市场份额庞大的企业的规模越发扩大之后，它就有机会成为某一个领域最强大的竞争优势企业，占据该行业的大多数市场份额，拥有较强的市场定价权，进而获得持续、有保障的盈利能力。

目前活跃在美国、日本、德国、韩国等大经济体中的寡头企业和垄断企业，大多数都是经过高强度的市场竞争之后，从一片混战的产业发展初期摸爬滚打而来，能够推动其获得如此成功，大多数都如哈罗德·德姆塞茨所言，具备非常高的效率，才能在竞争中脱颖而出。

在中国，也有为数不少的企业，是通过激烈的市场竞争，最终获得了巨大的竞争优势，才称霸某个领域，特别是一些民营企业和混合所有制的地方国企。

硅谷著名的投资家、Founders Fund 基金创始人彼得·蒂尔对于垄断企业的研究非常深入，他不仅是 PayPal 的创始人，还是 Facebook 的第一个外部投资者。他曾经在其著作《从 0 到 1》中写道，所有不幸的公司都是一样的，因为它们无法摆脱同一个诅咒——竞争；而所有幸福的公司，它们也都是一样的，都是与众不同或者很独特的，它们特别成功，是因为建立起了某种形式的垄断。

在二级市场的投资中，这些市场中非常优秀的企业，也大多获得了非常好的市场表现。在其净利润不断增长、市场占有率不断提升的过程中，其股价也大多可以获得长期持续的上涨，并在每一次牛熊周期轮转后创出更高的价格。

因此，通过发现垄断企业并进行"有效的"投资（这里所说的有效是指一系列先置条件的限制），是一种有效的投资策略，各国市场中，此类企业都能够赚取超过同行业企业的利润，其股票也在资本市场的历史长河中不断上涨，这不仅证明了对垄断型企业投资的正确性，也给人们寻找竞争优势企业以源源不断的动力。

四、了解竞争优势

商品价格围绕价值上下波动，但整体上是以价值为根基的，这是大家从高中就开始学习的经济学中最基础的理论常识。对于很多在大学期间接触过经济学课程的人，更是一个再简单不过的知识点。

股票作为一种投资品，同样也脱离不了商品的属性，特别是二级市场上的股份，每天都处在被反反复复交易的过程中，商品属性非常明显。也就是说，股票的价格围绕其价值上下波动更加剧烈。在中国这个相对特殊的市场中，其波动的幅度非常大，周期间隔更短。

阻碍投资者对于企业本身价值、企业的发展形成更多了解的障碍，最大的就是对股票价格的过度关注。不可否认的是，价格变动确实非常吸引人，能够对投资者形成巨大的感官刺激和吸引力，同时在客观上，也可以对企业的经营情况、未来前景有一定的体现。但是，价格变化对价值的指向作用被严重高估了。

为了能够更好地了解到企业的情况，投资者应该对价格以外的因素给予更多的重视，特别是对财务报表、股票软件中体现不出来的产业情况应予以格外重视，因为这些产业内的格局和信息，往往会决定一家上市公司报表的好坏。

首先就是这家企业在行业中的竞争地位。这种竞争地位体现在种种方面，最重要的包括企业营业收入、净利润、利润率和竞争对手的比较，如果一家企业能够以更高的利润率赚取比同行更多的利润，那么可以表明它是一家具备竞争优势地位的企业。

另外就是品牌效应。在一个行业中往往会有一两家强势企业，这些企业被视为这个行业的"标签"，甚至被视作这个行业本身，例如人们想到高端白酒，第一反应就是茅台，甚至想到白酒的第一反应就是茅台，想到汽油立刻想起中国石油和中国石化，想到中药就是同仁堂，这些都是品牌效应和品牌壁垒，是一家企业竞争优势的充分体现。

在一个相对成熟的行业中，竞争优势型企业往往会保持高于行业平均的增长水平，这体现出竞争优势企业的另外一个特点：抢夺市场份额的能力，它们高过行业平均增长水平的那部分增长，实际上就是从行业中其他竞争对手手中抢夺而来的收入和净利润。

这在地产行业有最明显的体现。在2015年之后，地产行业相比其他行业已经算是具有很强的盈利能力，以万科、恒大、碧桂园为代表的几家大地产龙头业绩增速非常迅猛，但与此同时，在这几年的时间里有大量中小型房地产企业破产，也就是说大型企业对小型企业的挤压效应非常明显。

五、产业链优势

能够将行业的强势地位延续到产业链上下游中，对于企业来说是竞争优势的另一个集中体现。

如果一个行业里的从业者太多，有无数的创业型企业充分竞争，那么他们在向上游优势企业进行采购的时候，就没有足够的议价能力，因为上游企业面对非常分散的客户群体，在议价的过程中可以保持强势，而单个创业者很难有规模足够大的采购数量，因此不能享受到规模经济。那么，这些充分竞争企业的业绩就好不到哪儿去。

可以预见的是，如果某家上市公司也是这个充分竞争行业中的一分子，那么它的利润中会有大部分被上游厂商所吞噬，数据表现就不会太好。

5家企业卖东西给5000家，价格就很容易卖得更高，相对来说业绩一般都会很好看。反过来，5家企业向5000家企业买东西，很容易就把价格杀下来，谁质优价低就用谁的，饿不死，也吃不饱。这方面最典型的就是瑞典宜家，利用自身品牌优势，在大量代工供应商面前有极其强大的议价能力。

在选择上市公司时，如果有行业议价能力强的企业，就不必选议价能力弱的企业，在产业链中的地位，直接决定了企业是否能够给投资者带来长期的回报。

通过比较极端的反例，我们可以更清楚地看到这种竞争优势的价值。农业和物流是中国两大"老大难"的行业，一方面很多人都知道这两个行业规模巨大、有很好的前景；另一方面，行业里的企业过得苦不堪言，绝大多数企业盈利能力差、抗风险能力弱，并且还要受到来自产业链上下游和配套服务商的盘剥挤压，例如越来越高的农药、种子和农具价格，以及多少年都没涨过、只能靠超载来多赚一些的运费。

在上市公司中，这两个行业的历史表现也是非常差，可以说是常年"敬陪末座"。其中的原因有产业发展基础薄弱、宏观因素等影响，但非常重要的一个原因，就是这两个行业是国内门槛最低、个人创业者最容易进入的行业之一，高度分散，难以形成具有竞争优势的企业。

由于有数量太多的个人农业从业者（养殖和种植户），市场集中度更高的农药企业、农资企业可以以更高的价格售卖产品——很多农药品种都是管制商品，生产加工都有严格的政策限制，进一步缩小了供给；而养殖户的上游饲料加工行业也是一个规模优势非常明显的行业，极易形成寡头格局，这些都让农民和农业企业在产业链中的议价能力极弱。

物流行业也是类似，每年都有大量农民买车跑运输，挂靠配货站获取货运信息，其实质就是每辆车都是一家小型的物流公司，高度分散的竞争格局让每一个运输个体户和物流公司都面临激烈的竞争局面，导致谁也不敢贸然提升运费，最终只能靠超载多拉来获取正常的利润。

这两个行业中的企业，就是典型的不具备竞争优势的企业代表，它们往往需要被迫向那些具备竞争优势的企业输送更多的利润。这些企业的反面，就是那些具备市场竞争优势，并且能够将触手伸向供应链获得超额利润的企业，这在本质上也是由供需关系所决定的。

六、 产业发展与企业盈利变化

行业所处的发展阶段，也在很大程度上可以决定一家企业的业绩表现。这是非常值得注意的一点。在行业发展早期，其中企业的数量相对较少，竞争格局较为宽松，随着需求的不断增长，企业的盈利能力普遍较好。

这时人们往往会对这些企业的竞争能力形成过高的判断，认为这是这些企业自身实力的体现，但实际上是和行业所处的发展阶段密切相关的。

一旦社会资本和创业者发现某个领域存在超额利润，就会开始大规模地进入这个领域，其进入的规模往往和行业中的超额利润成正比。

企业和资本的进入伴随着市场需求的增长，这时的行业就呈现出一片繁荣的景象。而资本往往会采用低价甚至补贴的方式来拉动需求的增长,这会进一步刺激消费者形成消费习惯。

相信很多人都在过去几年的互联网创业浪潮中,看到过这样的景象。

凡是在某个阶段市场非常火热、所有人趋之若鹜、社会资本为之疯狂的时候,一个产业大多处于发展特别迅猛的阶段,相应的在股票市场中,也有很多"题材"概念的表现,不断上涨,吸引眼球,可以在短时间内营造出一种行业被改变、体系被颠覆的爆发状态。

但实际上由于这种行业被大多数人所看好,往往行业中会聚集大量的竞争者。这就造成原本高速增长的行业,由于有太多的竞争者,导致其中单一企业很难获得超额利润。

这些公司的股票,不论是风险投资者手中的原始股,还是二级市场投资者手中的"概念股",虽然可能在短时间内上涨,但由于其缺乏足够的盈利能力,最终的结局大多都是下跌甚至长期、大幅度下跌和清零。只有极少数可以不断上涨,最终从小市值企业成长为大市值公司。

在格雷厄姆最重要的著作《聪明的投资者》中,他这样表述:"很长时间以来,都有一种流传甚广的观点,成功的投资技巧,在于首先找出未来最有可能增长的行业,然后在其中找到最有前途的公司,比如某个精明的投资者很早就发现了计算机行业,尤其是IBM公司。"

"但事实的情况是,某一行业显而易见的业务增长前景,并不一定会为投资者带来显而易见的利润。另外,即便是投资专家,也没有什么可靠的办法,能使其挑出前景光明的行业中最有前途的公司,并将大量的资金投入该股票。"

另一位大投资家彼得·林奇也说过:"高增长行业是一个可怕的领域,因为每个人都想进入。"

当一个热门行业中有数千家企业、几十家上市公司的时候,作为投资者是很难确保能够刚好抓住其中最有前景的几家企业的。因此,即便是投资者对一个很有前景的行业有了清晰、正确的认识,最终也很难转化成一次成功的投资。

尽力去掌握行业所处的发展阶段,对于投资者来说是非常重要的。在大多数时候,想要做出一次"靠谱的"投资,都应该避开那些处于高速发展且竞争激烈、同行数量太多的行业。

七、 市场集中度

如果要规定作为投资者的你,仅看一个数据指标,就做出对一家企业的投资决策的话,你会选择哪项?是利润,还是总收入,还是净资产收益率?

"市场占有率"是非常值得关注的,同时也是被低估的一个指标,特别是在大类行业中的市场占有率数据。这是一家企业在市场中竞争实力最真实的结果展现,也包含了非常多在报表中无法体现出的信息。

在一个行业里,能够占据很高市场份额的大型企业(寡头型或垄断型的企业),与行业里中小型企业、创业型企业相比,有更加确定的盈利机会。其规模优势和强大的品牌价值,都是行业中占有较小份额的企业很难比拟的优势。

事实上,和很多人头脑中简单的判断不同的是,一些垄断型企业甚至拥有更高的增长速度,并没有因为行业"天花板"见顶而有下滑的迹象,因为寡头型和垄断型企业不仅可以在行业发展的时期获得增量利润,同样也可以在行业发展停滞之后,挤压行业中其他企业的生存空间,获得存量博弈的利润。

例如,基本垄断了全球社交网络(除中国)的 Facebook 仍然在快速增长:在其公布的截至 12 月 31 日的 2017 财年第四季度财报中显示,截至年末其日活跃用户为 14.0 亿人,同比增长 14%,月活跃用户为 21.3 亿人,同比增长 14%;公司 2017 财年营收为 406.53 亿美元,比 2016 财年的 276.38 亿美元增长 47%,2017 财年运营利润为 202.03 亿美元,比 2016 财年的 124.27 亿美元增长 63%;净利润为 159.34 亿美元,比 2016 财年的 102.17 亿美元增长 56%。

显然这样令人震惊的增长速度,并不是在 Facebook 刚刚成立的时候获得的,而是 2017 年这个年份(成为全球垄断型企业很多年之后)仍然取得了如此之大的增长。这个数据,超过了行业中绝大多数的中小型企业、创业型企业(见图 1-4)。

国内也有非常多类似的情况,特别是在增量空间更大的互联网企业。阿里巴巴 2017 财年 GMV 约为 3.8 万亿元。2013 财年突破 1 万亿元后,GMV 年均复合增长率为 36.8%;财年总收入达到 1582.73 亿元,比 2016 年同比增长 56%,基于非美国通用会

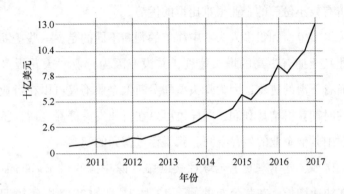

图1-4 2011—2017年Facebook市值规模陡峭的上涨曲线

计准则,净利润为人民币578.71亿元(约合84.08亿美元),较上年同期的人民币427.91亿元增长35%。

在传统产业中也有很多类似的例子。如在玻璃纤维行业很成功的企业中国巨石,在占据了国内一半以上市场份额的基础上,自2014年以来,每年的归属净利润同比增长均超过40%,营业收入的增长在最近四年也有三年超过了12%。

另一家把竞争对手甩得远远的企业、占据国内最大石膏板市场的北新建材,2009—2017年这九年时间里,仅有2015年一年的归属净利润同比增长低于20%,如果从2004年开始算,13年的时间里只有两年的归属净利润同比增长低于20%。

几乎成为国内眼科专科医院"代名词"的爱尔眼科,通过产业基金投资和资产注入的方式,2014—2017年这四年时间里,实现了归属净利润连续同比增长均超过 30%。营业总收入同比增速更是连续 11 年超过 20%。

这些上市公司的股票也自然而然地持续走牛，在 2012 年以来兵荒马乱、充满不确定性的市场中穿越牛熊，不断创出历史新高，给坚定参与的投资者带来超额回报。

这些企业共同的特点，就是在行业中有很强的竞争优势，改变了行业的竞争格局。其行业市场集中度往往非常高，企业自身的市场占有率也非常高。

其中的某些企业，市场占有率甚至能够超过 50%。这意味着极其强大而明确的竞争优势，企业将因此享有明确的产品定价权，基本实现了对所在行业的寡占。

显然如果一家企业能够坐享极高的市场占有率和定价权的话，那么其内在价值就更有机会不断增长，所谓"未来折现现金流"自然就会更高，带动股价不断上涨。

对于小型企业来说，并非没有战胜优势大型企业、挑战成功的可能，但这种成功的事件，绝大多数都集中在各个行业发展的初期阶段，以及几十年一遇的技术升级时代中。

在行业发展的初期阶段，小型企业的竞争对手里基本没有大型企业，都是体量类似的中小型竞争对手，所以才能够获得更高的成功概率。抓住了这个时机，快速建立竞争优势的中小型创业企业，才有机会成长为大型企业甚至具备强大竞争优势的垄断型企业，这是很多"小票"投资成功的关键所在。

第四节　更有确定性的内在价值

一、追逐内在价值

"市场先生"是格雷厄姆提出的一个非常著名的观点,他认为股票市场就像是一个神经兮兮的卖家,每天都会不间断地、随机给出每家上市公司的股票一个价格,而这个价格乘以总的股份数量,就是这家企业的市值,因此企业的市场价值永远在不断的变化中。

如果你以"市场先生"给出的高价购买股票,那么便有可能产生亏损。如果投资者幸运地赶上了"市场先生"发神经,以半卖半送的价格出售股票,那么投资者就有可能获得更多利润。

但这其中有一个问题,就是"市场先生"每天所给出的定价,并没有一个非常清晰的依据,而是建立在各种复杂的原因基础之上,并受到情绪的严重扰动。例如在市场银根缩紧的时候、发生大规模瘟疫的时候、国际形势出现意料之外的问题的时候,股票价格往往出现不同幅度下跌,很多时候并不是企业自身出现了什么问题,仅仅是市场的情绪发生了变化。

因此，如果将投资决策完全建立在"市场先生"荒谬的定价基础上，那显然是有问题的。因此在投资中，我们需要引入内在价值的概念，来和"市场先生"给出的漂浮不定的市场价值做出区分。

简单的理解，我们可以把内在价值看作一家上市公司的真实价值，这个真实的价值并不是指上市公司的账面资产，而是其未来能够为股东所持创造的价值，也就是净利润的总和。

例如，如果投资者买入一只母鸡，那么自买入之日起，这只母鸡能够产的鸡蛋的价值减去饲养成本所得净利润的总和，就是其内在价值。

如果按照每枚鸡蛋价值0.5元、成本0.3元的价格计算，在这只母鸡四年的产蛋周期中一共可以产下800枚鸡蛋，其总利润是大约160元。

那么只要稍微有些商业头脑的人都会发现，如果以300元的价格去买下这只母鸡，那么这很有可能将会是一笔亏本的买卖。甚至于以160元的价格去买一只产蛋的母鸡，也是一件非常荒谬的事情。因为这个价格完全封杀了买家的利润空间，也没有考虑对养殖过程中可能出现的风险进行定价。

这是一个对于买家来说，原本非常容易理解的道理，几乎任何一个心智成熟的村民都能把这笔账算得清清楚楚。

但到了证券市场中，人们却很难以理性、客观的方式去思考如何给上市公司定价。人们会将"市场先生"给出的市场价值，与上市公司的内在价值相混淆，并最终因为买入价格过高而深陷其中。

如果投资者能够真正将股票视为企业所有权的一部分，以企业的所有者的角度去考虑投资的准确性和得失机会，就更有机会远离"市场先生"所带来的困扰，转而去更多地思考企业的内在价值，以内在价值为准绳进行投资。

二、没有硝烟的战争

巴菲特将企业的内在价值定义为"未来存续期获得的自由现金流的总和的贴现值"，这个定义虽然一直以来都没有一个非常清晰、明确的解读，但是投资者也可以感知到其中内涵。

另外，也有投资者对这个定义进行了简化，将企业的内在价值定义为未来某一段时间内（例如十年），企业所能够创造出税后净利润的总和。

按照内在价值的原则购买资产，其最重要的基础在于这些资产能够如预期中产生足够的回报，例如购买母鸡，它应该确保能够产蛋。如果买到的母鸡不能如预期中顺利产蛋，而是每半年产一枚蛋，那不论以多么完美的公式进行计算，这仍然是一次亏本的买卖。

对于上市公司的投资来说也是如此。如果我们以非常严格的内在价值计算方式，以极低的估值投资一家上市公司，但最终这家公司不仅丧失了净利润持续增长的能力，甚至还在第二年因为种种原因陷入巨亏，那么很显然，所有关于内在价值的计算都化为泡影，成功的投资变成了失败的投资。

因此，在我们选择以内在价值作为投资依据的同时，必须考虑到一个重要的因素：企业是否有能力确保守护住自己未来每一年的利润，尽可能不会出现下滑或者严重的亏损。

所以在以内在价值作为核心考虑因素的同时，我们必须明确，我们所投资的企业，有什么能力来确保其内在价值是真实有效的。

这就是我们寻找那些最具竞争优势，甚至垄断了某一特定市场企业的意义。通过对一个市场的占据，没有了竞争对手的冲击和困扰，甚至能够从消费者和客户手中获得更强的定价权，上市公司更有可能一以贯之地为股东每年创造出足够多的利润。

关于未来的事情都尚未发生，投资者必须用现在已经存在的现实情况，去尽可能推断出一个相对可靠、出现概率较大的未来。

这就像一场发生在未来的、没有硝烟的战争，投资者必须完成对所投企业竞争优势的分析，做沙盘推演。而投资者能够依靠的，就是目前这些企业在行业中的市场表现，以及所有产业发展变化的一般规律。

如果投资者能够发现一些企业不仅在现阶段具备足够的竞争优势，有很好的经营数据去支撑其优势，同时它的发展进程又符合数百年来市场经济中各个行业的发展规律，那么我们就可以更好地确定其内在价值。

这是一个难点。本书也试图去通过分析那些最具竞争优势的企业，去帮助投资者更好地甄别那些更具有业绩确定性的企业。

但这同时也是并不会涉及晦涩高深的数学计算、公式推导的判断方法,并不需要太过高深的理论知识,而是更注重投资者对于实业的理解。

第五节　构建自己的投资体系

一、拒绝碎片化

体系化是一个我们平时并不会经常使用,也很少出现的词汇。但是它的对立面,或者说反义词——碎片化,经常出现在各种媒体和人们的对话中。

在信息产业越来越发达的时代,人们有机会接触到越来越多的信息和知识,但如果过度接受碎片化的信息,并形成碎片化的思维方式,就会有很多明显的弊端显现出来。

首先,碎片化的信息最突出的特点就是篇幅短,而在较短的篇幅中,结论就无法得到充足的论证。没有充足论证过程的结论,往往就意味着真实性存在疑问。

例如,我们打开微博,发现某家自媒体发了一条微博"震惊,个头过大的番茄可能含有膨大剂",我们就记住了一个结论"个头大的番茄里有膨大剂",这个结论背后的隐藏含义就是,个头太大的番茄含有膨大剂，对身体有害不能吃。等到下次我们再去购买番茄的时候，就会对个头大的番茄心生警惕。

但事实的情况是，即便使用膨大剂种植的番茄，在大多数时候也并不会影响到人们的身体健康。截至目前，也没有任何科学研究表明膨大剂会对人体健康产生危害。

当我们抱着宁可信其有不可信其无的态度，去接收和消化碎片化信息的时候，这些信息就会在不同程度上影响到我们的生活。当这些信息积累到足够多的时候，就会对人们工作、生活的方方面面产生比较大的影响。

另外，碎片化的思考还有一个显著的问题，就是使人们更容易陷入简单的因果判断中，降低其思考和行动的层次感，更容易忽视主要矛盾以外的次要矛盾，也忽视了可能会对某些事物产生影响的多方面因素。

例如，在网上看到可爱的宠物的照片，就会驱动人们养宠物，让人们忽视了养育宠物对生活产生的影响和负担，特别是租房住的年轻人；对奶茶等甜食的喜爱，让人们忽视了摄入过多糖分对身体的危害。

对于大多数投资者来说，碎片化信息和思考所带来的简单因果判断，就更加明显，人们将辛苦工作累积下来的财富，以非常简单联想的方式投出去。

很多投资者都是在某个领域的资深人士或者专家，但是在投资方面，却并没有经过系统性的训练和思考，其投资决策、理论来源依据的都是碎片化的思考。毫不夸张地说，其购买股票的决策过程，和在网上看到可爱的猫狗照片，就去不计后果地购买宠物的行为没有本质区别。

投资者通过财经媒体和投资平台等渠道，接触到了各种类型的财经新闻和分析内容，从宏观，到各个行业，再到国际形势，再到科技新闻，这些内容相互之间并没有太多的关联，但每个似乎又会对市场或者上市公司产生影响。

再加上各种类型的公司财务信息、股票价格信息等，投资者如果没有系统性的投资体系，就很容易陷入碎片化信息的汪洋大海中，最终造成投资时依据不充分，或者因为相信某些信息导致简单联想，从而陷入泥沼之中。

例如看到某新兴产业企业营业收入大幅增长，就去购买股票，却没有想到这些收入是否是因为大规模折价补贴换来的，最终财务风险会在某一时刻全面爆发；看到某个产业支持政策公布，就立刻去买相关的公司，却最终遭遇"一日游"行情惨遭套牢，因为这些产业政策无法在短时间内对企业业绩产生正面影响，改变的只是人们心里的预期。

如果投资者能够增加自己的系统性思考的能力，全方位地了解能够决定企业股价表现的多种因素，就可以从市场上和舆论上筛除掉95%以上的无用信息，更好地指导自己的投资决策。

二、真实的二级市场

对二级市场有一个明确的认知和定位，是建立自己投资体系的第一步。

和大众固有的印象不同的是，二级市场投资原本应该是一种风险偏好较低的投资。虽然和货币基金、银行理财产品等固定收益理财相比，股票投资的风险偏好相对较高，但是相对于VC、PE等风险投资，或者是更靠前端的天使投资，属于风险最低、安全系数较高的一种投资方向。

如果按照企业发展的先后顺序来划分，可以将其划分为初创期、成长期、成熟期和衰退期，相对应的投资类型就分别为天使投资、风险投资和二级市场投资。

企业的发展历程就如同森林中树木的成长过程一样，要经历树种、树苗和大树三种形态的变化。其中树种的风险最大，每一棵树每年都会产生大量的树种，但到了真正能够找到合适的土壤、在嫩芽期躲过动物昆虫的取食、能够孕育成树苗时，就会有绝大多数的种子被最终淘汰掉，这时对于大量"树种"的投资，就是天使投资；等到树苗逐渐成长，经历动物的啃食、气候的变化，与成年大树抢夺水分和阳光，逐渐长高，这就是成长期，这时对细小的树苗进行投资，下注其会成长为成年大树，这时的投资，就是风险投资，风险投资所面对的风险要比天使投资弱一些，但仍属于高风险区域；当树苗成长为大树，但尚未成为栋梁之材时，可能会遭遇雷击的风险，也可能在森林大火中被烧毁，甚至有可能因为蛀虫导致空心坏死，但如果这时对根正干直的大树进行投资，就已经具备了比较明显的确定性。虽然其成长的速度相比树苗期已经变慢了很多，但其成长的确定性已经显著提升，可以在数年的时间里越长越粗，最终成为优质的建筑材料甚至工艺品原料。

二级市场投资并非风险投资，而是一种对于确定性有非常明确要求的投资。在这个市场中，人们寻找的是那些已经经历过较长成长周期，已经显示出明确竞争优势的企业，而非那些暂时还看不到未来的小树苗甚至"种子选手"。

因此对于二级市场而言，凡是成功的投资体系，基本上都是寻找具备竞争优势的确定性机会，而不是和风险投资一样，去押注那些尚未变得强壮的树苗。

不论是看重清算价值的格雷厄姆，还是希望能抓住更早期机会的费雪，或者是博取两家之长，自称"85%格雷厄姆，15%费雪"的巴菲特，都从未去挑选那些幼嫩的树苗，他们所投资的都是那些栋梁之材。

三、抓住最成功的企业

经典的价值投资利润认为，价值投资是"以适当的价格，买入优质公司的股份，并通过长期持有获得合理回报"。在这个纲领性的定义中，解决"买入优质公司"这一部分，是投资者需要明确的第一步。

当我们明确了"买股票等于买企业"这个清晰简单的道理之后，系统性的投资体系就打好了坚实的地基，这可以帮助投资者屏蔽掉数量众多无用的碎片化信息。

将内在价值作为信仰的价值观明确后,投资者可以更少地关注到股票市场价值的波动,面对市场的震动与不安时,就有了更多的从容和淡定,甚至会因发现具备真实价值的股票被人以极低的价格出售而欣喜。

当投资者将目光再聚焦到那些具备核心竞争优势、在各自行业占据统治地位、拥有定价权的企业的时候,其关注面就会进一步收窄——这时市面上纷繁复杂的各种碎片化信息已经被过滤得差不多了,投资者可以更加敏锐地发现那些能够真正对股价产生影响的有利因素。

这是一个循序渐进的过程,也是构筑成熟投资体系的基石。当然这并不是一个投资体系的全部内容,但纵观历史上能够获得投资成功的伟大投资者,都在遵循着这些简单的道理。

当通过上述原则,明确了市场中可供投资的标的企业之后,投资者就已经有了一个非常清晰的投资体系,一个完全不同于传统图形分析、技术分析或行业分析的投资体系。

诚然,市场上有一些投资者,可能会在多年的摸索中,形成了自己的一套投资体系,可以不看企业的基本面,只利用图形、资金流动分析就获得成功。我不会否定这种情况,但这些体系的个人色彩极强,大多没有经过客观评标体系的验证,我们不能去追求个案和特殊情况,而应该去追求最具确定性的投资规律。

需要强调的是,一个正确投资体系的建立,并非一个极其艰难或者必须掌握高深经济学、金融学知识才可以形成的过程,而是以"道"为主,以"术"为辅,也就是说,定性比定量更重要，明确原则比复杂的数学计算更加重要，找到具备核心竞争优势的企业，要比每日计算适合买入的最低价更为重要。

投资者可以通过对"定性"的坚持，减少对"定量"方面的依赖。在A股的历史上，这样的例子数不胜数，例如在上市后的任何一个时间点买入万科A、海天味业、海尔电器等行业领军企业。最近的一个典型案例，就是贵州茅台不论是在150元还是200元买入，都可以在其上涨至600元的时候获得超额利润。

当然，即便是最优质的企业，也应该在出现安全边际的时候进行投资，特别是对于那些受到清盘线限制的机构投资者来说。即便是对于资金没有时间限制的个人投资者来说，不在股价被高估的时候买股票，也是一个最基本的原则。关于买入时机和安全边际方面的问题，我们会在后面的内容中讨论。

第二章 寻找企业竞争优势的定性分析

第一节　了解你要买入的公司

一、 增加确定性

有些资深的投资者会有一个习惯，就是只投资或者操作少数的几只股票，对于市场上大约 3000 家以上的上市公司，并不全都关心。而这种投资者往往能够获得较好的收益，这就是了解的力量。

在以券商为代表的研究机构中，在招募研究员的时候，也倾向于招聘那些具备一定行业背景的人，特别是具备工科、理科与金融双料知识体系的复合型人才。这其实体现出的，是在专业中浸淫而带来的深度了解企业能力的价值。

价值投资一个非常重要的基础，就是对于所投企业有足够深入的了解。这种深度的了解不仅是给自己提供确凿而明确的理由，同时也是在遭遇下跌时能够沉稳应对的底气所在。

在投资领域，对于同一家企业，投资者受限于知识结构、思维体系甚至年龄和性别等因素，都会接收不同的信息，从而对企业形成不同的判断。因此用"盲人摸象"来形容投资是非常恰当的。在一头大象面前，有的盲人摸到了象腿，有人摸到了象鼻子，有人摸到了象尾巴，这时盲人对于大象的认知是不一样，因此形成的形状判断、价值判断都是不一样的。

如果想对于一次投资有足够的信心，就应当去避免"盲人摸象"所形成的错误判断，只有最全面、最了解一家企业的真实情况，才能做出最正确的投资决策，并且在整个投资周期中保持自信和理性。

当然全面获得关于企业的一切信息本身是一种理想状态，但是只要我们能够获取的信息和行业规律、产业细节、公司情况越多，我们的投资就会变得越有把握。

这里面有一个非常典型的例子，就是在2014年左右开始重仓投资贵州茅台的董宝珍。这次投资让他获得了10倍左右的收益，而其中的关键，就在于他成功地抓住了贵州茅台因为塑化剂、八项规定等利空因素所导致的低估投资机会，最终迎来了白酒行业周期的上行。

在投资的过程中，他深度研究白酒行业的现状与发展规律，并且撰写大量的研究报告和相关文章，其中有一部分还刊登在了白酒行业的专业媒体上，当2018年茅台集团新任董事长李保芳上任后，甚至还专门宴请董宝珍，讨论白酒行业的发展趋势和企业经营问题。

如果没有这种对于企业情况、行业情况的深入了解，董宝珍很难在行业进入低谷、投资巨额亏损、茅台股价被极度低估时选择坚持，也无法实现最终在高位抛售获利。

另外一个典型的例子，是约翰·保尔森在美国次贷危机时坚决做空美国房地产，在一度濒临破产的情况下，最终扭转局面，获得 37 亿美元的超额利润。他之所以敢于如此搏命一般地做空美国房地产，基础就在于对房地产行业的大量历史数据进行深入的研究，并通过各种调研来确认美国疯狂的房产现状与历史规律相吻合，最终得出美国房价被高估 40% 并且必然会回归的结论。

当然搏命式的全仓押注的杠杆投资并非价值投资所推崇的，但通过这两个典型例子我们能够看到，全面、深入地了解企业与行业情况，是投资获得成功的关键基础。

二、关键要素

如之前所说的，投资者在投资的过程中，会感受到来自市场上的大量信息，其中有非常多都是杂音。如果没有分辨其中重要内容的能力的话，很容易陷入信息的汪洋大海之中。

因此对于投资者来说，很重要的一个能力就是分辨出具备竞争优势的强势企业，并且通过分析，找到其获得竞争优势的根本原因所在。

这个过程涉及很多行业知识、经济学知识、财务知识、管理学知识，但市场并不会以论文或者专著的形式把这些信息传达给投资者，而需要投资者自己去观察各种公开的财务信息、企业经营新闻和公告，以及管理层的经营管理变动情况。

市场上有很多通过寻找这些关键信息获得正确判断企业价值能力的例子。其中比较典型的，是刘姝威对于乐视网的研究报告。这篇报告发表时，正是贾跃亭与乐视网"生态体系"如日中天的时候，但刘姝威通过公开信息和财务数据，观察到了乐视的一些问题，并公之于众，最终的事实证明了刘姝威的正确。通过这个案例，投资者们有机会看到专业的价值投资所必须观察、熟知的几个重要信息，成了难得的价值投资优秀教材。

在管理层团队方面，根据刘姝威的观察，乐视集团和各家子公司的管理层，大多数来自传媒领域，在技术方面有专长的并不多，但考虑到乐视大量的智能硬件和互联网业务，其技术能力的储备明显不足。

在财务数据方面，刘姝威重点关注了其非常低的营业利润率（2014年0.7%，而2013年则是10.02%）和营业利润的下滑（2014年仅4787万元，同比2013年2.37亿元下降了80%），并且在年报中没有披露各个业务板块的盈利情况，2015年，其营业利润比2014年同期再度下滑47%。

在商业模式方面，刘姝威观察到乐视主要负责出售电视的子公司乐视致新出现大幅亏损，而根据乐视的商业模式设计，也就是其生态体系的规划，乐视必须继续补贴销售大量电视，并且高速扩张，才能够保证获取足够多的用户，并通过增值服务获取利润。

但刘姝威看到，面板本身是一个技术迭代不断进步的行业，因此乐视必须不断用高价购买最新的电视面板，才能获得消费者的青睐，也就是说乐视的烧钱之旅几乎没有尽头，成本会随着面板不断迭代而不断增加，一旦停止，消费者必然转身离去，因此乐视致新在可预见的未来都会持续亏损。

在行业方面，刘姝威看到内容产业的巨大价值，各大内容企业、卫视都在投资做各类综艺节目、影视剧等，并以此吸引了大量的人气。但反观乐视，将大量的资本投入到硬件当中，影视投资只靠少量购买版权，不仅导致巨额亏损，还失去了内容这个朝阳战场。

另外，从更加宏观的角度来看，刘姝威发现自2014年开始，以创业板为代表的大量上市公司通过讲故事、造概念、描述未来市场的方式来打动投资者，但是这些故事和概念很难转化成真正的利润，以此为基础吹高股价，杠杆不断高企，这都是市场非常不健康的表现。

还有一点刘姝威没有提及的，就是乐视所在行业的竞争格局与壁垒效应。网络视频也好，手机也好，智能电视也好，本身并没有足够的进入壁垒，其市场竞争本身非常激烈，包括BAT、各大传统电视厂商、手机厂商都是乐视的竞争对手，而乐视本身的品牌效应并不显著，各大业务板块也无法做到行业的第一梯队，虽然各类产品的价格足够低，但仍然没有足够的竞争优势。

可以看到，这是一个非常典型的"自下而上"的分析过程，刘姝威通过对乐视网一系列相关公司信息、行业信息和宏观信息的认知，最终得出了企业存在重大经营问题和投资隐患的结论（见图2-1）。

如果采用自上而下的分析方式，由于宏观和行业方面的机遇，乐视所出现的所有问题都是"成长中的阵痛"，是可以被接受和容忍的。

以史为鉴，可以知兴替。刘姝威分析乐视网是一个反例，但

第二章　寻找企业竞争优势的定性分析

图 2-1　盛极而衰的乐视网股价表现

对于正面分析来说，自下而上对企业相关信息做全方面了解和思考，同样是非常重要的。我们可以将这些需要投资者密切关注和了解的因素，分为定性和定量两部分，其中对于企业竞争优势的定性分析最为重要，是成功投资需要率先考虑的基石。

第二节　竞争优势与护城河

一、护城河效应

巴菲特最为人所熟知的一个原则，就是要投资有"护城河"

的企业，这些企业往往具备一种能力，将竞争者拒之门外，甚至连爬上"城墙"的机会都没有，这就可以确保企业面对的竞争对手很少，进而获得持续利润。

他认为，"最好的产业是有护城河的城堡。总会有其他人打算攻击你的城堡，但问题是你的护城河是否够宽。"

这个护城河，实际上就是企业经营的"壁垒"。相信如果巴菲特仅仅是说要投资有"壁垒"的企业，在社会上的传播效果，肯定要比生动形象且更容易激发人们想象的"护城河"要差得多。

但是护城河与壁垒确实是同一事物的两个不同称呼。巴菲特的搭档查理·芒格曾经说："我们买下壁垒。（因为）建造它们太不容易……我们那些卓越的品牌并不是我们自己创建的。我们已经买下它们。如果你以重置价值的巨大折扣购买了某种东西，而它又难以替代，你就获得了很大的优势。"

可见，一般来说企业利润的丰厚程度，与获利之后随之而来的竞争对手数量成正比。如果行业有足够高的进入壁垒，就可以将这些竞争对手控制在一定数量范围之内，甚至让其无法参与竞争。

经济学家曼恩和贝恩都通过观察得到过类似的结论。具有极高进入壁垒的集中产业的利润率，要高于不具备足够高壁垒的集中产业。但值得注意的是，并非所有行业的限制性因素都可以视作壁垒。当一个行业具有以下特征时，通常才会认为这个行业就是具有进入壁垒的。

1. 规模经济

如果进入者以较大规模进入，将导致市场价格降低，最终新进入者可能无利可图；而以较小规模进入，会导致进入的平均成本高于在外者，也会使新进入者无利可图。

2. 进入成本

如果进入所需的固定成本很高，并且进入后该成本就成为无法回收的沉没成本，那么新进入者将不会轻易进入，从而在位者能够保护既得市场。推销新产品所需的巨额广告费用，也是一个例子。

3. 绝对的成本优势

如果能拥有原料来源或关键的技术，那么在位者对新进入者就有绝对的成本优势。

4. 消费者的转换成本足够高

当消费者需要付出转换成本来使用产品时，他们通常不愿意再转向新的产品。消费者的转换成本通常来自于学习成本、配套产品的投资等，这些都导致消费者对品牌的忠诚。如果消费者因此认为现有的产品更适合自己，那么即使有新的进入者，在位者也能够保持一定的领先优势。

5. 政策法规的限制

政府会因为种种原因限制一些行业的准入，主要是由于环境保护的要求和大型企业游说政策制定的结果。例如重工业中，产能低于一定数额的新项目不予审批通过，这种政策限制不仅在中国出现，在全球范围内都是非常常见的。

这些条件和特征看起来多种多样，但其实都是围绕着一个核心展开的：将新的竞争者阻隔在壁垒之外，以降低行业中目前的竞争强度。尤其是限制中小型企业参与到竞争中的可能，只是其体现的形式不尽相同。

对于垄断型企业来说,其之所以能够成为整个行业领域唯一或大部分商品的供应者,除了自己在产品质量、经营效率方面运作得非常成功之外,这些壁垒所发挥的作用也是非常关键的。

举例来说,我们知道白酒的酿造工艺非常简单,甚至很多农村家庭在家就可以使用一些工具酿出味道不错的酒,有些比较精通的,甚至有可能酿出比市场上售卖的品牌白酒味道更好的酒。可是为什么,这些独立酿造的个体,没有做成像水井坊这种规模的酿酒企业?

同样,番茄酱这种简单的调味产品制作难度并不大,很多企业都有能力生产。可是为什么亨氏番茄酱在全球的市场占有率达到30%左右(见图2-2)?很多中小型企业却只能关张歇业?同样的情况还出现在了酱油、快餐、酵母、乳业等行业之中。

图2-2 亨氏番茄酱在全球范围内占有极高的市场占有率

抓住这些壁垒现象背后的本质原因,我们就有机会找到下一个类似的投资机会,甚至有机会找到正在发育的、潜在的垄断型企业投资机遇。

二、 品牌壁垒

此类壁垒更多存在于 to C 产业之中,也就是那些直接面对消费者的各类商品。

这些行业虽然面对的是全市场范围内海量的消费者,按照通常的简单分析来说,应该是全球范围内有非常多不同种类的客户需求,使企业难以完全满足,最终造成市场格局的分散化。

但事实情况却完全相反。大量的生活消费品产品都出现了严重的头部效应,两三家企业基本就可以占据行业中绝大多数的"有效利润市场"。也就是说,如果把某个市场看作一只肉鸡的话,那么其中 1~3 家头部企业可以吃到鸡胸、鸡腿和鸡翅这些最重要的部分,其余肉很少的部分,才是留给其他企业的份额。

消费品行业中,头部企业能够享有非常丰厚的利润。在各个国家的资本市场中,都有市值规模非常庞大的知名品牌企业。对于消费者来说,购买这些企业的产品是如此的顺其自然,以至于完全不用经过任何思考:我为何要购买这些企业的产品,甚至将其送上寡头企业的宝座?

战略和营销大师,《定位》一书的作者杰克·特劳特对此提出了自己的判断。在他看来,每个消费者都会去选择某几个品牌的产品,因为消费者只能接收有限的信息,在纷繁复杂的信息中，消费者会按照个人的经验和接收到的信息，甚至一时的情绪来进行消费行为。

这就让企业有机会通过宣传和品牌打造的方式，来改变人们的消费行为。另外，大型企业也可以凭借其雄厚的财务实力和渠道能力，创造多种品牌，以多品牌战略来攻克各个年龄段、各种类型的消费者。为其提供看起来更加符合自身个性的品牌的商品（虽然这些商品之间的真实差异可能并不大，甚至完全没区别）。

也就是说，对于终端消费来说，人们的心智非常有限，对于每种商品只能容纳2~3个品牌，这就直接决定了每个行业中都会有几家非常强势的寡头企业，而其他不能占据消费者心智的品牌日子就会不太好过。

特劳特后来又强调，由于互联网的兴起带来了巨大的信息扩容，另外各类新型产品层出不穷，这会让人们对品牌的认知变得更加有限，最终导致每个行业只有1~2家企业可以占据消费者的心智。显然，这会导致消费品行业的垄断型企业更加强大。

我观察到的事实的情况是，每个消费者都需要面对太多种商品，这成百上千种商品构成了人们的物质生活。如果我们按照生活所必需的商品是2000种来计算，平均每种都认识和了解三个品牌的话，那就是6000个品牌的商品，这还没有计算每个品牌内部的各类细分型号（见图2-3）。

在这些商品里面去挑选日常所需，是一个非常浩大的工程，几乎不可能实现。因此人们更倾向于选择某一两种最熟悉的品牌，替代对这种商品的认知。

第二章　寻找企业竞争优势的定性分析

图2-3　超市中绝大多数商品的品牌都是人们记不住的

所以，当一家企业如果成功地占据了消费者的心智，那么就会在全社会范围内，迎来源源不断的购买行为，创造出稳定的收入来源，并随着社会购买力的增强而不断提高收益。

这个时候，各行业头部企业（特别是刚需型的商品）如果能够确保其品质，做出稳定持续的产品升级，就能够在一段时间之内保证良好的经营业绩，即便是如伊利、蒙牛、双汇、茅台一样，受到一些负面因素的冲击，也能够保持强势的行业地位。

对于很多创业型的消费品来说，在互联网时代，商品的供应种类越来越丰富，数量越来越多，导致品牌壁垒骤然提升，将产品打造成具有鲜明特色、能够被大众快速接纳的商品，需要付出更多的营销费用，需要更加强大的品牌打造能力。这个过程变得越来越困难了。

因此，目前人们面对着更加难以选择的消费过程，品牌壁垒的作用比以往更强了。一个精心呵护的优质品牌,意味着更有持续性的业绩水平,同时也能够在资本市场中收获更高的估值水平。

随着公司竞争力的不断提升,品牌价值这种无形资产越来越高,这类寡头企业的市盈率、市净率一般呈现上升趋势,这种规律在家电(美的、格力、海尔)、高端白酒(贵州茅台、五粮液)、乳制品(伊利、蒙牛)等行业中都见得到。

由于这些企业良好的业绩表现,包括巴菲特在内的大量投资人,都长时间大资金地进行投入,并取得了丰厚的回报。在酒类、医药、食品、调味料、饮料、日用化学、金融和互联网行业中,都有具备强大品牌影响力的企业。这些企业为人们提供每天重复消费使用的商品和服务,在自身经营获得成功的同时,也为投资者提供了非常丰厚的回报。

三、政策壁垒

众所周知,中国是一个"管制"大国,在经济社会生活的方方面面,规章制度和政策法规都非常全面。在产业经济方面,虽然国家一直在放开一些行业的管制政策,放开准入门槛,但政策壁垒也是真实存在的。

其实政策壁垒不仅在中国常见,在全球范围内的任何一个国家,都有不同程度的行业准入壁垒,包括很多人认为奉行"自由市场经济"的美国也是如此,而且这些壁垒政策还有着非常悠久的历史。

第二章　寻找企业竞争优势的定性分析

20世纪30年代，全球范围内的大规模经济危机爆发，美国经济陷入了衰退。这时主张政府干预经济"大政府"主义的罗斯福政府上台，并推行罗斯福新政，于1933年制定《全国产业复兴法》。

根据该法，建立全国产业复兴署，选择若干产业部门加以扶持或给予优惠待遇，"建立起法定的计划体系，并试图通过制定行业生产限额、价格水平、工资标准，消除企业间的竞争，减少企业倒闭，增强投资者信心，提高职工工资收入水平"，来鼓励各行业组织政府支持的卡特尔，促进就业，刺激投资，防止过度竞争，促进整个国家的经济复兴。

20世纪70年代，日本也曾经面临和中国类似的重工业生产过剩的局面。为此，日本经济部门制定了《特定产业安定临时措施法》，简称"特安法"，试图通过行政手段处理过剩设备、控制新增设备以及建立萧条卡特尔等手段化解过剩产能，其中最重要的举措之一，就是制定全新的新产能准入制度，以防止中小产能新晋入局，进一步加剧行业过剩。

这和中国从过去两年开始实施的"供给侧改革"如出一辙。通过产能准入门槛的提升，以及一系列类似的对企业主更高的要求，可以让某些行业的竞争者数量保持在一定范围之内，并且减少中小型厂商使用其最擅长的低价策略，对大型企业进行冲击。

实际上这样的政策是非常合乎常理的。一方面，大型企业本身拥有强大的经济实力，可以通过游说的方式，来提高行业的准入门槛，以维护自身利益，这是从寡占型企业自身利益诉求的角度出发；另一方面，在中小型企业的角度来看，如果放任中小型企业进入到市场竞争之中，那么这些企业势必会祭出自己最重要的武器——低价，以至于因此放弃产品质量、环境保护方面的投入来降低成本，进而有可能酿成行业危机，对整个行业造成毁灭性的打击。

在2008年的对乳制品行业危机中我们看到，大量中小型乳制品企业，受到利润的驱使进入到产业中抢夺奶源，加剧竞争，最终让消费者和整个行业都遭受了灾难。

实际上，政府后期进行的政策法规限制，就明确提出了要限制乳制品行业的准入门槛：修订后的《乳制品工业产业政策》大幅提高了乳业准入门槛。

这是一个教科书式的政策壁垒。根据当时的规定，进入乳制品工业的出资人必须具有稳定可控的奶源基地，且现有净资产不得低于拟建乳制品项目所需资本金的两倍，总资产不得低于拟建项目所需总投资的三倍。新建乳制品加工项目稳定可控的奶源基地产生鲜乳数量，不低于加工能力的40%；改（扩）建项目不低于原有加工能力的75%。

准入门槛的限定，保护了整个行业的竞争格局稳定可控。在这个提升门槛的过程中，行业内的寡占型企业的利润得到了保障，可以充分受益。事实是，伊利和蒙牛作为行业里的领导者和广义上的垄断者，确实在随后市场复苏的行情中充分受益了。

在卖方集中度很高、进入壁垒很高、产品差别较小的行业中，几家寡头型企业尤其容易采取一致行动，甚至不用做事先的"合谋"。当市场上的玩家数量少到一定程度时，大家总是很容易就达成共识，共同赚取超额利润。

比如美的、海尔、格力三家空调企业曾经在很长时间里保持价格的一致，也曾经在相同的时间里默契地一起降价，几轮下来，行业里的中小型企业已经消失殆尽了，而三寡头的盈利能力不断提升，市值全部达到千亿级别。

另外，有一些污染比较严重的产业，受到国内越来越严格环境保护政策的影响，有大量中小型企业被迫出清，造成了行业内的大型企业迅速寡头化，垄断型企业大量涌现。

最早是染料行业的环保风暴，造成了行业龙头浙江龙盛、闰土股份大获其利，市场占有率不断攀升，截至2018年两家占有国内染料产业40%以上的市场份额；炼化行业也有类似的情况，让荣盛石化、恒力股份、恒逸石化等企业在各个细分领域坐实寡占地位。

政策壁垒对于提升企业盈利能力来说，可以说是"立竿见影"的，因为一刀切式的监管政策或骤然提升的产业准入门槛，可以在很短的时间内改变产业竞争格局。2016年开始的"供给侧改革"，在很短的时间内让国内钢铁、煤炭企业业绩快速暴涨，就是最明显的例子。

准入门槛越高的行业，就越有可能产生业绩优良的大牛股，因为这些企业只有很少量的竞争对手。

四、 规模壁垒

有过大规模采购经历的人都明白，同样的商品购买的数量越多，就越有可能以较低的价格买入。例如对于消费者来说，如果你能一次性买下商贩的一车水果的话，那商贩一定可以给出一个比零售价低得多的价格。

这样一条简单的规律，在全世界范围内的任何一个行业内都是适用的。也就是说，如果一家企业的采购规模越大，就越有机会以更低的价格获取所需的原料，进而降低自身的生产经营成本。

这种成本之间的差异，会造成企业与企业之间商品竞争力之间的巨大差别。同样面向社会提供5元的商品，具备规模优势的企业可以通过大规模采购将成本降低至4元，而中小型企业没有这种优势，成本只能是5元，造成无利可图，只能退出市场。久而久之，小型企业被自然而然地清除出了市场，规模壁垒形成。

另外，在制造业中，具备规模优势的企业，可以更好地走进"良性循环"：更多生产商品带来更大规模的自动化生产设备，进而提升生产效率，获得更低价格的成本，进一步压低商品价格，获得更大的销量。但是小规模的制造业企业，则只能以更高的成本，生产更少的商品，陷入更弱的竞争地位之中。

规模优势在零售行业中，甚至可以起到决定性的作用。一家独体商店只能以较高的价格进货，而拥有十家门店的零售连锁店,则可以以批发价进货,拥有一百家门店的连锁店,则可以和厂家直接商谈进货,绕开各类批发商和经销商,获得更多利润。而拥有一千家门店的大型机构,则可以自行生产特定类型的商品,或者直接向商品的生产厂商下订单,设计出特定的商品。

例如,沃尔玛多年来利用自身门店数量优势,在全球范围内(特别是中国)大肆采购,这成为其保持低价的同时还能获得超额利润的关键;而另一家大型零售企业好市多(Costco)则以大规模客流为基础,在各个领域定做自有品牌的"Kirkland"商品,从坚果、果汁到日化用品,从食盐到蛋白粉保健品等,商品数量之广泛,让顾客几乎不必选择其他品牌的商品,是目前市场表现最强劲的零售企业(见图2-4)。

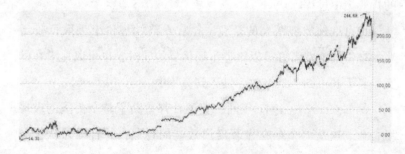

图2-4 Costco 股价走势

显然这是任何一个地方性连锁企业或者小卖部所不能具备的优势,也是这些大型企业之所以成为世界巨头的关键因素。

查理·芒格对于规模壁垒有非常深刻的理解和犀利的解读。他曾经在一次演讲中指出:"如果你打算建造一个油罐,很明显,随着油罐的增大,油罐表面所需的钢铁将会以平方的速率增加,而油罐的容量将会以立方的速率增加。也就是说,当你扩建油罐时,你能用更少的钢铁得到更多的容积。"

在芒格看来,规模优势理论的本质是:"生产的商品越多,你就能更好地生产这种商品,这是一个巨大的优势,跟商业的成败有很大的关系。"

规模越大,企业就能给用户提供更多的服务,例如电视台中更多新鲜有趣的电视节目,门户网站中能够为人们提供的新鲜资讯,大型航空公司为乘客购买的更加舒适先进的飞机。在这些更棒的用户体验面前,中小型企业由于资金和规模的限制,将会迅速失去原有的客户群体,最终大量退出市场,形成一个不可逆转的行业集中过程。

拥有这种类型壁垒的企业,往往在终端售价上采取低价策略,在带给消费者好处以维持市场优势的同时,也可以让潜在的竞争者无利可图,最终放弃进入到竞争中。

例如在1924—1947年间,美国杜邦垄断了整个美国的玻璃纸行业。这是一个存在显著规模效应的行业,并且杜邦认识到了,低价策略会阻止竞争者进入该领域,因此在1924—1940年间,将其玻璃纸产品价格下降了84.8%。这一策略成功地阻止了新厂商进入该领域,并保证了杜邦在这个细分市场的支配地位,显然,杜邦愿意接受较低的价格和利润率,以换取长期稳健的竞争优势。

另外一个例子是,美国糖业公司在成立之后,几乎垄断了全美国全部食糖供应，但是这家企业的聪明之处，在于并没有滥用自己的市场支配地位随意提高价格，而是将糖类产品的价格保持在一个稳定的区间，以阻止新的竞争者出现。最终，这样的策略也帮助这家企业逃过了反垄断法案的拆分制裁。

规模壁垒对于企业的竞争力来说如此关键，以至于越来越多行业里都出现了巨无霸企业。而更加先进的技术条件，也带来了更加强大的企业管理能力，这让强势企业可以更好地管理日益庞大的企业。

20世纪，大量寡头型企业因为规模越来越大而失去活力，最终萎缩。但是如今，大型企业可以借助更加先进的技术，实现内部沟通效率的提升，也可以借助更多的外脑来管理企业，这都导致了具备规模优势的寡头型企业，比此前几十年拥有了更加灵活的舞步，也让这些企业保持了更长久的竞争优势。

五、技术壁垒

在中国，很多人都在强调科学技术的重要性，甚至对高科技有一种天生的"迷恋"，将其视作改变一切被动局面的良药。大多数时候，人们都认为创新是中国未来发展最关键的机会所在，也是让经济更具活力，甚至反超欧美发达国家的必由路径。

在这种环境下，技术在企业经营中所发挥的作用，往往会被人为地放大。人们对于技术类和互联网类上市公司股票非常热情，用很高的估值买卖交易，并将这些企业推到更高的估值水平上。长时间以来,代表科技类企业的创业板平均市盈率都在35倍以上,在2015年"双创"期间,创业板的整体市盈率曾经被推高至150倍左右。

很多时候,一句"高科技企业"就成了人们投资某家企业的原因,"大数据""云计算""区块链"等名词也广泛地出现在各种上市公司年报和新的战略规划里面。如果在这些技术前面加上一句"具备自主知识产权",那股价就更有机会被投资者炒到匪夷所思的高度。

我不会否认技术在企业经营和竞争中所处的关键作用,但是毫无疑问的,我会将技术壁垒排在品牌壁垒、政策壁垒、规模壁垒这几种壁垒之后,其重要性相比上述三种壁垒,会更弱一些。

原因很简单,对于这个世界上绝大多数的生意来说,并不存在不可逾越的技术壁垒,尤其是民用高科技,大多与研究所的研究成果、军用技术相比有很大差距(甚至很多民用技术本身就是军工研发的"附属品",或是其市场化成本更低的那部分),因为普通消费者根本无法为过于高深的技术买单。

因此对大型企业之间的竞争来说,所谓技术壁垒大多数时候都只是如纸糊一般。

这个趋势在中国最早的体现之一,就是2000年左右中国第一波光伏产业发展浪潮的经历。

彼时中国最优秀的光伏产业创业者是施正荣,澳大利亚新南威尔士大学博士毕业,师从国际太阳能电池权威教授,于2000年回国创办了无锡尚德,打造出了中国最大的太阳能企业,一度成为中国首富。此时的光伏行业，怎么看都是一个实打实的高科技产业、"黑科技"产业。

如果技术壁垒真正有效的话，在当时掌握"核心竞争力"的无锡尚德，应该以很快的速度成为中国光伏材料市场中的垄断型企业。但事实是，尚德很快就遭遇了来自各个地方政府扶持的光伏企业强有力的冲击，各家企业全都具备多晶硅生产能力，技术来源渠道多种多样。最终的结果是，曾经高科技的代表，中国光伏材料行业的第一波浪潮随着几大巨头的破产而最终消散（见图2-5）。

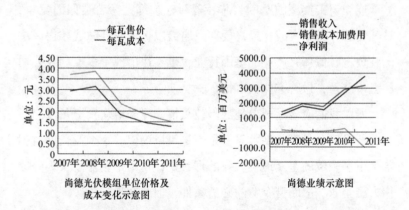

图2-5 有限的市场与激烈的竞争，让包括尚德在内的第一批光伏企业几乎全军覆没

同样的事情发生在中国最早的互联网行业中，门户网站曾经是高科技的代表，但瀛海威、中国网等早期的门户网站，并未因为有足够的互联网产业早期技术壁垒，而成为穿越牛熊的成功企

业，反而在更加激烈的竞争中折戟沉沙。

即便是技术非常复杂的搜索引擎，百度也有360、搜狗等不少竞争对手，在海外，谷歌也需要面对 Bing 的竞争，并且很多潜在竞争者不进入市场，并非因为没有搜索技术，而是在既有的垄断格局面前没有机会。

最新的人工智能音响产品，亚马逊 Echo 最早问世，很快就收获了市场占有率第一的宝座，但随后包括谷歌、苹果、阿里巴巴、京东和科大讯飞等企业都做出了类似的产品（虽然质量上参差不齐）。

连知识密集型的基因、芯片等行业，都充斥着类似的竞争，日韩的芯片竞争大战，最终要靠政府数以亿计的补贴战才得以决出胜负，看似新兴产业的基因行业，也迅速出现了多家创业公司和上市公司，做着类似的事情。

所以我们应该抛开单纯的科技热情，冷静地从投资角度想一想：技术壁垒是否长期可靠？是不是可以确保一家企业长期占据某个市场领域的垄断地位？我的理解是，技术是企业成长为一家伟大型企业、垄断型企业的必需条件，但并非唯一条件。

技术可以帮助创业型企业跨出成功的第一步，并获得一定的领先身位。但是在之后的第二步、第三步，都需要各种商业因素与之配合，例如在商业模式上的创新，用产品打造能力获得更好的用户体验，甚至通过金融力量的渗透，获得更多融资支持企业的发展等。这些都是和技术同等重要，甚至比技术更重要的商业因素，有了多种因素的支撑，企业才能"从 1 到 N"，获得更大的成功。

另外，技术最大的功能之一，是帮助大型企业、垄断型企业获得更强的管理能力，使规模庞大的业务体系更具效率。但是这些技术对于小型企业来说，产生的促进作用则要小得多，或者中小型企业根本就负担不起支撑新技术应用所需的资金。

比如通过大数据画像技术，阿里巴巴可以为用户提供更想要的商品，获得更大规模的销售额，但这些大数据技术需要花费太多的资金和人才才能使用，对于绝大多数零售企业来说都太贵了。

行业中的大型企业可以通过并购的方式，以较低的代价获得最新的技术和急需的技术，使之成为自身的一部分，这就导致很多创新型技术从小型企业开始，但很快大型企业、垄断型企业也有了类似的技术能力。

如此之后，会造成大型企业具有越来越强的竞争力。中小型企业的技术壁垒，在这些企业面前只能"形同虚设"。

六、壁垒分析的重要性

截至 2018 年年底，沪深 A 股共有上市公司超过 3500 家，H 股有上市公司约 2000 家，美国纽约证券交易所和纳斯达克交易所共计 5500 家。这三大市场中能够买卖的股票加起来已经超过一万家。

挑选上市公司是个技术活儿，每一只股票都有买入和卖出的理由。投资者应该如何设置自己的投资规则，将一些股票（或者说是绝大多数的股票）排除在自己的股票池之外呢？

很多人都选择用财务指标来作为最重要的筛选标准，这是一个非常正确的做法，比如《教你读财报》的作者"唐书房"认为，毛利率低于40%、净资产收益率低于15%的企业完全不用考虑；另外安邦保险在做二级市场股权投资时，也明确了 PB ＜ 1、ROE（净资产收益率）＞10% 的原则，大获成功。巴菲特的投资中，也有极高比例都是拥有超高税后净利润率的企业。

通常来说，对于筛选投资标的的标准越严格，就越有可能获得更好的投资收益。

另外一个容易出现的问题是，即便加上多年平均利润增速等标准之后，得到了一些数据表现最好的企业，也会面临对这些企业运营情况不了解的问题，而且这些财务数据最大的问题是，所有能够看到的数据都是"过去式"。

如何才能更好地筛选出优质的投资标的？我认为以财务数据和各项盈利指标作为基础条件是非常正确，也是必要的，但是仅有财务数据也是不够的，而需要将上市公司所处的产业发展状态和企业在产业中所处的地位因素也考虑在内。也就是说，投资者需要在利用财务数据对上市公司进行初筛之后，再结合企业的市场占有率和行业壁垒情况，做出进一步的分析和决策。

例如在 2012 年左右，中国白酒市场风光无限，享受着"黄金十年"的景气市场。如果在此时看白酒类企业的经营数据和财务报表，会发现所有数据都非常亮眼，收入和利润的增速、利润率普遍非常高，但实际上在 2008—2013 年之间，有大量的资本进入白酒行业（典型代表是巨力集团和联想控股），并且在四川等重要白酒产区，大量企业不断扩产，整个产业由于壁垒有限，有巨量的新产能进入。

有酒行业专家总结，这一轮白酒扩张具有投资主体的多元化、扩张产能时间集中化与全国范围普遍化三大特点。最终夹杂着八项规定和塑化剂风波，白酒下行周期全面来临，光鲜无比的企业数据报表迅速恶化。

但如果在查看财务报表的同时，对市场占有率和壁垒效应有足够的重视，就可以发现白酒行业虽然整体来看进入门槛并不高，但是在高端领域，品牌壁垒是非常强大的，尤其是身为"国酒"的茅台，有非常严格的产地限制，并且有极其深厚的品牌历史文化积淀和美誉度，这些都和行业中二、三线品牌的没进入门槛、没品牌壁垒、无文化积淀的产品形成了鲜明的对比。

最终的结果是，茅台虽然也经历了大幅度的下跌，但是各种经营数据在行业下行周期中保持了行业最优水平，并且在全行业反弹、周期上行时率先业绩爆发，股价也获得了七八倍的上涨，但行业中大量二、三线品牌，股价长时间徘徊在 2012 年的高点以下。这就是在选择投资标的时，为何不能只看财务数据，而必须强调观察企业的壁垒和在行业中所处的竞争优势（见图 2-6）。

通过观察可以发现，处在高度竞争行业，并且缺乏壁垒、缺乏竞争优势的公司，其销售费用和管理费用占毛利润的比例一般较高。也就是说，为了能够卖出同等数额的商品，缺乏壁垒的企

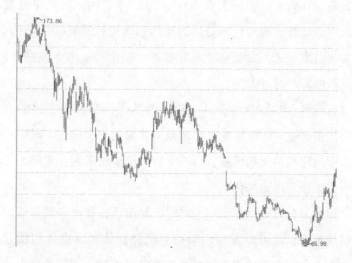

图 2-6　塑化剂、八项规定影响下贵州茅台股价大幅度下跌

业需要付出更高的成本。

非常没有品牌忠诚度、全球化竞争的汽车行业就是其中一例。美国通用公司在一段时间内,其销售费用和管理费用占到了毛利润的 28%~83%,福特公司甚至在一段时间内达到了 89%~780%。这意味着,这些企业将太多的资本投入到广告宣传和销售活动当中。即便因此总收入大幅增长,其最终的盈利数据也不会好看。

另外,有些具备足够强大壁垒的企业,可能因为宏观经济的不景气,或者某些突发事件,导致报表上的财务数据并不好看,就很容易被投资者排除在选择范围之外,结果当情况好转后,财务数据转暖,股价又变得太高了。这也是传统的财务数据观察的一大问题。

最典型的例子,就是 2015 年的格力电器。这个家电行业的大寡头、全国最具价值的空调品牌企业,因为在这两年的时间里打价格战,挤压中小型企业的生存空间,导致了自身盈利能力的大幅度下降。同时赶上了 2015 年左右中国楼市的调整,最终导致了企业财务数据非常难看,营业收入暴跌 422 亿元,营业收入同比上一年度下降 29.04%,归属净利润同比下跌 11.46%。

一时间,所有人都在惊呼格力"将所有鸡蛋都放在了一个篮子里(空调),极端危险",二级市场上,投资者疯狂抛售,格力电器股价下跌 55% 以上(见图 2-7)。

图 2-7 2015 年格力电器财务数据下滑造成的大幅度下跌

从负增长这样的数据上来看,格力电器毫无疑问是应该被卖出的。但是如果我们更多地去考虑其壁垒和竞争优势的话,就可以看到，格力电器的降价行为并非被动降价，而是主动降价，意在进一步压缩行业内中小型企业的生存空间。

事实上，低价空调确实会让很多厂商退出市场，格力作为行业寡头，也就有机会在价格战之后获得更大的市场份额。

最终事实也果然如格力的管理层所料，价格战后，格力空调的市场占有率继续提升，至2018年逼近60%，营业收入从2015年的1006亿元增长至2017年的1500亿元。格力电器由于其品牌壁垒、超高市场占有率下的规模壁垒、竞争优势，其市场表现无比坚韧，能够很快走出"困境"，同时给予投资者超额回报。

在财务报表数据上体现不出来的种种竞争力，最终战胜了报表上的数字和各种饼状图、柱状图、走势图。能够在格力电器下跌55%时买入的投资者，在仅两年之后就获得了150%以上的涨幅。

七、大型企业壁垒优势

数量更少、所处产业局面更清晰的大型企业，政策、技术和规模壁垒的效应更加强大，这可以直接为企业带来更多的利润。

早在1960年以前，对这个理论就已经有了很充分的研究，而当时"护城河"理论的提出者沃伦·巴菲特仍然在操作各种类型的烟蒂股，并没有开始投资那些具有极强壁垒效应的企业。

经济学家曼恩根据20世纪五六十年代的数据进行研究,发现具有极高进入壁垒的产业,享受比具有中低壁垒产业更高的利润。例如,在当时更有技术含量的汽车企业利润率为15.5%,处方药物企业为17.9%,而鞋类企业则为9.6%,蔬菜和罐装水果企业为7.7%。

在过去的几十年中,这种产业之间的利润差异变得越发明显,壁垒效应对于利润的影响越来越深刻,特别是品牌壁垒带给企业产品的溢价越来越高。

拿酱油行业来说,海天味业的酱油产品在2017年获得了46.85%的毛利率,同时开始全面推行"先款后货",把隐藏在利润中的资金成本都去掉了,而行业中其他企业的毛利率就要低出很多:中炬高新(旗下有厨邦和美味鲜等酱油品牌)的调味品毛利率为39.94%,加加食品的酱油产品收入占到全公司收入的50%以上,但毛利率仅为36.17%。

由于在市场竞争中劣势越来越明显,其中利润率最低的加加食品已经开始谋求转型。虽然这家企业是酱油类企业中最早实现上市的,但是在海天和中炬高新两大巨头的挤压之下,已经显露出明显的疲态。2018年3月,公司发布公告,将以48亿元的价格收购大连的一家远洋渔业公司"金枪鱼钓",从而完成转型,显然不再将酱油视为核心发展方向(见图2-8)。

目前酱油行业仍然不是一个市场集中度非常高的行业,多年来的地区性经营和小型企业格局市场的局面仍在延续,但是海天在其中的市场占有率已经达到15%以上,这意味着在这个曾经

图 2-8　加加食品与海天味业、中炬高新相比股价表现逊色很多

严重分散,但总量巨大的市场中,海天已经成为行业中规模最大的,具有巨大规模壁垒和品牌壁垒的大型企业,随之而来的,就是高于行业平均水准的利润水平。

同样的盈利不平均模式,也在其他各个行业出现。例如:白酒行业中,享受最大品牌价值和壁垒的贵州茅台,在过去的几十年里,平均每年可以提价约10%,2018年一季度毛利率高达91.31%,这个数字已经超过了以高利润率著称的、几乎所有的制药类企业。

而行业老二五粮液的毛利率"仅仅"为73.19%,这个数字如果拿到其他行业,同样是非常高的,但在酒类中只能以较大的差距排在贵州茅台之后。其他的白酒品牌毛利率就更低了,如舍得酒业同时期毛利率为69.46%,老白干酒为61.9%,金种子酒为50.75%(见图2-9)。

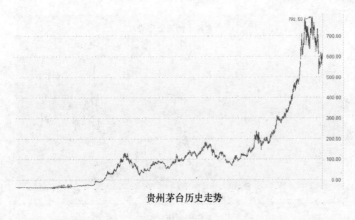

贵州茅台历史走势

图2-9 贵州茅台、五粮液、金种子酒、老白干酒历史走势差异

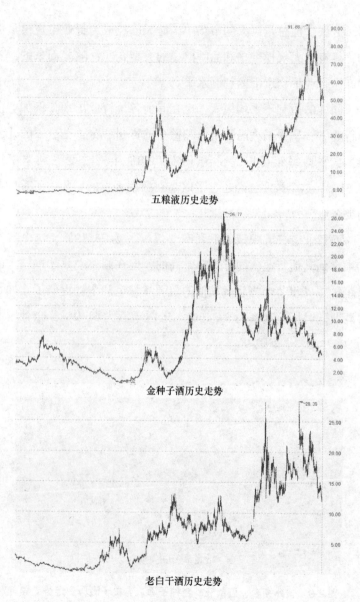

图 2-9 贵州茅台、五粮液、金种子酒、老白干酒历史走势差异（续）

品牌壁垒所创造的利润，在手机行业中有最为极端的体现。苹果手机依托于强大的软硬件功能和超高人气的品牌效应，获得了38.37%的毛利率和22.68%的净利率，在手机行业中鹤立鸡群，最终卷走了行业90%以上的利润，成为全球市值最高的上市公司，涨破万亿美元大关。

这些具备极高壁垒的强势企业，除了可以把产品卖出高价格，获得很高的毛利率之外，还具有另外一个非常重要的优点：降低营销费用和财务成本。

具体表现，就是可以适当地降低广告宣传费用，仅依靠口碑传播就可以获得极佳的效果，更不用再花大价钱去请品牌代言人（这对于中小型品牌，特别是正在打市场的中小型企业来说是个巨大的负担）。

财务成本方面，较高的利润水平可以减少甚至消除对外界资金的需求，一些更加强势的企业做到"先款后货"之后，更是可以利用下游资金来支撑上游的采购成本和生产所需，这种强者恒强的局面，不仅是每家企业所追求的境界，也是所有投资者应该去积极追逐的目标。

八、巴菲特的投资案例

如之前所说的，"护城河"是巴菲特式价值投资的重要理论基础之一。在他看来，优质的投资标的，一定要有一圈"护城河"来保护自己免受外部竞争者前来掠夺利润。

他之所以如此强调"护城河"的重要作用，很重要的原因，来自于早年"烟蒂股"理论和实践的积累。在观察和投资大量质地较差的企业后，他接受了芒格对于优质企业的推崇，并且能够以更深邃的思想去对其进行理解。

他用很形象的语言描述护城河是"美丽的城堡，周围是一圈又深又险的护城河，里面住着一位诚实而高贵的首领。最好有个神灵守护着这座城堡，护城河就像一个强大的威慑，使得敌人不敢进攻。首领不断地创造财富，但不独占它。"

在巴菲特看来，"护城河"之所以重要，是因为可以保护"城内"的财富，所以这意味着两个关键点，即这是一座可以创造财富，并且愿意分享财富（有较高的分红比例）的城堡，同时有足够的壁垒效应，来阻碍竞争者夺取利润。

通过观察伯克希尔·哈撒韦历年来的持仓，我们可以找到很多具备强大壁垒效应的企业，而这些企业大多是巴菲特在弱市或被低估的环境中，以相对较低的价格购买到手的。

这些企业因为有"护城河"的保护，有在行业中非常强大的竞争优势，因此不论经济形势的好坏，其盈利能力往往能够保持在一个比较好的水平上。例如：可口可乐一直保持60%或者更高的毛利率，穆迪在债券评级业务中的寡头地位，也让其保证了73%的毛利率，箭牌口香糖的毛利率长期在50%以上，就连相对传统、估值更低的伯灵顿北方圣太菲铁路运输公司的毛利率也高达60%左右。

这些企业的盈利能力之强，配合上各自的壁垒效应（可口可乐的品牌壁垒和文化壁垒、穆迪的权威性、箭牌口香糖的品牌壁垒、铁路公司的网络效应和唯一性），可以让投资者在较长的周期中获得稳定的股价涨幅和分红收益（见图2-10）。

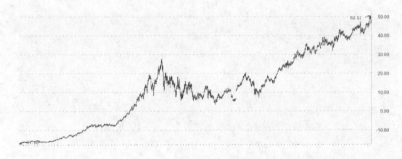

图2-10　可口可乐的长期历史走势

反观一些没有足够"护城河"、竞争激烈的行业，往往即便是其中的知名企业，也不能获得足够多的利润，哪怕是一些看起来"高大上"的行业也不能幸免：很长时间之内，美国的航空公司毛利率都仅有10%左右，直到几十年之后才由于产业结构的变化实现盈利的大幅度增长和股价上涨（见图2-11）；一度陷入破产保护的美国通用汽车公司，在很长时间内都被日本、韩国的汽车企业压制，毛利率仅为20%左右（后期在2014年巴菲特买入了财务数据好转的通用汽车的股票），而曾经的垄断霸主美国钢铁，则是在无数低成本竞争对手的冲击下长期惨淡经营，毛利率仅为15%左右。

除了能够衡量产品竞争力的毛利率之外，净利率也是企业壁垒效应的一个重要体现。如果一家企业的净利率能够长期保持在

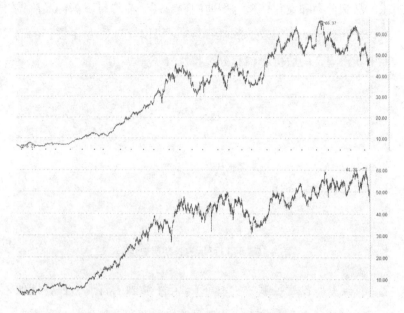

图2-11 2008年之后美国航空业业绩全面改善，
西南航空和达美航空股价大幅上涨

20%以上，就意味着这家企业有着毫无疑问的"护城河"效应，以及在行业中绝对的竞争优势，而如果其净利率无法超过10%，那就说明其处在一个竞争非常激烈的环境之中。

巴菲特的持仓中除了极少数的个案之外，几乎没有净利率低到10%以下的企业。例如：2018年富国银行净利率为22.44%，身处瓶颈期的可口可乐净利率仍然有14.92%，美国银行为25.22%，高盛为20.17%。

另外，伯克希尔·哈撒韦还有一部分非常重要的资产——非上市公司体系，我们看不到其财务数据，但是可以确信的是，这些业务同样具备极强的盈利能力。

例如1986年巴菲特收购的斯科特—费策尔公司，当年这家公司的账面净资产为1.726亿美元（其中现金1.25亿元），净利润为4030万美元，净资产收益率为23.3%，几乎没有有息负债，而这家企业所生产的柯比牌吸尘器，是全美市场占有率最高的产品。

喜诗糖果、内布拉斯加家具店等早年收购的地方性企业，也都在不同的区域内实现了对行业的统治，并拥有极佳的品牌效应。

2015年，巴菲特还动用了372亿美元的巨资（当时是伯克希尔·哈撒韦公司最大的一笔投资），收购了飞机零部件以及能源生产设备制造商精密机件公司，并将其做退市处理。这家成立于1949年的企业，客户几乎涵盖了波音、空客、庞巴迪、赛斯纳、罗罗等主流的大型飞机和飞机配件制造企业，而能够进入这些异常精密的飞行设备的供应体系，是一件极难的事情，这可以保证公司长期稳定的利润来源——当然也就是伯克希尔自己的利润来源。

当一个全球范围内最成功的投资者，以这样的要求和高标准买入公司时，就给了所有投资者一个清晰的指引：去投资那些因为具有"护城河"壁垒效应而脱离竞争，更能赚取利润的企业。

第三节　新兴产业就是好生意吗

一、趋之若鹜

对于投资而言，行业的选择是极其重要的考虑因素，有相当多的投资者都将目光锁定在了新兴产业中。

由于特殊的市场经济和国情，中国的经济发展过程中，叠加了多次工业革命，工业化进程、电气化进程与信息化进程乃至智能化进程，都发生在这短短的30多年时间里。

令人眼花缭乱的新鲜技术和商品，在很长一段时间里（相对于人类寿命和生活经历），充斥着人们的眼睛，不断有最新的技术被投入到市场中，形成满足人们日常生活所需的商品。

在这个过程中，包括新型零售、传媒、影视、互联网、移动互联网、大数据技术等新兴产业快速发展，相关的企业快速成长，其中不乏成长为优质企业的龙头。反映在资本市场中，这些行业在过去相当长的一段时间里，受到了投资者的热情追捧，有非常好的市场表现，估值也一直比较高。

新兴产业最大的特点之一，就是发展速度迅猛。没有成型的产业格局，意味着任何人都有机会参与其中，不论是带着技术来搞"技工贸"的，还是带着路子来搞"贸工技"的，都能够占有一席之地，甚至有可能成为未来的大佬或教父，一切皆有可能。

不论是20世纪90年代的PC产业，还是2000年初的互联网以及几年前的智能手机，都让很多人获得了成功。即便是现在，社会上薪水最高的员工群体，也仍然是各个顶级互联网企业的各种工程师。他们数十、上百万的年薪、广阔的职业发展机遇，高管们上市之后数以千万计的身价，都在刺激着人们争先恐后地进入这些领域。但是，一切真的都像看起来这般美好吗？

联想成功了，但是曾经叱咤风云的"爱国者"如今几乎销声匿迹，和它一起消失的，还有曾经无比繁荣的中关村电子一条街。腾讯成功了，但一个微信打败了多少人奉若至宝的企业。一将功成万骨枯，多少资本的灰飞烟灭，才换来一两个巨头的风光无限。

如今，互联网应用、智能手机、移动互联网以及直播等风口都已经渐行渐远，巨头崛起，创业企业艰难求生，中国科技产业蓬勃发展的态势，遭遇了前所未有的瓶颈。

在这个时候，技术的重要性被人们重新认知了。关于芯片的老话题重新流行，人们将技术视为救命稻草，芯片股和高科技概念股风起云涌，新兴产业所特有的轮回之路，似乎要在芯片、面板这些高精尖领域再度上演了。

作为创业者，新的轮回意味着新的机遇，在产业发展的早期，只要能够站稳脚跟，日后就有可能成为最后的胜出者，因此需要更快更早地行动。

但对于志在获得竞争优势企业超额收益的投资者来说,面对这种轮回,需要更多耐心观察。谁会成为最后的胜出者?从一万个候选项中找到正确答案,要比从三个候选项中找到正确答案难得多。

二、四面陷阱

新兴产业汹涌的资本浪潮,并不会淹死所有的投资者,起码对于保守的投资者来说正是如此。巴菲特在 2000 年遭遇了人生中最大规模的群体怀疑,但最终坚持了下来。

而他的导师之一,以投资早期科技型成长股而著称的费雪,则早早地写下了《保守型投资者高枕无忧》这样的著作。

中国的段永平则做出了更加令人匪夷所思的壮举,这个如今钟爱茅台和苹果的成功投资者,在全球科技股泡沫破灭、整个美股市场风声鹤唳的环境下,以一美元的价格投资了四大门户网站之一的网易,并且获得了上百倍的收益。

彼得·蒂尔在投资 Facebook 的同时,也并没有连同其他社交网络项目一起投资,而是选择了另外一个不同方向的企业领英,来做垂直细分的职场社交。

在大多数人的观念中,对新兴产业的投资(特别是风险投资)都应该是类似红杉的全赛道模式,起码也应该是分散投资,以确保资金的安全。并且,所有的新兴产业投资都是激进的。

第二章　寻找企业竞争优势的定性分析

但以费雪、段永平、彼得·蒂尔为代表的成功投资者的操作，让我们看到他们并没有采用在新兴产业中为人所熟悉的传统模式，甚至并没有选择传统的"自上而下"三段式分析法，而是将目光聚焦到了特定企业的身上。

如果按照自上而下的分析判断，段永平甚至不应该去投资网易——在2000年左右的市场环境下，投资网络股的念头，应该在分析的一开始就被打消掉。

而且如果按照投资垄断的逻辑来看，即便是对网易这次成功的投资，在当时也并非完全正确——网易虽然在电子邮箱业务上全国领先，但这在当时并不是一项能够产生什么现金流的业务，除此之外并没有实现在某一方面的垄断或者绝对的竞争优势，包括门户和当时正在谋划中的游戏业务。

Facebook也是同样如此，一个刚刚走出哈佛校园的网络，和MySpace等相对成熟的社交网络相比毫无垄断和竞争优势可言。甚至连费雪的得意之作摩托罗拉，当时也并非一家手机公司。

从这几位成功投资人的经验中，可以隐隐地感觉到，确实有的人有能力找到投资新兴产业的正确方式，能够从数以万计甚至十万计的创业型企业中，找到最后可以脱颖而出的那一个。

但是在大多数时候，新兴产业在市场上的风光无限，并不能给投资人带来真实的收益，不论是二级市场还是一级市场都是如此。特别是一级市场，媒体舆论（其中有一些是投资机构的合作媒体）经常会渲染人们投资创业企业并获得成百上千倍的利润。

中国这种对创业企业股权的崇拜，开始于20世纪80年代的原始股投资,如今变成了"创投"的全新表现形式,但是其本质的思路是不变的,就是以最便宜的价格买到企业的早期股权,并依靠企业的上市而大获其利。

在每个创业咖啡店,都有人试图去找到下一个马化腾或者扎克伯格,跟埋头敲代码的创业者去搭讪、聊天,试图了解对方是否有足够棒的创业规划或者全新的商业模式,并获取对方的信任。在每个"圈子"里面,人们都在相互打听最近的投资项目,并试图跟投其中比较优秀的项目。

在二级市场中,新兴产业的投资则要粗暴得多。

除了2000年最早的科技泡沫之外,自2012年开始的科技股热潮、始于2013年的影视传媒股、游戏股爆发、2015年的互联网金融和几乎所有的新兴产业股票,都出现了大规模的暴涨行情,相关上市公司的估值高到了匪夷所思的程度,创业板整体市盈率超越了2000年科技股泡沫时期的纳斯达克,时间进入到2018年之后,整体市盈率在相当长的时间里,仍然超过50倍。

二级市场极高的估值,进一步刺激了创业者的创业热情,也刺激了一级市场投资者的投资冲动,同时也刺激了传统产业企业的转型冲动。

然而,历史的经验在短期超额利益面前都已经变得苍白无力,人们大多被眼前的短期、超额利润所吸引,而忘记了大部分企业经营层面最终都会出现风险。

三、手机游戏

网络游戏,特别是手机游戏野蛮成长的经历,在新兴产业中具有很强的代表意义。当我们从投资的角度,特别是二级市场投资的角度去观察手机游戏行业时,我们会发现,这是距离我们非常近的一次新兴产业的蓬勃发展与衰退。

网络游戏的造富浪潮,肇始于 2000 年之后的网易、盛大入局。此时的网络游戏还没有成熟的在线支付方式,需要在线下渠道购买"点卡"才能续费获得游戏时长。

早期的几款代表游戏包括《石器时代》《大话西游 ONLINE》《魔力宝贝》《传奇》等,其中盛大的陈天桥更是凭借对《传奇》这款韩国游戏的代理实现了纳斯达克的上市,成为中国首富。

传统的网络游戏在过去十余年的时间里不断演进,从客户端游戏发展成网页游戏,并随着 2013 年左右智能手机的兴起,发展出了手机游戏。

随身携带、随时可玩、成熟的支付体系以及巨大的市场空间,让手机游戏市场在很短的时间内迅速爆发。其中最重要的基础是,中国智能手机的保有量在 2013 年已经突破 5 亿大关。

根据艾媒咨询(iMedia Research)发布的《2013—2014 年中国手游市场年度报告》显示,2013 年中国手机游戏市场规模达到 122.5 亿元,同比 2012 年增长 108.7%,这一年中国手机游戏用户规模达到 3.85 亿,同比增长 34.6%。

从多种数据表现可以看出,一个全新的细分产业出现了。在二级市场,从 2013 年 5 月开始,创业板上市公司中青宝(300052.SZ)直线拉升,在半年的时间里急速上涨七倍左右,创下了当年的股市奇迹。

值得注意的是,从 2013 年开始,手游企业的盈利能力确实在不断增长,包括一些传统 PC 网络游戏、网页游戏的盈利能力增长也都比较快,而手机游戏行业的净利润增长更快。

例如,市值曾经突破千亿的"套现王"掌趣科技,虽然到了 2018 年已经几乎被所有股东所抛弃,但是在 2012、2013、2014 这三年的时间里扣非净利润的增速是非常迅猛的,分别达到 42.32%、81.86%、100.49%,呈现出一片欣欣向荣的成长状态(见图 2-12)。

图 2-12 掌趣科技在 2012—2014 年之间连续三年净利润快速增长

推而广之到整个手游板块,也基本上呈现出这种高速增长的状态,各家上市公司都能够感受到印钞机一样的赚钱效应,这时传统产业的上市公司也按捺不住跨界冲动,有大量的企业都开始竞购相关标的。

然而到了 2015 年，这些企业利润增速出现了迅速下滑，虽然整体来看利润的绝对值仍在不断增加，但是这些企业利润增速的下滑速度之快，仍然超过了市场的预期。而另外一头上涨的领头羊中青宝，则早在 2014 年就出现了利润增速的大幅度下滑，比掌趣科技还要早一年。

在资本市场上，2013—2017 年间各类并购整合，特别是传统产业试图通过收购获得游戏企业高额利润和高估值的做法非常普遍，但从全中国手机游戏市场的整体来看，辉煌的 2013 年已经是全行业发展增速的顶点，从那一年的井喷之后，其发展速度就走入了下降通道。

在大多数手机游戏公司赚钱速度越来越慢的同时，行业内的巨无霸——手握微信与 QQ 社交网络的腾讯，却拥有更加强势的市场表现：自 2015 年的年报开始，其盈利增速快速增长（见图 2-13）。

2015 年，腾讯游戏业务的营业收入比 2014 年增长 33%，其中手机游戏收入的增速更快，达到 53%；2016 年其游戏业务营业收入增长 17%，依靠《王者荣耀》等强势品种，其手机游戏的营业收入同比增速高达 80%，获得 384 亿元营业收入。在这一年，腾讯手机游戏已经占到全国 54.1% 的市场份额；2017 年，腾讯手机游戏营业收入同比增长 59%，全年收入上升至 628 亿元。

2018 年一季度，腾讯手机游戏营业收入的增长仍然没有停滞的势头，在《绝地求生》等热门游戏的带动下，同比 2017 年

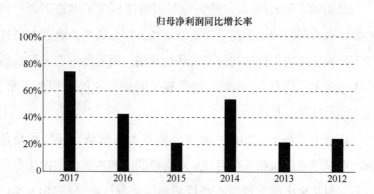

图 2-13　腾讯控股 2015—2017 三年间的净利润快速增长，
严重冲击其他游戏企业业绩

一季度再度增长 68%，市场占有率进一步上升到 54.62%，几乎是停不下来的节奏。

在如此优异的产业表现的支撑下，腾讯股价的表现自然极为靓丽。自 2015 年开始到 2017 年年底，两年的时间里股价连续不断上涨，涨了两倍，这还是建立在拆股前连续多年大涨的基础之上。

相比之下，手机游戏行业第二网易的收入增速要显得慢得多：2015 年还有 86.9% 的增速，2016 年降至 62.8%，2017 年同比增长 29.67%，2018 年一季度更是从去年同期 107.36 亿元下降至 87.61 亿元，首次出现了负增长。

受到增速见顶的影响，二级市场上，网易在 2018 年开年之后表现得不尽如人意。股价从最高 377.64 美元下跌至 222.32 美元，最大跌幅接近 40%。

行业老二尚且如此,对于掌趣科技、中青宝、恺英网络、世纪华通等行业内的第二、第三梯队企业来说,日子就更加难过了。腾讯的增速远远超过了行业的整体增速,这就意味着腾讯增长中行业平均值以外的部分,都是从这些企业"掠夺"而来的,即便是同为第一梯队的网易,也不能幸免。

四、门槛有限

在近些年涌现出的新兴产业中,网络游戏和手机游戏已经是盈利能力非常强的代表了。但对于大多数新兴产业来说,特别是互联网行业内的一些创新型细分行业,其盈利能力都普遍比较差。

在很多人眼中,互联网是一个高深莫测的行业,各种"黑科技"让大多数消费者都云里雾里。但现实情况却并非如此,从1995年到2000年的第一波创业浪潮时期开始,这个行业的发展就始终伴随着充分、高强度的竞争,所有新兴细分行业在初创时,都在非常短的时间之内迎来了大量的创业者。大多数创业者并没有被布设网站、建设数据库等底层技术问题所难倒。

更何况,市场上存在大量的技术外包企业,可以帮助各类互联网公司减少在技术层面的投入和储备,使其更加专注于用户使用习惯、市场与品牌建设等更加重要的问题上。

这些技术外包企业的涌现,进一步加剧了互联网企业的供给过剩。移动互联网时代,各种类型的业务模式相比以往变得更加清晰了，互联网企业之间的竞争变得更加激烈，门槛虽然有所提升，但同样吸引了更多能够承担这些竞争的资本。

在 2017 年之前风光无限的快手，还未来得及上市，就遇到了抖音这样具备强劲实力的竞争对手。微信刚刚兴起的时候，网易也搞过一个"易信"试图狙击，虽然没成功，但是也说明互联网企业产品的复制成本是非常低的。

真正垄断的互联网巨头（腾讯、Facebook、谷歌、亚马逊、阿里巴巴）依靠入口、流量和资本优势，只要它们觉得必要，就可以参与各种类型的互联网业务竞争。行业里，创业型企业几乎没有足够的护城河，来抵御来自这些巨头的冲击。

目前几乎所有风险投资者都会问自己准备投资的创业者：如果 BAT 做你的这块业务，你怎么办？但实际上这是一个几乎无解的答案，强如网易的游戏业务，也被腾讯逼到了负增长的境地，股价随之在 2018 年出现了大幅度的下跌；在携程（百度为最大股东）和天猫、飞猪等竞争对手的挤压之下，途牛等旅游网站也不再是创业者的避风港。

大多数轻资产公司都有这样的问题，也就是在形成"超级品牌"之前，对手可以用相对少的资本投入，对竞争对手进行全盘复制，然后以补贴和价格战的方式获取用户。在互联网领域，这个现象尤其严重，以至于几乎无法解决。

最典型的例子就是目前在打车和拼车行业（也可称之为出行）的寡头企业之一滴滴。观察其发展的历史，可以看到其成功主要依靠一种名为"掠夺性定价"的策略。

这种策略是指将价格削减至对手的平均成本之下,并依靠资本的输血,保持一定时间内的绝对价格优势,并将对手的现金和资本供应消耗殆尽,最终独霸市场形成垄断。

而一旦对手离开市场,获得胜利的厂商就会利用垄断地位提高价格,以补偿掠夺期的损失。滴滴的掠夺定价策略搞得首屈一指,最终也如愿以偿,在2015年情人节那天,通过与快的合并的方式获得了市场支配地位。

但很快,刚刚实现垄断的滴滴,却不得不面对来自大洋彼岸竞争对手优步的挑战。2016年8月,滴滴再度出手,收购了优步中国的业务,最终结束了这个美国市场领导企业在中国的业务。

随后一年的时间里,滴滴基本实现了对中国市场的垄断。按理说应该到了可以大赚特赚的时候,而且滴滴旗下产品价格确实出现了比较大幅度的上涨,然而事实却是,在占尽市场优势局面的情况下,滴滴在2017年却落得3亿美元的亏损,并且迎来了一些新的竞争对手:美团开始介入打车业务、李斌投资的嘀嗒打车以及重组之后中信银行投资的易到用车。各家海外传统汽车厂商也纷纷组建自己的网约车公司。

从资本竞争中杀出一条血路的滴滴,通过不计其数的融资和投入,好不容易获得了市场支配地位,竟然在很短的时间内再次陷入"红海",可见对于这些互联网公司来说,壁垒与门槛的作用确实非常有限。

第四节　好生意坏生意

一、范例效应

十万家软件公司，才出一个微软；一万家互联网公司，才出一个谷歌；一千家芯片企业，才出一个高通。对于新兴产业的投资来说，风险最大的地方就在于，绝大多数投资者都没办法确认，自己所投资的那些企业是否会成为最后的胜出者。

新兴产业创业的生还率如此之低，以至于即便出现了若干的大型企业成功上市，也并非意味着这些上市公司可以高枕无忧。相反的是，上市公司的出现，特别是当这些上市公司获得超高估值的时候，会进一步刺激创业者进入这个领域，给这些行业中稍大的企业造成新一轮的冲击。

因此，对新兴产业进行二级市场投资，意味着更大的风险，并不适合大多数中国投资者。很多人讲投资者应该支持中国的创新，但应该明白，支持创新的事情应该交给更加专业的人去做，在一级市场去做，这样资本才能够到达最有效率的创业者手中，而不是普通的二级市场股民进行"无差别"的买入。

老百姓挣钱是非常不容易的，特别是薪水固定的上班族，遭受一次投资损失对于他们来说是永久性的伤害。因此，二级市场更多的是追求确定性，而不是和一级市场投资一样"赌赛道"和"赌概率"，股民非常有必要等到新兴产业的竞争者们决出胜负之后，再做投资决策。

这个决出胜负的过程，实际上就是在行业增速快的时期，获得超过行业平均水平的增长，并且在行业见顶之后，能够通过竞争从其他竞争者手中获得市场份额的过程。

根据观察可以发现，所有优质成长型企业（或者成长股）都符合"规模正反馈"这样一个特性：既伴随着成长，公司的市场集中度越来越高，竞争力越来越强，最后达到对行业的统治地位，甚至形成寡头或垄断的局面。

如果这家企业真正具备了行业中最强的竞争实力，其最直接的体现，就是拥有了定价权，也就是可以依据自身的需要，来给商品定出更高的价格。如果因为种种原因造成公司成本增加，它也可以通过提价，将这些增加的成本转移到下游。

反映到财务指标上，就是公司毛利率不断增长，利润率和净资产收益率（ROE）保持较高的水平。

实事求是地讲，有这种能力的企业，在每个行业中可能只有一两家，甚至在很多行业中一家都没有，即便达到了垄断格局也没用。

例如在大多数的全球化竞争行业中，即便某家企业通过各种方式获得了市场的垄断地位，它在做出涨价决策的时候，也必须考虑到国际上相同商品的价格情况。如果调价之后国际上的价格有优势，那么会遭遇国际商品的进口冲击，最终将价格拉低至平均水平。

总之，对于新兴产业的投资应该非常慎重。但在中国的资本市场中，人们在投资的过程中最容易犯的一个错误，就是把新兴产业股票和成长股画上等号，将小型企业跟成长型企业画上等号。

历史上太多的经验告诉我们，当新兴产业的发展进入到一定阶段之后，行业的龙头就要开始吞噬行业中弱小型企业的收入和市场份额。届时，随意买入小市值、新公司的投资者，必然将会遭遇严重的损失。

二、信息时代新寡头

在互联网时代，信息传播渠道非常通畅，以至于几乎任何人都可以对市场上的各类商品进行比较、评判。但经过无数人广泛的评论比较之后，市场上并没有出现商品的"去中心化"，相反，在信息时代人们的商业行为更趋同了。

互联网时代下的商品经济更加兴盛，长尾用户的长尾需求也得到了充分的满足。但获得更大成功的，是那些竞争力更强、几乎可以掌控市场的赢家们。不得不承认的是，目前市场上的大型企业正在更顺利、更充分地独占市场，并衍生出很多新的业务和企业，来满足客户更多的全方位需求。

例如在 PC 时代，微软的产品并非市场上最优秀的品种，但软件的适配性和便利性因素决定了 Windows 操作系统成了市场上唯一的选择。

而移动互联网时代，苹果手机及电脑产品优于预期，简约唯美的外观，获得了公众的一致认可，而对这种外观类型的偏爱，在网络大潮中被进一步扩大。在苹果一统高端市场之前，大家的审美观反而是有所差异的。

其实乔布斯的设计理念源自于嬉皮士运动和日本式的简约审美，而这些原本都是典型的非主流审美群体。但是在互联网时代，一切都变了。

这种对于产品、设计等因素的集中式喜爱，最终催生了苹果这家几乎前所未有的强势企业。除了苹果之外，其他垄断型互联网企业也以单一化的商品（如腾讯和亚马逊的电商网站），满足了大部分人对信息商品的需求，并成为市场认知度极高的"超级品牌"。

此类企业由于坐拥庞大"民意"（品牌认可度）和使用惯性，因此具有中小型企业完全不具备的自我纠错能力和危机修复能力。大多数看似危险的局面，最终都会演化成机遇。

找到并抓住这种能够满足大多数消费者偏好的流量入口垄断型企业，可以给投资者创造出远超预期的投资回报。

对于很多中小型互联网企业、科技企业来说，这意味着与这些巨头的竞争是非常艰难的，行业内的老二、老三对于行业龙头企业的挑战成功率非常低，更不要说各种类型的创业者最喜欢鼓吹的"颠覆式创新"，企图通过抄近路的方式获得成功概率更低。

"皮之不存毛将焉附",投资者所投资的非龙头企业,很难战胜行业中的大型企业,那么在绝大多数时候,这些企业的业绩都会丧失动力甚至下跌,其股票自然就会下跌,投资者的投资都会受到损失。至少与对行业寡占者的投资相比,有更小的成功概率和确定性。

很多人都会以谷歌、亚马逊、Facebook 创业时期的例子,来论证小型企业颠覆式创新的成功范例和可能性。但是这些例子中的企业,绝大多数都是在一个行业刚刚兴起时出现的企业,在这些企业出现之前,整个行业都处在孕育阶段,也就是说,他们的兴起源于一片荒蛮,自成立之初,他们就已经是强者乃至王者。

这和一般意义上的小型企业定义是截然不同的。

三、 初创垄断型企业

凡是投资过股票的投资者,大多也会盯着苏宁、海康威视等新兴产业(或者过去某个时期的新兴产业)牛股陡峭的上涨曲线羡慕不已。在这些案例中,人们津津乐道于抓住行业的爆发期,在很短的时间内获得"风口"上暴利的收益,或者在几年的时间里获得数倍收益。

但和一般的小型企业相比,这些企业往往具备非常多的独特优势:身处新兴产业,基本没有太多大型的竞争对手,刚刚兴起就能够获得强劲的增长能力,有较高而且持续增长的市场占有率,并且有强硬的创业团队和蜂拥而至的投资人。

因此,与其因为体量的原因,将这些企业归类为小型企业,不如将其称为成长中的垄断型企业,或"初创垄断型企业"。

我认为,有必要把传统意义上的小型企业和"初创垄断型企业"两个概念区分开来,因为正是这两者之间的差异,导致了人们对于新兴产业投资的误解,也直接导致了大量投资者的失败,甚至破产。

初创垄断型企业是一个行业在刚刚兴起时出现的第一批乃至第一个企业。当一个产业刚刚兴起,还没有形成规模的时候,这个产业中所有的企业都是小型企业,也根本不可能有大型企业。而这些"初创垄断型企业"能够在行业发展的初期就占据先机,甚至形成强势品牌,意味着巨大的投资价值。

类似的例子非常多,而且大多是投资者耳熟能详且津津乐道的小型企业创业传奇。包括Facebook、爱彼迎、大疆以及最早期个人电脑时代的苹果等。这些企业并非传统意义上激烈竞争行业中的小型企业,它们的诞生就是从一个极小市场的发展初期开始的,并随着市场的发展共同成长。

当这些企业出现之后,往往伴随着一级市场的巨额投资,这些资本可以迅速增大型企业规模,占据用户,抬高行业门槛,迅速掐断行业中其他企业的生存空间。

甚至从某种程度上说,它们天生就是垄断的,因为在这些企业创业之时,整个市场空间就非常小,其发展的速度,也远远快于整个行业的发展速度。

在一些最极端的案例中,某些小型企业的独门技术优势,甚至几乎可以直接甩开竞争对手自成一档,例如拥有最好的搜索算法的谷歌、拥有"云台"无人机技术的大疆和最早部署实名社交网络的 Facebook 等。

这些"小型企业"有一个共同的特点,就是对于外部融资的需求比较小,而且越是靠后的融资轮次,需求就越小。因为一个新兴产业的寡头可以直接带来利润,让它们不再依靠外部资本来支撑运转所需要的资金。

根据过去多年来对多个新兴产业发展历程的观察可以看出,在中国,新兴产业能够维持朝阳趋势的时间并不长。其原因就在于过度竞争与核心技术的缺失。核心技术的缺失,意味着更短的独占时间,资本的支持就可以将商业模式进行不断复制;而过度的竞争,是中国特殊的市场经济发展现状所造成的,这一点在之前的内容中有过论述。

最终的结果,导致即便是先知先觉的创业企业,也很难招架得住来自四面八方、汹涌而至的竞争者。可以预见的是,在任何一个没有极强技术壁垒支撑的新兴产业中,团购、互联网金融、共享单车等细分行业中出现过的问题,仍将在未来不断上演。

由于技术的储备、科研环境等多种现实问题,中国式"初创垄断型企业"出现的概率确实非常非常低。因此对于大多数新兴产业企业来说,不论是否能顺利登陆资本市场,都很难谈得上是一桩好生意。

四、资本依赖

在大多数时候，人们都将互联网企业视为典型的新兴产业。我们暂且不论这样的判断是否正确，但中国整个"互联网产业"附加值，业内一般估计，大概在7500亿元人民币左右。2017年，中国的GDP是82万亿元人民币，也就是说"互联网"只占中国经济的1%。

这1%吸引了大量的关注，本没有什么问题，但问题在于，这1%的比重，已经吸引了过多的资本关注，远远超过了其承载能力。

由于过高的关注度，涉及互联网的投资泡沫比比皆是，人们只看到头部企业、寡头型企业的光鲜，却没看到其背后的"累累尸骸"。包括大量的一级市场投资者，也在关于"14亿用户市场"的渲染诱惑下，迷失在了空前惨烈的竞争之中。

严格来说，如果没有一级市场投资者的推波助澜，中国的新兴产业断然不会有如此激烈过度的市场竞争，也不会出现如此之多的价值毁灭惨剧。

对所谓"无风险收益"的追求，让一级市场资本规模正在走向失控。2018年2月底，中国私募股权投资基金总规模首次突破12万亿元。在过去两年所有大资管领域的基金类型中增速最快，规模扩大将近两倍。

"新经济"的刺激是这些私募股权投资基金兴起的重要原

因，但并非决定性因素。之所以能够产生如此之多的一级市场资金，最重要的原因是被投公司 IPO 上市后巨大利益的刺激，另一方面，也有大量的投资者试图去通过关系、操作布局来博取更加直接的"Pre-IPO"的无风险收益项目。

以滴滴和共享单车为代表的一些"新经济"，则将这些私募股权投资的玩法做了升级：通过巨额的投资换取被投企业更多的股份，然后鼓励这些创业型企业通过价格战和补贴的方式，获得市场和用户，并在很短的时间内打造品牌、收购兼并，最终实现规模迅速做大。

在这个过程中，创业型企业对于风险资本非常渴求。各类国内外、人民币或者美元的私募股权基金的投入是非常大的。

与对手的缠斗和补贴战往往要持续非常长的时间，并有可能遭遇到非常重磅、旗鼓相当的一级市场资本对手。因此，创业型企业往往需要巨亏多年不见利润，投资者的所有回报，都被寄托在了上市之后的减持套现。

也就是说，各种类型的创业型企业所需要的一切烧钱、补贴、竞争、亏损，最终都需要二级市场的投资者来"买单"，越是补贴严重、亏损严重、盈利有限的企业，对于二级市场的接盘需求就越大，因为优秀的企业往往可以通过自有的经营性现金流获得营运资本。

一级市场的繁荣，实际上需要二级市场有强有力的流动性和较高的估值水平作为支撑。可是当一级市场的规模已经达到10万亿元之巨，这些资本都需要获利退出减持的时候，二级市场需要多少资本才能支撑得住呢？

显然，如果让大量没有盈利能力、没有价值创造能力的创业公司，以"新兴产业"的名义上市，对于二级市场的投资者而言，将意味着灾难。整个市场的估值偏好，也必然在一级市场对二级市场一次次的掠夺中，不可逆转地出现下降。

对于二级市场的投资者来说，最好的选择，就是远离那些被高估并且没有足够竞争优势的有毒企业和打着高精尖旗号的亏损企业。即便是其中的一些优质企业，在估值高企的状态下，也应该谨慎面对。

第五节 商业模式

一、远离误区

商业模式是投资者在做出投资决策时，需要认真考虑的一个因素，但是在这个因素的考虑中，有很多投资者陷入了误区之中，特别是在创业潮下"商业模式创新"层出不穷的时期。

按照经典的商学院定义，商业模式是企业满足消费者需求的系统，这个系统组织管理企业的各种资源（包括资金、原材料、人力资源、作业方式、销售方式、信息、品牌和知识产权、企业所处的环境、创新力等），形成能够提供消费者和客户必须购买的产品和服务。

多数人的观念里，复杂的商业模式，意味着更高的进入门槛和壁垒，这"似乎"意味着更强的盈利能力。

从某种程度上说，由于商业模式涉及调配众多商业资源，如果一种商业模式中包括了更多种类的资源，确实有机会屏蔽更多的竞争者，因为不论调配、调控哪一种资源，都需要更多的人力、财力、物力以及更先进的管理方法。

复杂商业模式看起来很美好，宏大的叙事也可以非常激动人心，但在多数情况下，对于90%以上的企业来说都并不适用。只有具备很强盈利能力、管理能力和调动资源能力的大型企业，才能运作和管理这些复杂的商业要素。

对于掌控复杂商业模式的成功者，人们似乎总是可以举出几个例子，包括亚马逊、IBM、阿里巴巴、腾讯等，而这些企业确实也通过复杂的商业模式，构筑起了庞大的业务体系，成了最具代表性的竞争优势企业，股价长期上涨，给投资者带来了超额回报。

在2015年，最具话题性，也是最为人所称道的，就是以亚马逊、谷歌、BAT为代表的互联网企业"生态模式"，这就是复杂商业模式的典型代表，企业利用自身所拥有的庞大消费者与客户基数，为其提供多种类型的广泛产品与服务，并以此形成多个业务子公司甚至子集团。

阿里巴巴是典型的代表，通过占据电子商务领域最大的市场份额与竞争优势，其开发了一系列电子商务基础设施体系和多种类型的满足消费者需求的商品平台，这意味着消费者也好，商家也好，都可以在阿里巴巴的生态体系内完成几乎所有的商业活动，不论是网络消费还是网上生意。

这种模式是如此成功，以至于在2014年、2015年开始有大量企业试图复制阿里巴巴和腾讯的成功，其中最为激进的就是乐视、小米和美团。这些企业目前都已经是上市公司，但稍微仔细观察一下就可以发现，不论是盈利能力、企业组织管理能力，还是其沉淀的业务体系的价值，都无法与阿里巴巴和腾讯相提并论。

这些不利因素最终的合力结果，就是三家企业的股价表现远远达不到公众对其较高的预期，小米与美团在上市之后出现了深度下跌，乐视更是在短暂的辉煌之后快速崩塌，最终给一级市场和二级市场的投资者都带来了巨大损失。

当然，在A股市场中，也有大量上市公司以制造噱头为目的，宣布将要布局××生态体系。但是实际上其规模、体量和商业价值都远远无法支撑如此复杂的商业模式，这些所谓复杂的生态体系很多只是用来"圈钱"的故事而已。

二、以简为美

在二级市场投资中，也许有投资者确实有机会投资了阿里巴巴或者腾讯，并且因此获得了超额的收益，我们在媒体文章中，也确实能看到这样激动人心的投资案例。

但可以明确的是,这其中有两个逻辑上的问题。首先是概率,真正能有机会在这仅有的几家企业中获得成功的投资者,能占到整体多大的比例?这种情况是否具有普遍的代表性?可以确定的是,成功投资阿里巴巴、腾讯以及美国互联网巨头的中国投资者,占投资者的比例只能是微乎其微。

另外,阿里巴巴是美国纽约证券交易所上市公司,腾讯是香港联交所上市公司,百度是美国纳斯达克证券交易所上市公司,亚马逊、谷歌、微软等美国公司同样在本国资本市场上市。也就是说,中国的普通投资者参与这些企业,先天就会受到高门槛的限制。

与复杂商业模式相对应的,是简单商业模式的企业。这些企业看起来平淡无奇,做起业务来甚至和很多小型企业乃至个体户都没有本质的区别,它们往往将单一的生意做到了比较大的体量。

例如在A股上市公司中,海螺水泥的主营业务非常简单,就是用石灰石作为原料,炼烧水泥并混合成混凝土,卖给各种类型的建筑工程公司;茅台、五粮液等酿酒企业,甚至至今都保持着历经千年的传统酿酒方法;以"工农中建"为代表的大型国有银行,在金融领域中也有着最为简单,同时也是体量最大的业务体系,在规模、资产质量和盈利能力等方面,都远胜各种精密、复杂的非银金融机构。

这些企业的共同特点,就是商业模式简单,需要调动的商业要素相对较少,也很少去跨界其他产业,而是专注在自己的领域，并且通过规模优势、品牌价值和一定的技术优势，成了各自所在领域消费者和客户的首选。

另外，如果企业想要通过这类单一产品获得更大的市场份额，本身就要身处一个规模体量比较大的市场之中，例如各种类型的日用品和食品以及大宗建材、电子元件、保险、信托等。

满足这些条件的企业，往往被成功的投资者所推崇。巴菲特最核心的选股标准之一，就是企业拥有非常简单的商业模式，这个标准一直延续至今，对可口可乐、航空公司、金融机构和苹果手机的投资都是其中代表。

而戴维斯王朝的缔造者、家族第一代投资家戴维斯（一世），将绝大部分资本都投入到全球范围内的各类保险公司中，并因此在几十年的时间里获得了巨额回报，47年投资生涯的平均回报率高达23.2%。

这些企业之所以有这么好的市场表现，首先就得益于简单商业模式给企业带来的低成本。这些企业无须投入大量的人力、物力、财力，去管理各种类型的复杂的商业因素和商业资源，管理层有更多的精力，去管好那些对企业来说最重要的事。

而对于投资者来说，这同样意味着，需要投入精力去研究、分析的可能影响企业股价走势的因素更少、更聚焦，这会大幅增加投资的确定性。

尤其是对于很多非专业的投资者而言，本身有大量的本职工作要做，留给投资观察、企业研究分析的时间本来就不多，因此就更需要多注意那些商业模式简单、涉及的商业要素少而精、更具确定性的企业。

因此,聚焦于那些专注在各自领域的、具备确定性竞争优势和简单商业模式的企业,"以简为美",不论对于专业投资者还是非专业投资者来说,都是最佳选择。

第六节　管理层与经营战略

一、鉴别"明星企业家"

在网络新媒体时代,具有话题性的企业家吸引了前所未有的关注度,甚至经常被当作娱乐明星一样,其中最具代表性的就是马云、马化腾、王健林、李彦宏等"头部企业家"。

这些企业家在公众的猎奇心理和公司公关宣传战略的共同作用下,享受了来自全社会无死角的镁光灯照射,他们的每一次演讲发言都被创业者和投资者细细品味,其生活细节也成了花边新闻,打个赌、吃个饭、唱个歌都成了财经新闻甚至娱乐新闻的重要内容。

这基本构成了社会大众对于"管理层"最广泛和直接的认识。如果不做投资的话,这本身无可厚非,但如果身为投资者,仍然以这种浅薄的方式去认知企业的管理层的话,那很有可能意味着对企业的了解严重不足,很容易导致风险出现。

优秀的企业家对于社会来说是稀缺资源,他们的创造力、技术能力和经营能力可以带领企业走向成功,甚至引领社会走向更高的层次,如果能投资于这些世界上最优秀的企业家,那么大概率会取得成功。

问题在于如何区分优秀的企业家和徒有其表的企业家。不论是乐视网的贾跃亭,还是京东的创始人刘强东,都曾经在一段时间里表现卓越,带领企业由小到大、由弱到强,但最终在企业发展到一定阶段后遭遇瓶颈。

虽然他们名声响亮、家喻户晓,享受了无数的公共媒体资源,并因此受到过公众的爱戴,但他们最终用事实证明自己无法带领企业向前更进一步。随之而来的,就是企业股价市场表现一落千丈,投资者纷纷用脚投票。

因此对于投资者来说,在进行管理层分析的时候,首先需要注意的,就是区分那些"明星企业家",平时注意积累一些公关传播知识,用以筛选和甄别哪些企业家在试图利用媒体资源做自我宣传,以达到一些特定的目的。

一个典型的例子是京东在分拆物流公司、金融公司进行融资的时间节点,就在各类媒体上安排了大量的公关稿件、分析型软文和"新闻"曝光,包括创始人刘强东的各类讲话、行踪甚至"奶茶妹妹"的各种照片的曝光,来吸引社会关注度,制造话题和声势,以谋求更高的估值。

这个手段应用的集大成者当属贾跃亭。在乐视手机、体育和汽车进行高强度密集融资的时候，乐视在各地召开了大量的发布会，有时甚至本身没有什么新产品发布，就为融资成功召开一场发布会，甚至为发布会召开一场发布会，不断加码企业与贾跃亭本人的曝光力度，以吸引投资。

投资者要正确地认知企业管理层，就一定要具有区别、鉴定能力，避开这些利用公关能力打造的"明星企业家"，对他们夸大其词、语出惊人的言论进行鉴别，转而去研究那些技术能力、管理能力、团队打造能力等更加重要的细节。

二、管理层价值

改革开放初期，参与到各行业的企业家，有数量相当巨大的"游商走贩"，或者自由职业者和工匠，这些人大多原本身处社会底层，受特殊历史时期的影响，并没有接受过良好的教育。

当然其中不少人具备强大的经营智慧，最终使企业发展壮大。这一时期企业管理层最大的特点就是创始人个人印记极其鲜明，一个成功的企业家虽然学历不高，但是可以带领企业获取利润，走向成功，给投资者带来足够的回报。

这种个人英雄主义模式在过去几十年里塑造了很多传奇企业，但随着企业规模的逐步扩大，特别是对于大型上市公司来说，个人的认知边界、管理能力边界会逐渐显示出来。这时，构筑一个成熟稳健且具有可行性的管理体系，就显得非常重要。

特别是对于各行各业的竞争优势企业来说，只有形成一个完善可持续的管理体系，才能进一步扩张企业的边界，以满足投资者对于企业利润增长的需求。

由于个人英雄主义管理者在过去几十年里的盛行，即便是专业的投资者，也经常会有意无意地忽视管理层分析对于上市公司的重要价值。

由于篇幅所限，我们无法对优秀企业的管理层治理有非常完善的讲解，但有几个非常重要的因素，是值得投资者去密切关注的，通过对这些因素的观察，我们可以直接判断出企业经营发展的健康程度。

首先是对创始人专业能力的判断。如果企业家本身是自己所在领域的技术专家甚至科学家，那么他会更有能力带领企业抓住一些技术先机，取得领先身位。例如马化腾、丁磊本身是资深的通信行业从业者，大疆无人机的创始人汪韬通过自己的努力完成了核心技术"云台"的研发设计，至今无人在同类技术上能实现超越。

其次是管理团队的专业能力。这种专业能力主要体现在对几个重要领域的覆盖：投融资和财务、专业技术背景、销售和公共关系等。如果在上市公司的董事会、高层管理团队中缺乏此类专业人才，那么投资者应该警惕，因为木桶理论告诉我们，决定企业上限的往往是那块最短的板子。

特别需要注意的是，如果创始人本身不具备专业背景，那么这块短板应该由更加专业的高管来弥补。例如在营销和产品方面更强的乔布斯有了沃兹尼亚克，擅长销售与管理的马云，则是引入了包括王坚在内的技术人才,更加坚决地进行大数据投入,并且在2017年成立"达摩院",进一步补强阿里巴巴的技术能力。

在核心高管之外,具备优秀管理能力的企业,往往非常注重人才的阶梯培养,提拔优秀的年轻人,并设计各种类型的管理规划,推出合伙人制度等,这些信息,投资者都可以从企业相关新闻中了解到。

另外,构筑一整套完善、高效率的企业业务流程体系,是难能可贵的能力,因为对于大型企业来说,内部效率的低下和高成本,是很常见的问题,但更好的流程设计可以尽可能地提升这些大型企业的经营效率,进而提升盈利能力。其中有非常多的细节做法,每家企业的做法都不尽相同,在这里就不再一一举例。

反应在二级市场中最典型的案例,便是王石为万科构筑的一整套完善的企业管理制度,使其具备了行业中最高效的管理能力,最终这些在财务报表中无法体现的能力,使企业的经营局面长期健康稳健,最终也给长期投资者交出了完美的答卷。

三、 战略驱动

管理层的经营能力,对于二级市场投资来说是如此的重要,以至于成千上万投资者的资本,都系于管理层甚至董事长一人之手。

而管理层最重要的职能之一,就是为企业的经营发展制定战略。这一点在下面几个时间节点上特别关键。

首先是创业之初。早年的成功创业者，往往是抓住了某一个市场机遇，从而获得了商业上的成功。这种情况下，企业领导者往往不需要战略思维，不必在经营发展的初期，就进行宏大的战略规划。

随着市场经济的成熟，各个传统行业日渐饱和，新兴产业快速发展，创业项目日益复杂，这时候往往需要创业者在创业之初就做好完善的战略规划，才有机会从风险投资者那里获得初始资本。

对于企业来说，第二个重要的战略规划节点就是上市。上市意味着企业需要从公开市场中募集资金，同时上市的过程，也是企业治理走向正规规范的过程，这时是对于企业家和管理层制定战略规划能力的一个重要的考察窗口。

如果这时对上市公司所制定的战略规划、资金募投方向进行分析，我们就可以更好地了解企业管理层的真实能力。

例如，如果某传统制造业产业的上市公司，在上市之初的战略规划中提出要转型升级，做智能化生产的布局，那么就必须考虑其是否具备同等的管理人才和管理能力，否则这种规划是否能够成功，就需要画个问号了。

对于一些互联网企业，如果其战略规划要在社交业务或者电子商务方面大力开拓，那就更需要怀疑其成功的可能性——我们都知道挑战腾讯和阿里巴巴在这两方面的霸权几乎是不可能的事。

对于此种类型的上市公司，拒绝投资、选择回避是最理想的选择。

当企业上市之后逐步成为行业龙头企业，占据行业竞争优势，甚至成为细分市场或者大市场的垄断型企业时，就必须面对第三个关键的战略规划节点：如何突破现有业务的增长瓶颈，取得进一步的突破，这是对于一家成功企业、一个优秀管理层的最大考验。

在上市公司的年报中，往往凝结着管理层对于发展、转型战略规划的思考，投资者可以通过观察这里面的一些表述，结合企业、行业发展的现状来判断其战略规划是否正确合理。

虽然这个判断的过程涉及方方面面，很难一概而论，但同样有一些原则是可以遵循的：首先，成熟稳健的战略规划一般都是沿着具有竞争优势的业务领域逐步推进，即便是走多元化发展道路，也是相关多元化，不会冒进跨界，更不会追逐热点，进入高科技、互联网、影视、文化、创业投资等高风险领域。

另外，行业发展走向成熟之后，仍然进行简单的扩张产能（包括走国际化道路）是值得警惕的，从目前现阶段的情况来看，各行各业已经几乎全部处于生产过剩的买方市场，因此对于大多数企业来说，除非拥有极为强大的品牌力量，多数产能扩张行为都需要慎之又慎地对待。

人们往往会高估事件对于股价的短期影响，却又经常低估其对于股价的长期影响，这在战略的规划制定方面尤甚。因此对于一些不符合行业发展规律、过于激进的战略规划，投资者应该进行谨慎的识别和坚决的回避，因为这些企业往往会在一个错误的战略规划导向的作用下，在错误的道路上越走越远。

第三章　盈利能力是一切的核心

第一节 "去盈利化"乱象

一、核心意义

创立企业是为了什么?

"天下熙熙,皆为利来;天下攘攘,皆为利往",这原本不是一个问题,但随着互联网时代的兴起,这个问题似乎"成了问题",因为有非常多的人看到了新兴产业的一些企业长期烧钱、不赚钱的企业融资上市甚至成为巨头,这造成了很多人的困惑和不理解。

而一些企业以公关、品牌打造为目的,也会向社会宣传一种不赚钱的观点,将烧钱亏损争夺用户的策略进行美化,试图以这种方式博取消费者和投资者的信任,标榜"羊毛出在猪身上,让狗买单"。

甚至有些企业家,为了达到一些目的,刻意渲染企业对于盈利能力的淡漠——他们看起来更注重如何去改变世界,如何去颠覆那些"旧的、效率低下的"传统行业。至于在这个过程中需要多少资本,需要企业家股东和员工做出怎样的努力,都很少提及甚至避而不谈。

这种现象在互联网和各种智能、数据的创业圈子中非常普遍。这些看起来非常有感染力和冲击力的思维，很容易得到一些不明就里投资者的认同。

但事实的情况果真如此吗？伟大的互联网企业，包括美国的亚马逊、谷歌、微软以及中国的阿里巴巴和腾讯，确实在很大程度上改变了人们的生活，改变了世界，但是在这个过程中，这些企业都获得了超额的利润/毛利润，盈利能力强大，市值不断飙升，创始人也都排在世界富豪榜的前列。

可以说，这里面没有一家是不赚钱的。对于这些企业来说，获得利润和改变世界是一个正反馈的过程：仅靠融资的支撑，不足以创立一家足够伟大的企业，没有真实的盈利能力，连自己的员工都很难过上更好的生活，更何况更多的消费者乃至全社会呢？

如果我们仅仅从估值的角度来看，确实有很多企业拥有很强的盈利能力，但市值表现比较一般，以2018年前后中国A股市场的地产、煤炭、消费等板块为例，这些企业被调侃为"赚的都是假钱"，盈利能力很强，但是在相当长的时间里，他们其实始终得不到市场的认可。

互联网企业则恰恰相反。烧钱建设和补贴的力度越大，就越能吸引到用户，而用户数量的增长，反过来又能进一步刺激到一级市场的投资者进行投资，最终实现规模和估值的同步扩张，为IPO铺平道路甚至成功上市。

二级市场上，特别是在A股上市的众多科技型企业、互联网企业，盈利能力普遍不足，就连成长型企业原本应该快速增长的营业收入，也并没有多么出彩的表现，但相应的市值规模却非常高，交易活跃，这意味着超过平均水平的估值。

即便退一万步去考虑，如果凭借"改变世界"的情怀，确实可以获得超高的估值和投资者的无限宽容，那这种情况就已经超越了一般意义上的商业行为，而变成了一种更具社会意义的探索和尝试。

在这种情况下，这家企业就脱离了其获取商业成功和利润的本质，变成了一个公共事务机构或者研究性机构。相信几乎各行各业所有的商人，对此都是无法接受的。

这是一个在逻辑上走不通，经营上也走不通，但却是很长一段时间以来，大量中国投资者每天都在面对甚至深信不疑的现状。

商人逐利是本性，但给亏损披上合理甚至华丽的外衣，以吸引投资者，却成了流行的趋势。对此，不仅是一级市场的投资者，所有在二级市场交易的投资者都应该有所反思：企业用亏损换市场的边界在哪里？自己为何会犯这种脱离了商业常识的简单错误？

二、 制造"去盈利化"

我不会去否定风险投资在新兴产业发展的过程中所起到的重要作用，几乎没有一家新兴产业创业型企业的发展，能离开资本的助力作用。

但是随着互联网经济在中国的蓬勃发展,投资者对于企业的盈利要求似乎越来越低了,产生了一种"去盈利化"的倾向。对于企业的评判标准从取得了多少盈利,变成了市场给了多少的估值、市值,这是一个非常奇怪的现象。

这种变化原本的出发点,是在互联网时代,所有的创业都有更高的技术和资金门槛,或者需要通过大规模的投入占据时间或空间的优势,来形成一个人为打造的"壁垒",但在舆论和社会观点逐渐演进的过程中,变成了对烧钱和亏损的盲目宽容,甚至将获得利润看作是一种短视行为。

舆论和媒体的观点中,普遍会认为新兴产业的企业都需要烧钱,需要大规模的支出和补贴,才能在未来的某一时间点获得利润。并且认为相比国内的环境,欧美资本市场会更加宽容,动辄把亚马逊、Facebook抬出来举反例,来证明国内互联网企业烧钱的重要性和必要性,并且证监会也应该支持其烧钱模式,给予其特殊的上市通道。

例如公众号"中欧国际工商学院"就明确地说:21世纪,你还见过不烧钱的互联网企业吗?"虽然,互联网企业失败的概率非常高,但因为它们的增长和想象空间依旧能够让投资人相信,公司会迎来盈利空间大到难以想象的一天","和盈利空间大到难以想象相比,现在的亏损和烧钱又算得了什么呢?"

《品途商业评论》的专栏作家孙凌则认为,对于互联网企业来讲,烧钱是用钱来换时间,尽快地把未来预期拉到今天实现。

而烧钱所在之处，主要三个方面：培养消费习惯、铺设落地支撑、打压竞争对手。

从创业层面看，烧钱似乎有很充分的理由，从政策层面看，相关部门也确实受到了这些趋势和思潮的影响，并且这种对于准上市公司盈利能力的要求开始变得宽松，并且有进一步被写入相关法律法规的趋势。

但实际的情况是怎样的呢？对于历史上那些伟大的企业来说，它们都是用无数的资本堆砌而来，一路亏损多年最终才实现盈利的吗？"中国式创业者"如果多翻看一些国际巨头的创业历史，恐怕会对此失望。

不可否认的是，绝大多数企业都会接受一些早期投资，因为没有这些启动资金，再好的商业模式或技术能力也无法启动。即便是在20世纪60年代，乔布斯和沃兹尼亚克创办苹果公司的时候，他们也接受了来自红杉的早期投资，而那个时候他们几乎完全依赖自己的技术能力进行创业。

谷歌的案例更能说明初期起步资金的重要性。这个可能是互联网历史上最赚钱的"印钞机"在启动的时候，也同样需要一大笔资金来购置最初的存储设备和办公场所。于是亚马逊的创始人贝佐斯、斯坦福大学计算机科学教授大卫·切瑞顿、企业家拉姆·施雷姆以及Sun联合创始人安迪·贝托西姆几人成了最幸运的人，他们分别向两位创始人谢尔盖·布林和拉里·佩奇投资了数十万美元，分别获得了数量不等的股份。

另外，最幸运的投资机构则是Kleiner Perkins和红杉资本两家，它们同意以 2500 万美元参与谷歌的 A 轮融资。但由于谷歌非常强劲的盈利能力，其 A 轮融资的这 2500 万美元没有花完，就于 2004 年上市了（见图 3-1）。

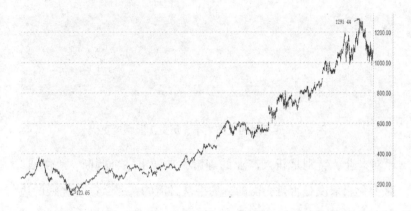

图 3-1　谷歌上市以来的股价表现是一条几乎完美的上升曲线

中国亏损互联网公司最推崇的案例亚马逊则更为极端，贝佐斯在接受了 KCBP 的 800 万美元融资之后，就很快将亚马逊推到资本市场中上市，之后大量的"烧钱"行为，都建立在强有力的毛利润获取能力上，从来没有从一级市场再进行过大规模融资（见图 3-2）。

在更早些时候，20 世纪初的新型产业包括汽车、通信、石油在内，都是在风险投资完全没有发育成熟的时期就发展起来了。其中最重要的原因，就是在行业发展的早期，产品就有了相对较强的盈利能力。

在这些强烈的对比之下，作为理性的投资人，必须去依靠自

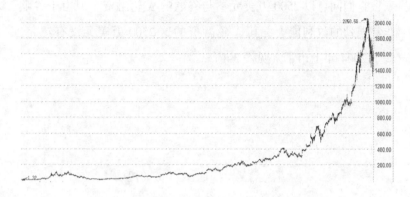

图 3-2　亚马逊的上市更早、历史上涨幅度更大

己对产业，特别是新兴产业的理解，来做出一个判断："烧钱"对于企业来说是否是必需的，如果是必需的，那么这个烧钱的边界究竟在哪里。以此为指导，可以明白究竟哪些新兴产业的企业是值得投资的。

三、中国式烧钱

虽然对于大多数的二级市场投资者来说，一级市场上的"烧钱"看起来距离自己非常遥远，但值得注意的是，两者之间实际上存在着非常清晰的关联，一点儿都不遥远，甚至可以看作是一场一级、二级市场的联动。

最近五年左右的时间里，烧钱创业的模式在中国到了登峰造极的程度。以滴滴、共享单车和 O2O 为代表的几大类创业，都采用了这种模式。这种模式兴盛的背后，就是一整套的一级市场烧钱、二级市场盈利退出的连续逻辑。

以滴滴为例，这家目前在互联网出行方面做到行业基本垄断的企业，是过去十年里互联网创业市场上最大的烧钱大户，从最早的创业开始，一直到真正实现垄断的 2017 年，都没有赚到过一分钱的净利润。

2012 年，程维使用王刚提供的资金创办滴滴，在打车软件领域很快打出名堂，获得了来自金沙江朱啸虎的 A 轮融资 300 万美元和随后腾讯的投资的 1500 万美元。

一年之后，腾讯联手中信产业基金等机构再次投资滴滴 1 亿美元，滴滴和快的之间高强度的补贴战开始了。这时，仅打车软件之间的斗争已经不够了，因为快的背后站着的投资人是阿里巴巴，这意味着两家企业之间的"战争"升级成了阿里巴巴和腾讯之间的战争。

当时恰逢两家巨头大力推广线下的扫码支付，于是打车软件有了一个非常重要的衍生作用：推广线下支付体系，让支付宝和微信钱包打通社会流通体系的毛细血管，最终落地。

当滴滴和快的被巨头赋予如此重要作用的时候，其竞争就超越了传统意义上的打车软件之间的争斗，而变成了一场两大巨头之间不容有失的金融战争。2014 年 12 月，滴滴再度从 DST、淡马锡和腾讯手中获得 7 亿美元的融资，做好了再度全力拼杀的准备，但两个月之后，滴滴、快的就宣告合并了。

这两年的时间，可能是中国各个城市人们打车最幸福的时光：只要使用微信或支付宝进行支付，每位乘客打车减 10 元，每位司机奖励 10 元，很多人实现了免费出行。

后期和优步的竞争，普及专车、拼车、顺风车等业务的时候，滴滴同样使用了大规模的融资和补贴战，给予消费者和司机巨额补贴和返现，最终于 2016 年彻底赢下了这场出行战争。

对于滴滴来说，2017 年是一个货真价实的垄断年，所有的竞争对手几乎都已经成了滴滴军团的一部分，或弃用，或整合。滴滴也趁势提高了司机的提成和乘客的车费，但非常遗憾的是，在这一年滴滴仍然亏损 3~4 亿美元。

2018 年，美团、嘀嗒、易到用车纷纷发力，滴滴不得不再次面对价格战和补贴战。这一次，程维选择了香港上市。根据一些机构的判断，其 IPO 估值可以达到 700 亿~800 亿美元（2018年 5 月数据）。

2016 年年底的数据中，经过多轮融资稀释之后，滴滴最大股东变成了 2017 年投资 80 亿美元的软银，持股 14.5%，紧随其后的是腾讯、阿里巴巴。按照 800 亿美元市值计算，软银所持有的市值将达到 110 亿美元以上，腾讯最终获得的市值大约为 70 亿美元，阿里巴巴大约 60 亿美元，DST 约为 25 亿美元。

在一切顺利的情况下，滴滴在香港可以借助腾讯在科技互联网领域的示范效应，获得较高的市场关注度，800 亿美元很有可能只是保守估值。也就是说，包括腾讯、阿里巴巴、软银和 DST 在内的所有投资者，如果他们想的话，大概率可以从 800 亿美元作为价值中枢最终套现离场，这显然都要超过它们此前所投入的资金。

由于管理团队和员工持股一共占有15%左右的股份，所有员工高管的加班费、少领的工资、创业时期的辛苦钱，没法陪家人度假、生活的补贴，买车买房，都可以最终从二级市场中获得补偿，最终实现创业的最终目标之一：社会地位和财务自由。

至此，一个关于"中国式烧钱"亏损创业模式的清晰路径就已经展示在了读者面前：所有付给出租车司机、专车司机的补贴，所有给消费者的返利，全部员工除必要工资之外的所有福利等，都需要通过二级市场的减持套现最终获取。

四、围猎二级市场

由于本书的主题并非是一级市场与创业，而是二级市场投资的参考，因此我们对于"中国式烧钱"的讨论，只停留在各个产业发展历史以及对二级市场影响的层面上。

屡屡被要求谈到对某家互联网公司的看法的时候，巴菲特和芒格给出最多的答案便是"我不太懂"。虽然两位老人对于科技和互联网公司并不感冒，但在中国能够做到这一点的人并不多，大多数人对于科技互联网公司持积极态度。

我在之前分析过中国投资者对于新兴产业过于乐观的情绪及原因。因为这些乐观情绪，直接导致很多公司在盈利能力偏弱的情况下，获得了较高的估值水平，投资者对于亏损企业表现出了极大的宽容。

在香港市场，由于更加灵活的上市机制，以及腾讯多年来强大的示范效应，也已经吸引了大量互联网公司前往上市，在2017—2018年，更是成了"独角兽"的天堂，包括中安在线、小米集团、美图公司、阅文集团、平安好医生、雷蛇、美团点评在内的大量互联网公司纷纷前往上市。

另外也有一些优秀但盈利能力较差的互联网公司选择在美国上市，典型代表为爱奇艺，于2018年3月底登陆纳斯达克市场，并且被认定是中国的奈飞（Netflix），上市之后股价大幅度上涨。在它之前，另外一家视频网站，主打"二次元"的哔哩哔哩也在亏损的情况下赴美上市。

截至2018年年末，中国资本市场仍然没有对亏损企业放行IPO，因此没有出现亏损企业上市并受到追捧的情况。但是同时也出现了另外一种看起来更加严峻的问题：大量企业在上市之后出现亏损，其中很多企业（特别是互联网企业）的估值并没有出现下降。

也就是说，不论是美股、港股还是中国A股，都普遍存在为亏损企业在二级市场买单的情况，对于新兴产业企业来说尤甚。

在巨大的市场空间、高精尖的技术、全新的商业模式、巨大的用户数量等因素的刺激下，人们往往对新兴产业企业的亏损视而不见，希望其未来会以更大的爆发力赚回更多的利润。

但事实的情况是，真正能够通过长期亏损实现企业爆发式增长的并不多，亚马逊的"神话"被很多人引用，但大多数人都忽略了其盈利是建立在非常良好的经营现金流和毛利率、毛利润的基础之上的。这种所谓的"亏损"，并非赚不到钱，而是选择将赚到的钱花掉。

对于这种类型的企业，二级市场的投资者是有理由积极拥抱和欢迎的。

另外还有一种被大量投资者追捧的，是美国内容巨头奈飞，这家企业通过大量举债等方式拍摄网络影视剧内容产品，以优质内容占据用户的观看时间和带宽，据称在播放电视剧的高峰时间，已经占了全美1/3以上的带宽，当然也占据了用户的大量使用时间。

虽然迄今为止，奈飞也没有明确地找到对网络带宽和用户时间的占据，究竟可以带来多少超额利润，作为观察者，我也不能明确其未来会采用何种方式获得超额利润，但显然市场对于这两项资源异常看重。目前经过连续多年的大幅度上涨，奈飞已经成为估值千亿美元级别的巨头，涨幅表现与亚马逊不相上下（见图3-3）。

图3-3 奈飞股价自2012年开始经历了大幅度上涨，拆细之后持续上涨

爱奇艺和哔哩哔哩上市后良好的市场表现，也是一定程度上受到奈飞的影响所致。

美国另外一家明星亏损大户是Snap，也就是聚焦美国年轻人的"阅后即焚"，当然这个亏损更好理解，因为沉淀在社交网络中的人们，最终会给这个网络带来多种多样的盈利能力，这是在Facebook、腾讯QQ的发展历程中被充分证明过的。

除了亚马逊这种"假亏损"之外，大多数受到二级市场追捧的亏损企业，实际上都是在押注亏损换来利润和资产。但是这种资产有多种表现形式，包括奈飞的用金钱占据用户的使用时长和带宽，Snap用亏损从Facebook手中抢夺年轻用户形成社交网络。

也就是说，对企业的亏损，并非应该完全抗拒。如果它能够通过亏损，沉淀出重要的资产或某种极具价值的垄断体系，能够在未来创造出更大的利润，那么它的亏损就应该是值得被二级市场的投资者买单的。

但反过来看，如果企业的亏损换来的是不具备超额回报的普通商品，或者是没有黏性的普通浏览点击行为，那么这些亏损就是货真价实的"赔钱"了。例如，目前大量互联网企业都以补贴换取市场，但消费者却大多在使用补贴之后转身离开，甚至转投其竞争对手。

企业这样亏损，其股票是要被各路投资者所抛弃的，因为它们是价值的毁灭者而非创造者。在正常的状态下，即便是最乐观的乐观主义投资者，也不应该容忍真金白银的亏损，不能换来有价值的资产或能够形成垄断收益的体系。

五、长期"称重器"

中国证券市场的短线行情非常难以掌握，以至于经常出现各种匪夷所思、令人瞠目结舌的股价波动表演。如果投资者以股价变动为依据，那么大概率将会随着股价的变化疲于奔命，或者在各种技术派分析中费尽心血。

确实有投资者能够根据一些价格、技术指标层面的分析获得股票投资的成功，但凡事要讲求"概率"，也就是寻找到那些能够获得更高成功概率的方法，而不是被极小概率的事件所蛊惑。

企业经营的最终目的是获得利润，投资者的最终目的也是能够获得投资收益。即便是我们之前分析过的一些被容忍亏损的新兴产业企业，其背后的正常逻辑，也是通过牺牲一城一池的得失，获得未来更高的收益水平，更不要说大量相对传统的行业，盈利能力通常被视作影响股价波动最重要的因素。

本杰明·格雷厄姆曾经说："市场短期是一台投票机，但市场长期是一台称重器。"这被认为是迄今为止对股价市场表现与波动最好的解读，但所谓的"重"，需要被更清晰地解释出来：实际上称重机称的就是企业的盈利能力，股价的长期表现，是对上市公司的盈利能力做出了市场化的定价。

几乎所有股价的长期波动，最后都变成对上市公司盈利能力的反应。

净利润对于企业来说，是如此的重要，不仅是企业的日常经营有赖于净利润的获取提供能力，其品牌打造、收购兼并、技术研发、甚至是进行游说以形成政策壁垒，都需要净利润来进行支撑。

对于一些高效率的优质企业，我们时常可以听到它们进行各类新产业、新技术的布局，以及对同行业企业的兼并收购（特别是在金融危机之后），手握现金，意味着它们可以更有效地保护自己的利润基础，扩大自己的利润来源，以进一步获取更多的利润。

而技术能力的打造、企业规模的扩大或者品牌壁垒、政策壁垒的形成，则可以反过来促使企业获得更多的利润。例如格雷厄姆在《聪明的投资者》一书中表示："在过去20年，道琼斯成分股所有大幅增长的利润，都来自于利润再投资所形成的投资资本的大幅增长。"

但对于那些缺乏利润的企业来说，就连最简单的扩大产能和企业规模都成了奢望，更不用说利用更加先进的技术或者各类壁垒来武装自己。在历次技术变革的时代，最终被时代抛弃、被新兴企业取代的往往是盈利能力差的企业。

盈利有如此之多的好处，不论是格雷厄姆、巴菲特、芒格还是国内的优秀投资者，都对所投企业的净利润有非常高的要求。通过对这些优秀投资人的投资案例研究可以发现，有几个非常关键的指标是最需要注意的，包括净资产收益率、毛利率水平和净利润水平、市盈率等。

例如，巴菲特曾经表示，公司经营管理业绩的最佳衡量标准，就是净资产收益率的高低，而不是每股收益的高低。他说："我宁愿要一家资本规模只有1000万美元而净资产收益率是15%的小公司，也不会要那些资本规模高达1亿美元而净资产收益率只有5%的大公司。"

净利润的水平可以直接衡量一家企业在行业中的竞争优势。如果某公司的净利润能够一直保持在总收入的20%以上，那么它很有可能具有某种长期竞争优势，使其能够在各种竞争对手的夹击中脱颖而出。

反之，如果一家公司的净利润持续低于其总收入的10%，那么他很可能处于一个高度竞争的行业。在这样的行业中，没有一家公司能维持其竞争优势，只有在完成大规模的并购整合和产能出清之后，优质企业的价值才能凸显。

净利润的增长能力同样重要。李录认为"投资就是对企业未来利润的判断"，企业未来净利润集中体现在净利润的增长能力，如果现阶段每年净利润增速能保持在一个较高的位置，那就意味着未来的利润可能会更多。

公司拥有强大而可持续的盈利能力，才能够足以应付行业中激烈的市场竞争和新的进入者，并最终获得回报。另外公司获得大额盈利后，也有机会进行股票回购与增持等投资活动，这会进一步增加企业每股净收益，使每股股价进一步提升，这种效应在2017年、2018年的美国资本市场牛市中体现得非常充分。

归根结底，价格只是企业价值外在表现的一种表现形式，有太多的变化。就像海浪的波动，投资者想要在投资的大海中生存，就必须看到波涛之下的真实世界，锚定企业利润。

第二节　利润从何而来

一、垄断利润

虽然竞争优势型企业并不一定能够获得最多的净利润，但是能够获得最多净利润的企业，大多能够战胜行业中的其他企业，实现优势地位，甚至在某种程度上获得垄断地位。在充分竞争的行业中，实现超额利润是非常困难的。

在学术层面，有很多人讨论为何垄断型企业能够获得超额利润，主要有两类观点，一方面是相对传统的"SCP分析框架"，这个理论观点认为市场结构是企业行为的决定性因素，企业行为反过来可以决定市场运作的经济绩效，也就是利润。

这个观点被"芝加哥学派""新奥地利学派"所反对，他们认为市场绩效起决定性作用。在他们看来，正是由于一些企业在剧烈的市场竞争中能够取得更高的生产效率，所以它们才能获得高额利润，并因此促进企业规模的扩大和市场集中度的提升，最终让市场上形成了大型企业和以高集中度为特征的市场结构。

也就是说，这个观点认为是高效率造就了大型企业，这种高效率最终形成了大规模生产的规模经济和规模壁垒，进一步阻挡了新竞争者进入摊薄行业利润。反过来看，如果没有行政壁垒的保护，一个垄断型企业一旦失去了高效率，那么就会很容易招致其他企业大举进入，抢夺利润。

目前来看，芝加哥学派的观点，更能解释为何垄断型企业能够发展、兴起，并在长达数十年的时间里在市场中保持更强的竞争优势，对各类中小型企业形成巨大的经营压力。

对于投资者而言，我们不必了解企业实现垄断更深层次的理论基础，但是必须清楚一家企业的垄断地位，究竟是通过激烈的市场竞争获得的，还是依靠行政命令式的限制，才得以保全。

中国不同于美国，大量垄断型企业都是发轫于早年垂直型国家经济部门，例如中国石油、中国石化，原本是石油部、石化部两个国家部门；中国移动、中国联通则是由邮政部拆分功能独立出来的。

对于此类垄断型企业，确实在相当长的时间内都无法吸引到足够的投资者，其中原因就是虽然实现了垄断，但较低的经营效率，最终使其盈利能力出现不同程度的下降，虽然没有人能够取代其位置，但人们仍然不愿将其视为"优质资产"。

另外一方面，这些行政垄断型行业大多数是本身估值就非常低的传统行业，例如能源，在全球范围内绝大多数时间里的估值水平都并不高，因此即便有些央企的盈利能力比较强，但也很难受到资金的追捧。

更加适合投资的，正是那些芝加哥学派口中，通过高效率的经营获得市场垄断地位的企业。虽然没有行政命令的保护，但这些企业通常都有同样高效的"护城河"来庇护。

值得注意的是，在自由竞争市场环境下成长起来的垄断型企业，并非只有民营企业，事实上大量投资者耳熟能详的优质公司，都是各种类型的混合所有制国有企业，例如几乎垄断高端白酒的贵州茅台，实际上是贵州国资委下属企业，空调行业的寡占者格力电器，也归属珠海国资委管辖。

这些地方国企或央企的下属公司，大多成立于改革开放之后，基本上和民营企业的创业浪潮同时起步，身处充分竞争行业。这些行业其实根本没有行政垄断的壁垒，任何人、任何企业都可以参与其中。这些地方国企之所以能够获得成功，一方面来源于国企身份所带来的信用背书，另一方面，也和其本身较高的经营效率密不可分。

由于此前解读的多种原因，导致现阶段中国民众、投资者对民企有偏爱，而对国企、央企普遍存在警惕甚至鄙视的心理。实际上这大可不必，因为事实已经很清楚了，不管是格力、茅台还是万科，乃至曾经作为国有企业的海天味业、龙蟒佰利等，已经用高效的企业经营和强大的盈利能力证明了"英雄不问出身"，投资者也应该以更加公平、平和的心态去对待。

二、专注带来利润

关于多元化和专业化，在过去很长的时间里一直都被广泛讨论。

绝大多数的观点都认为，多元化尤其是盲目的多元化，会对企业经营发展造成不利影响。这一点基本获得了各界的认同，因为多元化实际上是在某一单一领域内竞争力不足的体现，也会造成企业的经营重心分散，无法形成市场竞争优势。

在证券市场上，我们也能够清晰地看到，绝大多数伟大的上市公司以及能够给投资者带来巨大价值的企业，几乎都是专注在一个领域的企业。

生产单一产品的行业寡头、垄断者非常值得关注。此类公司生产的产品大多具有高度的一致性，长年累月生产所形成的操作体系非常熟练，各种能够节约成本或者提升质量的经验也非常充足，这些都可以为公司创造稳定的经营利润。

无须频繁更换产品，对于企业成本的节省有非常大的好处，这些省下来的钱最终都会变成利润，从而推高股价。企业的产品恒定，那它就不需要在研发方面进行更多的资本投入，也不必投入更多的额外支出去更新厂房、设备以及进行市场推广等。如此一来，其不间断地生产产品，就可以积累大量盈利现金。

熟悉巴菲特投资风格的人都知道，这种单一产品的企业是伯克希尔·哈撒韦公司进行投资和收购的首选。可口可乐、箭牌口香糖等消费类企业，以穆迪、维萨为代表的服务型机构，甚至重资产的铁路公司都是如此。

这些企业常年向市场提供单一且稳定的产品，并且在各自领域基本实现了寡占，可以实现稳定的利润输出。在美国这种成熟的资本市场，这不仅意味着股价的持续上涨，还意味着远超中国平均水平的分红收益。

在国内，各种酒类企业都是单一经营的优秀代表，特别是白酒与家电类板块的各个领军企业，由于其强大的盈利能力，长期受到资本关注，成了A股历史上给投资者带来回报最为丰厚的板块，历经多轮牛熊交替始终屹立潮头。

专业型公司在面临经济下行周期或者行业动荡时，往往可以有很好的表现，这一方面是由于多年来在行业中的积累，可以让企业拥有更加稳固的地位（包括品牌与产业链等因素）；另一方面，相对紧缩的战线，意味着在危机时期，对资金的需求量相对比较少。

最近的一个典型例子，就是2018年上半年，在市场流动性不足、国际经济环境等因素的影响下，浙江民企盾安集团出现了严重的资金问题。这家企业是国内规模较大的多元化企业，据介绍主营业务包括了"以制冷产业为主体，人工环境设备（中央空调）、精密制造业（制冷配件）、民用阀门、特种化工（民爆器材）、房产开发、食品加工等产业"，并自豪地宣称自己是集科、工、贸于一体的现代无区域企业集团。

但就是这样一家看似"无所不能"的企业，在2018年遭遇了严重的经营危机，2018年5月，盾安集团由于发债融资困难，陷入资金流动性困局，面临450亿债务危机。随后，不得不通过曝光，以"金融安全"为由头，要求政府和银行机构提供支持，并且大规模缩减战线，变卖资产和股权。

在大洋彼岸，类似的戏码也在上演。曾经辉煌无比的通用电气（GE）在美国资本市场大牛市中陷入困境，曾经缔造辉煌的"数一数二"战略和产融结合模式忽然不再奏效了，2017年道琼斯指数上涨25%，GE股价却下跌了45%，2018年上半年又继续大跌30%左右。

究其原因，核心在于利润的下滑，其中对阿尔斯通的收购导致电力部门亏损，金融业务也是形成亏损的重要原因。虽然医疗部门、贝克休斯油气部门都获得了盈利，但仍然难以覆盖业绩下跌的部分。GE的多元化战略受到了前所未有的挑战，也因此被迫出手了一批资产。

实际上在2017年左右，GE卖出了大量资产，包括家电、照明，并且计划出售医疗保健业务、贝克休斯的油气业务（这两项甚至是盈利的业务），来进行瘦身，将业务更加聚焦于能源与航空领域，以扭转颓势。

在互联网和新技术越发重要的时代，工业时代的霸主GE也无法逃脱多元化困境，在业绩大幅度下滑之后，最终选择相对更加专注的发展道路。

多元化的标杆企业GE尚且如此，中国更多没有如此强大管理能力的企业，也只有在选择更加务实的专业化道路时，才能够真正获得市场的寡占地位,并给投资者带来超额的回报。

没有专注,企业就难以获得垄断收益。

三、 无效的政策支持

不论是美国、中国还是欧洲,相比数量较少的垄断型大型企业,小型企业和创业型企业在经济市场中都是相当不稳定的存在,在行业中进进出出非常频繁。

相比之下,大型企业在行业中以更加坚定的方式存在,也拥有更长的寿命。例如:1977年,在美国278家最大的公司中,有264家,也就是94%的公司,持续经营了50年以上。

根据美国的数据统计,在小型企业中只有32%持续存活了三年,能够持续存在20年的只有14%。对于任何成熟的投资者来说,被投企业的长期、稳健经营都是非常重要的考量因素,平均起来仅能够生存三年的企业,对于投资者来说是非常没有吸引力的。

在中国,这个数字显然会更加残酷。这其中有很多原因,包括各行业的大型企业会对中小型企业形成竞争压迫,以及小型企业之间的相互倾轧,都会使小型企业成批破产。但即使在那些大、小型企业能够和谐相处的行业里(如餐饮和物流行业),小型企业也是快速建立,又迅速消失。

小型企业占比很高的行业,往往给人带来非常繁荣的表象。但是在繁荣表象背后,是小型企业之间的各自为战,和整个行业的低效率。这种低效率最终会让消费者和投资者都受到不同程度的影响。

但是站在国家层面来看，特别是在中国现阶段的实际情况下，往往会对中小型企业进行政策上的支持与保护，包括对于中小型企业在金融、财务层面的支持（民意对中小型企业的倾向也是一个不可忽视的因素），都让中国的中小型企业能够获得更多的政策支持，有机会在激烈的市场竞争中得到"雪中送炭"。

例如，仅在2018年5月，各地就密集出台了对中小型企业的扶持政策。

《陕西省质量技术监督局"质量提升行动年"工作方案》于2018年5月颁布，提出2018年内将建好、用好三个以上质量服务"一站式"平台，创建六个以上以产业集聚为特征的质量提升示范区，推动500家以上中小型企业质量、品牌、效益明显提升。

青岛市经济信息化委要求开展中小型企业"四新"经济企业培育工作，全力打造具有青岛市特色的"独角兽"企业。

郑州市政府办公厅发布《郑州市开展企业成长促进行动实施方案》，明确三年内将通过一揽子政策和资金支持培育壮大各类企业群体，力争2020年新晋30家挂牌上市公司。

广东发布了2018年民营经济及中、小、微型企业发展项目专项资金安排计划，涉及资金6.8亿元人民币。为鼓励中、小、微型企业拓宽融资渠道，广东将在上市融资、新三板、区域性股权市场三种融资途径对企业提供支持，共投入资金4.3亿元。

但小型企业与其他小型企业之间天生就是不同的利益主体，且大多存在严重的同质化竞争关系，相互之间的利益很难协调一致，因此绝大多数的小型企业群体无法形成明确的政策主张，即便是在利好政策面前，也很难争取到有利的局面，这和垄断型大型企业有明显的不同。

1938年，在美国商务部部长的建议下，富兰克林·罗斯福总统（几乎是对垄断型企业抱有最严重负面态度的总统）邀请了全国各地1000位小型企业主到华盛顿开会，争取他们对罗斯福新政的支持。

但是当时的会议并没有达成任何共识，因为与会者按照地域、行业和规划划分了派系，且从始至终几乎都处于混乱的争论之中。这次持续了数天的会议，除了说明小型企业之间无法达成共识之外，几乎没有任何收获。

实际上，不要说在全美或全中国范围内的小型企业之间无法达成共识，就连一个菜市场内的几十名摊贩，都很难形成协调一致的行业动作。

在中国，我们能够看到大量对中小型企业的扶持政策最终往往也会无疾而终，甚至演变成套取补贴，盲目投资、融资等野蛮生长的乱象。盈利能力不足的现实，却几乎永远也不能改善，小型企业主们总是在抱怨并寻找问题，却从来没有想过他们自己就是问题本身。

说到底，这是由小型企业之间严重的竞争关系所决定的，这种过度的竞争最终会让仅有的政策优势消磨殆尽。因此很多看似美好的中小型企业扶持政策，往往并不能取得很好的结果，也不能给投资者带来很好的回报。

第三节　财务三大表中哪些最关键

一、 值得信任的财务报表

巴菲特曾经多次强调，阅读企业的年报、财务报表是他最喜欢的"休闲方式"，这在一个侧面体现出了财务报表对于投资极其关键的重要性。但是在中国，很多投资者对于财务报表有一种天然的不信任感，或多或少地对其采取漠视态度。

其中原因无非两个，一是很多投资者的投资决策来源于价格变化，也就是依据K线图来判断交易时机，这意味着不需要观察企业的内在价值，那自然没有必要在财务报表上浪费时间。

另外一个原因，就是有相当多的投资者认为，财务报表的造假是非常常见的，也是很难辨认的，即便不是通过造假的方式，也可以通过各种各样的财务安排，来规避问题并制造虚假繁荣。

这种判断本身并非完全错误，因为即便是以专业著称的华尔街，也曾经长时间没有发现安然这样庞大的公司进行财务造假，在国内，更是有相当多类似的例子，包括华锐风电、雅百特、保千里、山东墨龙等。

这看起来是一个很充分的理由，但如果我们仔细地思考一下，就会发现其中的漏洞：在A股，大量进行财务造假的企业，实际上都是一些名不见经传的中小型企业，不论是面向消费者的消费型产品，还是在某个行业中的专业商品，都没有足够的品牌效应与行业口碑。

也就是说，这些企业进行财务造假的原因，正是因为自己本身的竞争力不足，导致无法在市场上获得足够利润，也不能在资本市场上获得足够多的优势——对于更好的企业来说，优秀业绩带来的高股价，可以直接帮助企业更好地融资，甚至可以更好地套现，给自己的股票卖个好价格。

如果去追究更深层次的原因，就可以发现，所有舞弊造假和闪躲腾挪行为的根本原因，就是企业本身不具备足够的盈利能力，无法满足企业管理层获取利润的愿望，因此这些人选择铤而走险，以不正当的方式，通过欺骗市场、欺骗投资者来获得资本市场的认可，从而获得追求暴利的机会。

投资者如果将更多的目光锁定在这些在行业中表现平平、盈利能力不足的企业身上，并寄希望于它们业绩更具弹性、弯道超车、战胜行业龙头的话，那么很遗憾的是，他们确实更有可能遭遇财务造假。

反观各个行业内具备竞争优势的龙头企业，它们大多有了较强的盈利能力，能够靠正常的经营获得利润，没有必要为了让已经很好看的财务报表变得更好看而铤而走险。更不用说，很多企业甚至连做高股价后定向增发的动力都没有：日子已经很好过了，何必稀释自己的股权呢。

如果投资者将更多的精力投入到分析这些企业中，就可以更有信心地观察这些企业的财务报表，它们也许会有一些财务上的浮动安排，但绝大多数情况下都不会去触碰法律红线，甚至会倾向于采用更加保守的财务处理方式，以降低投资者的预期，来换取更加稳定的股价表现。

通过对这些更加真实财务报表中关键指标数据的分析，投资者可以以定量的方式，获得更好的投资机会，以更合适的价格买入，在企业反映出问题的时候选择卖出。

二、净利润：考量大型企业

很多热衷于"新兴产业"的投资者，更多关注企业营业收入的增长，而不关心其利润的情况，甚至将亏损视为骄傲，将其看作企业快速成长的表现。

当然确实有不少成长型企业就是这样发展起来的，但赚钱才是一家企业存在的根本原因。可以说，对净利润的考量是非常关键的，特别是对那些规模大、较成熟的企业来说，因此需要将其放在所有需要观察的财务指标的第一位。

净利润是衡量一家大型企业综合实力最有效的指标之一。实际上企业市值的决定因素，就是每年的净利润与市盈率估值水平的乘积。从这个角度看，对于企业盈利能力不论怎么重视都不为过。

净利润的总额可以在衡量一家企业规模体量的同时，体现出其运营的健康情况，例如苹果公司和伯克希尔·哈撒韦公司，虽然在世界五百强中并没有名列前茅，但是在按照净利润进行排名的时候，大多可以排在全球的前两位。

在中国，如果按照净利润的情况来给企业排名，我们可以获得一份最赚钱企业的排名。这些企业看起来以金融、地产、汽车、BAT三巨头和大型品牌企业为主，它们共同的身份，除了银行之外，就是所在行业最优秀的企业。

显然这些都是非常具有投资价值的成功企业，包括BAT、中国建筑、贵州茅台、中国神华、宝钢股份、格力和美的等，能够在全国净利润排名靠前的非银行企业上市公司，都是在历史上有非常卓越表现的企业代表。

即便在牌照管制的情况下，大量规模庞大的银行还是会因为股息率高，股价表现稳定、强势，而被很多大资金投资者所青睐。

相比而言，在中国，大量的传统制造业公司、互联网公司和服务业公司，每年的年报都只能曝出非常难看的净利润表现，这反映了这些行业竞争过于激烈的现实，因此这些企业中很少有企业能够成为良好的投资标的。

投资者应该密切关注所有有关净利润的排名，净利润绝对值排名靠前的，绝大多数都是值得投资的标的，特别是反应主营业务盈利能力的"扣非净利润"排名靠前的上市公司，更应该重点关注。

另外投资者应该摒弃传统的以营业收入来评判企业的各类榜单。简单地以营业收入作为标尺,在很多时候都不能反映出企业经营情况的好坏,因此相比净利润,市值和营业收入的关联度要弱不少。

即便是垄断型大型企业,也应该以净利润对其进行严格的考量。历史上有大量的垄断型企业最终溃败,都体现在因为种种因素(包括成本过高或需求的持续下降)的作用下,无法赚到必要的净利润,最终走向溃败。

考核企业的净利润,要以变化的角度去看。对于投资者来说,任何单独一年的净利润数额,都不足以判断一家公司是否具有持续竞争优势。如果仅静态地考虑企业某一年的净利润,这个数字的意义就会弱一些。

连续多年的净利润持续稳定增长,才能让我们明确判断出公司所具有的长期竞争优势。但需要注意的是,短时间内大幅度的净利润增长,在大多数时候很难持续下去,这种股票在遭遇均值回归的时候,往往会形成比较大幅度的下跌。对于上市公司来说,净利润增长最健康的状态,就是常年保持在20%左右的稳定高速状态。一味地追求净利润高速增长,对于投资来说也是一种风险。

另外,如果在某一年或者某一个季度,企业的净利润在连续下降之后出现了上涨的拐点,投资者应该对其进行重点关注;同样,如果在连续上涨之后出现下降的拐点,那也应该谨慎面对其后市表现。

三、利润率：鉴别真假成长股

利润率是衡量一家企业盈利能力的重要指标，尤其是对一些净利润规模尚不够大的企业，用利润率去衡量，可以避免出现遗漏的情况。

一家净利润规模庞大的企业，如果同时能够保证较高的利润率的话，那就更具备极佳的投资价值。

不考虑营销费用、各项企业经营成本，单独将目光放在产品的盈利能力上的话，毛利率是一个非常重要的衡量指标，通过对企业毛利率的分析，可以直接得到企业的产品在市场上的竞争优势。

通常来说，除了医药和互联网行业，毛利率在40%以上的公司，一般都具备某种持续竞争优势，而毛利率低于40%的公司，则一般都处于高度竞争的行业，因为竞争会削减行业总利润率。如果一个行业的毛利率低于20%，则意味着这个行业存在着过度竞争，行业内的企业大多缺乏持续性的竞争优势。

另外毛利率和毛利润有一个非常重要的作用，就是用来鉴别真假成长股。净利润可能会因为多种原因（包括激进的财务策略、不断投入再生产、高额的税收等因素）出现失真，但毛利率和毛利润可以直接体现产品的盈利能力。

成长型企业往往需要将营业收入与利润进行再投资，通过不断加码来获得更多的市场空间和利润，甚至在很多行业中市场空间和份额比利润更加重要，但企业产品与服务的竞争力是相对独立的。企业产品如果受欢迎、竞争力强，那么它自然可以卖出更高的价格，导致毛利率提升。在此基础上的成长才是健康、可靠的。

如果一家企业的产品在市场上没有竞争优势，卖不出高价，只能依靠价格战和补贴进行"强攻"，那么这种倒贴钱做出来的营业数据增长，就是非常不健康的，即便是以此获得了较高的市场占有率，也往往会在提价保利的过程中迅速降低乃至消失，并吸引到大量竞争对手出现，这就是典型的伪成长型企业。

相比于毛利率，企业的净利润率往往要低很多，因为各种产品生产成本以外的花费，对于任何企业来说都是数量巨大且不可避免的。通常来说，净利润率能够达到20%或者以上的企业，特别是大型企业，其盈利能力都非常强劲，属于金字塔尖级别的优质企业，值得投资者长期关注。

但如果一家企业的毛利率与净利润率之间的差距相差过大的话，就需要投资者警惕了，这很有可能是一家企业为了获得更多的利润，而强行降低产品成本或者采用不正当手段生产劣质产品，同时采用大规模的营销和广告投入策略强行拉升销量。这种产品可能在市场上有一定的名气，但随时可能因为产品质量问题而爆发危机。

如果一家企业的毛利率或者净利润率高于行业内的平均水平，那么在大多数情况下，这家企业是值得关注的。但同时投资者必须考虑造假的可能性，因为一家企业如果在行业中不能排到前三的位置，理论上它获得额外高的毛利率、净利率的可能性并不高。

也就是说，对利润率的分析，一定要结合企业在行业中的表现和综合实力因素，进行综合考虑。

四、现金流：企业脉搏

没有利润的企业有可能继续生存，但没有可支配现金流的企业，即便有利润，也可能会面临流动性枯竭所造成的破产。因此，现金对于企业的重要性不言而喻。

而市场上能够获得利润的企业非常多，其中不乏每年利润上百亿元的大型企业，但是如果换个角度来观察，会发现其中只有很少的一部分，在赚取利润之后，有能力把这些钱攒下来，形成可供自由支配、大额分红的库存现金。

在市场经济环境下，企业经营发展的最终目标是获得利润。企业获得成功最重要的一个表现，就是具备强劲的赚钱能力和随之而来的"存钱能力"。

甚至可以说，只有金字塔顶端的一些企业，才能在多年的经营发展中，获得巨额的现金储备，并且由于财务战略上的保守，这些资本很少被用来进行激进的投资，使其财务状况更加安全、稳定。

显然，对现金流和库存进行更加严格的要求，可以帮助投资者找到更适合投资的企业。如果结合资产负债率来观察，防止出现举债获得现金，效果会更加可靠。在这方面，竞争优势型企业有天然优势。

例如苹果公司2018年的现金储备量接近3000亿美元，这个数字甚至超过了全球绝大多数政府的资金拥有量。在A股，格力电器长期拥有巨额的现金储备，2015年年底就超过了800亿元人民币，截至2017年年报已经超过千亿，这不仅提升了企业的抗风险能力，也成了企业实力的象征。

通过观察，"现金奶牛"属性的企业具备以下几个条件：净资产收益率足够高，每年经营活动可以有大量的现金流入，净利润较高且资产负债率比较低。

能够满足这些需求的企业，大多身处市场规模巨大的行业中，企业成熟、稳定甚至处于垄断地位，商业模式普遍简单。

这些企业一直以来都受到投资机构、注重价值的投资者的重视，他们中的绝大多数，都给投资者带来了超额的回报。

对于企业来说，获取现金是一个非常"惊险"的过程，因为基本上通过制造商品、出售股票及变卖资产三种方式，才能够获得现金。如果想要顺利地将商品、服务和股票卖出去，那么一个良好的经营状态是必需的。

需要注意的是，通过向公众发行新出售的债券和股票所融得的资金，通过出售部分现有业务或资产获得的资金，在被使用之前，会带来大量的库存现金。这些库存现金看起来可能规模很大，但实际上并不意味着企业具备长期稳定的竞争优势，甚至有可能是陷阱——突然通过IPO融得巨资之后，有可能形成产能过剩；变卖资产获得现金的企业，则往往面临生存危机。

因此对于现金流和库存现金来说，最重要的是要确保公司一直保持着良好的运营情况，使运营收益的现金流持续大于成本，就会给企业带来持续的现金流入。通过这种方式，企业获得的现金库存积累非常健康，也为其进一步的发展扩张或增持回购打下基础。

企业通过意外的特殊情况，同样可以获得一些现金，追查这些企业现金的来源，对于判断其是否具有持续竞争优势非常重要。想要分辨现金流背后的价值，比较简单的办法就是查看其过去多年的资产负债表。通过分析，投资者能够看到公司的现金是由于偶然事件产生，还是由于公司的持续经营盈利所得。

有些企业表面上囤积了大量盈利，但这些盈利都来自于出售资产、炒股、拆迁等非经常性收益，而不是持续经营获利。这样的情况，就不能称之为具有持续竞争优势的企业。这种情况下所获得的额外收益，在市场行情中大多不被投资者所认可，因此即便会形成大量的库存现金，也很难直接导致股价的上涨。

现金流的另外一个重要方向，是这些资本的流动能力。这通常会显示出公司经营活动中的活力，显示一家企业的价值创造能力，资产流动速率越快，说明其商品和服务在市场上越受欢迎。

流动资产通常被称为公司的"运营资产"，因为它始终循环在生产经营的过程当中。现金用于购买原材料，经过生产制造后变成存货，以另一种形式存在于企业之中。随后存货又出售给经销商，变成应收账款或现金。应收账款收回后，又转化为现金购买原材料。这个循环反复周转，公司在这个过程中获得利润。

竞争优势越强的企业，这个循环周转的过程越顺畅。而不具备竞争优势的企业，在存货期和应收账款期，都需要付出更长的时间，因为其现金流会被上下游中更为强势的企业所占用。

将应收账款周转天数、存货周转天数、总资产周转率、现金流运营指数、经营活动现金流入小计、流动和速动比率等财务数据进行综合观察，就可以比较容易看出，在一个行业中，哪家企业有最出色的经营能力和现金管理能力。

现金的流动周期越短、企业存货周转天数越少、总资产周转率越高的企业，通常经营管理能力就越强，企业也就越有可能以较小的资本撬动更大的收益。

一般来说，垄断企业由于具有很强的上下游掌控能力，往往在现金流方面表现更好，尤其是一些已经相对成熟的行业，其中的竞争优势企业、垄断企业往往已经有了非常成熟的业务体系，从而形成极好的现金流表现。

五、成本：竞争优势的体现

获取现金的能力之外，对于成本和费用的控制，是企业增加利润的另一面。

成本主要体现在制造商品、提供服务所必需的投入上面，例如电力企业想要发电，就必须从煤炭企业那里购买煤炭作为燃料，钢铁企业必须从必和必拓、力拓、淡水河谷等企业那里购买铁矿石，造纸公司必须从海外进口纸浆，这期间所花费的开销都是成本。

如果企业想要以更低的成本获得原材料，那么最有效、最直接的办法，就是增加采购数量，以争取更大的谈判主动权，压低价格。

但这往往是寡头和垄断企业的专利，因为只有这种庞大规模的企业，才有足够的能力去和上游厂商（尤其是那些话语权非常强的海外上游原材料企业）在谈判桌上掰手腕。对于大多数行业的经营还非常分散的中国，这是一个非常艰难的目标。

例如，在2010年左右，中国的钢铁公司需要大量从澳大利亚、巴西等国进口铁矿石，但因为行业野蛮生长，每个省都有数家大型钢铁企业，导致采购主体过多而相互抢货，上游的大型企业坐收渔利，赚取了巨额利润。而对于钢铁企业来说，这意味着成本高企，利润被吞噬，或选择将这些超额成本部分转嫁给下游。

为了能够更好地抢夺国际铁矿石的定价权，中国积极推动大型钢铁企业的合并与"供给侧改革"。其中规模最大的案例，就是宝钢股份与武汉钢铁进行合并。

与武汉钢铁合并之后，宝钢股份产能超过7000万吨居全国第一，公司硅钢的市场占有率达到70%，高端汽车板市场占有率约60%。对铁矿石的需求占全球铁矿石贸易总量的7%，国际采购议价能力更强（见图3-4）。整合开始之后，宝钢股份2017年营业成本相比2016年仅增加了240亿元，而同一时期营业收入的增长则为380亿元。

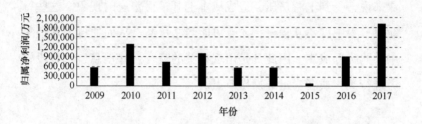

图3-4 供给侧改革后，宝钢股份的净利润表现呈现出清晰反转

另外，上游原材料企业为了能够对下游保持溢价能力，往往会选择积极整合，以便联合起来共同为商品保价增值。

2017年年底以来，中国生活用纸、包装物流用纸市场行情大涨，纸价凶猛。其中很重要的原因，是来自巴西的两家全球顶级漂白阔叶浆生产厂商 Suzano（金鱼）和 Fibria（鹦鹉），在2月份通过了合并事宜。

合并之后，巴西将出现一家浆纸产能超千万吨的巨型企业，总产能有望达到1085万吨，也将是全球最大的商品漂白阔叶浆生产厂商，商品阔叶浆供应量有望达到930万吨左右，占到全球商品阔叶浆供应总量的26%左右。

国际商品木浆供应端因此将会进一步集中，中国的各类生活用纸企业，将不得不面对更加高昂的成本，显然这是恒安国际、太阳纸业、晨鸣纸业等上市公司的股东们所不愿意看到的。2017

年年底到 2018 年 8 月底这几个月的时间里,恒安国际、晨鸣纸业股价下跌幅度接近 25%。

因此可以看到,对于一些市场集中度不高、"小散乱"的行业来说,受到上游挤压,造成成本上升是很普遍的现象。这些行业只有集中度不断提升,才有可能与之抗衡,从而通过大规模集中采购降低成本。因此凡是出现相关的整合合并消息,都是投资者进行买入或者卖出的操作节点。

六、三费:衡量经营能力

除成本之外,费用也可以直接影响到企业利润的表现。企业费用一般由三部分组成——管理费用、销售费用、财务费用。总体来说,这三部分费用都是越少越好。

对于垄断型企业来说,由于具有比较大的规模,一般管理费用会比中小型企业高一些,但如果从营业收入与管理费用的比值来看,其数字一定是大于中小型企业的,也就是说,获取同样营业收入,垄断型企业所要付出的管理成本往往要更少。

一般来说投资偏成长型的公司,对管理费用的考虑会相对弱一些,因为在企业组织结构相对稚嫩的时候大规模地拓展市场、增加销量,企业往往会无暇顾及费用的控制。包括在必要的时候,需要以较高的价格从大型企业挖高管人才,这都会造成管理费用偏高。

只要能够确保在大多数时间中,管理费用的增长率低于营业收入的增长率，基本就可以确保其管理体系的健康程度。如果管理费用大幅度低于营业收入的增长，那么就说明其增长的含金量相当高。

而对于成熟型企业，那些更具竞争优势的寡头、垄断型企业，其面临的最大问题之一，就是内部管理系统的过度膨胀和低效率。因此其历年管理费用的变化，是投资者对这些企业进行考察的重要指标。

随着宏观经济的不断增长以及工资水平的不断提升，对于大多数企业来说，只要想实现增长，管理费用和销售费用必然会不断增加，在费用降低的情况下增长，是一个极难完成的艰巨任务。

如果一家大型企业的管理费用保持稳定甚至逐年降低，意味着其内部管理流程已经非常清晰，并且管理层无意增加不必要的人手，也不会随意折腾——这对于企业利润是非常好的保护，也是企业管理层管理能力的重要体现。

例如，伊利股份在2015—2017年间，其管理费用分别为34.56亿元、34.57亿元和33.17亿元，表现稳健甚至在2017年有所下降，但与此同时其营业收入和净利润的增长表现非常良好，这在一定程度上确保了企业利润表现，显示出其管理层较强的管理能力。

销售费用对于处于创业初期的企业来说是非常大的一笔开支，因为在创业初期，市场对其产品还不认可，因此需要进行更卖力的促销和渠道的铺设，甚至进行赔本赚吆喝式的补贴销售。

显然更具有竞争优势的企业在这方面的投入要少很多，如果按照营业收入和营销费用的比值来看，要远小于初创型企业。

有些垄断型创业企业和垄断型成长企业，一旦其销售费用进入向下的拐点，通常意味着大规模的初期产品布局完成，企业判断商品的知名度和美誉度已经形成，自发需求出现，这是一个非常好的买入时机。

财务费用的考量则相对简单一些，如果一家企业的财务费用为零，甚至是负数，那是最好的情况，对于大多数质量较差、经营水平有限的企业，财务费用一般都存在，甚至较高。因此投资者应该尽量避开那些财务费用高企的企业。

另外，若一家垄断型企业在没有收购、整合事项的时候出现财务费用增长的拐点，则往往预示着后市的不良后果，值得投资者高度警惕。

七、 应收款项： 增长的代价

增长是投资者都喜欢看到的局面，但很多投资者对于增长的根源探究不深，因此很容易忽视企业增长所付出的代价。甚至最终被一些心怀叵测的管理层拖下深渊。因此对于增长，投资者最好不要盲目乐观，而应注意观察，分析企业究竟为增长付出了怎样的代价。

很多企业在进行促销的同时，还会采取赊销的方式来促进商品的销售，先将商品卖给客户，再以一定的账期为周期回收资金。

这样做的优势，是可以更好地吸引客户，因为这实际上是一种让利行为，客户可以免费获得商品，通过转卖或者使用产生价值之后，再返还给企业，甚至可以通过拉长账期，获得这些现金的使用权，取得利息等财产性收入。

过多的应收账款，会导致企业出现坏账的概率大幅提高，延长经营周期，使得企业现金流动遇阻，非生产环节上滞留的资金过多，最终影响企业的正常经营。

在此前的内容中我们曾经提到，能够推行"先款后货"的企业，都具备很强的竞争优势。如果从反面来观察的话可以看到，如果一家企业下游的实力太过于强大，并且自身所处行业竞争激烈，那么就很容易陷入应收账款增加的困境当中。

2018年，A股上市公司中出现了大量应收账款暴增的情况，很多企业都遭遇了流动性危机，相当多企业流动性资产迅速缩水，股价大幅度下跌，特别是做政府生意的环保、园林绿化和施工路桥等公司。

例如，园林绿化的标杆企业东方园林2018年前三季度应收账款同比增长了31.46%，厨电企业华帝股份2018年上半年应收账款增加了178%，明星企业分众传媒2018年前三季度应收账款也增长了73.4%，很多行业都面临着应收账款增加的问题。

这一方面是受到经济周期和国际国内货币流动性的影响，在经济环境不景气的时候问题尤甚；另一方面，也是这种"赊销"问题的集中体现。

另外应收账款的出现还有一部分原因，是销售人员出于自身利益的考虑，更愿意采用赊销的方式降低业务难度，更快地形成"业绩"，而不在意是否能够成功收回货款。这是由人们逐利的天性所决定的，需要企业内部建立更加完善的业务管理机制。

很多看起来处在高速成长状态中的企业，营业收入甚至利润都快速增长，但是与此同时应收账款也快速增长，甚至增速超过了营业收入的增长，这就是一个非常危险的信号，这时企业是在以过高的代价推进业务。

通常来说，应收账款占营业收入的比重应该控制在10%以下。如果这个比重达到30%以上，财务状况恶化风险就会大幅增加，如果该比重达到50%，就表明企业有一半的利润是赊销得来的，这意味着企业产品滞销，盈利能力差。

但是归根结底，不论是更加强势的交易对象，还是因为员工的利益驱使，应收账款的增长，其根源都在于企业在竞争中所处的地位。如果企业所处的行业充分竞争，产品又没有很好的区分度，那么应收账款的增加就在所难免。

只有当企业具备了一定的竞争优势，形成更加强大的消费者口碑和品牌效应，才能够在这场上下游之间无声的"战争"中获取胜利，不仅不必赊销，甚至需要先款后货。

八、净资产收益率：物以稀为贵

另外，净资产收益率（ROE）也是一个非常重要的衡量盈利能力的指标。对垄断型企业和寡头型企业进行投资，原则上要求这家企业的净资产收益率要高于社会平均水平，对于规模庞大的企业可以降低要求，但也应该大于 10%，对于规模中小的企业来说，则应该尽可能大于 20%。

同时需要注意的是，中小型企业的 ROE 如果过高的话，那么这种赚钱的局面就不会长久，因为市场上会有很多资本和创业者发现这块业务非常赚钱，进而从四面八方冲杀进来。最终过高的 ROE 将导致这家公司的竞争优势在持续性方面比较脆弱。

例如，即便是忽视掉政策门槛和品牌壁垒，拿数百亿美元去撼动可口可乐、苹果手机或者工商银行、中国移动的地位，也几乎是不可能完成的任务。

但是拿一两亿元人民币去复制汽车之家、58同城这种网站，或者拿十亿元人民币去复制一些轻资产的服务型机构，如证券公司、投行、中介机构等，就更有可能会取得成功。

因此，对于轻资产企业来说，向重资产的转变，意味着构筑一道强有力的护城河，凭此可以阻拦很大一部分竞争对手。

中国领先的互联网垄断型企业阿里巴巴、腾讯目前都在做这样的工作，阿里巴巴大规模布局线下零售业务，腾讯持有天量的各种类型企业股权资产等。这个进程一旦完成，对这两家企业来说就意味着质的变化。

关于投资中对 ROE 所设置的下限，可以结合最稳定的无风险收益来思考。100 元存在银行里，最高可以拿到大约 4% 的无风险收益，也就是说这 100 元一年的净资产收益率就是 4% 左右。

因此如果一家上市公司的净资产收益率低于4%，就说明这家公司经营得很一般，赚钱的效率很低，甚至都赶不上把钱存在银行吃利息，当然就不太值得投资者关注。

ROE 20%是一个大的门槛。中国A股市场3000多家上市公司，能够长期保持20%以上净资产收益率的企业寥寥无几，并且其中有相当多都集中在白酒和医药行业中，尤其是很多人都熟悉的贵州茅台，自2004年到2018年ROE一直保持在20%以上，其中多年都超过30%（见图3-5）。

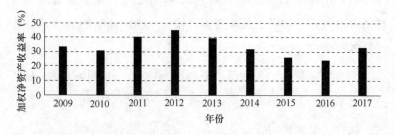

图3-5　贵州茅台2009—2017年的净资产收益率变化

正因为如此，相当多贵州茅台的投资者选择长期持有，并不会在短周期内做买入卖出的频繁操作，故真正能够流通在市场上的股份并不多。2015—2018年三年时间里，其换手率仅有245.69%，这个数字在A股几乎是绝无仅有的。

另外，还有一些上市时间较长且长期（选取数据为2013—2018年五年间）净资产收益率在20%以上的企业，包括承德露露、生物股份、桃李面包、绝味食品、华东医药、恒瑞医药、洋河股份、晨光文具、我武生物、欧派家居、双汇发展、海天味业、老板电器、济川制药、蒙娜丽莎、海康威视、格力电器、飞科电器。可以看到这份名单中包括了各个行业的竞争优势企业，以及具备较强市场号召力的优质品牌，在竞争上的成功，最终体现在了这些企业长期的盈利能力上。

九、负债率：光鲜的另一面

可以说负债对于企业的发展很重要，因为没有杠杆的撬动，企业很难凭借自身有限的资金实力，迅速与竞争对手拉开差距，从而实现竞争优势。在遇到经营困境的时期，也需要来自外界的支持，来渡过难关，并"耗死"没有外部资金支持的竞争对手。

但当负债达到一定程度，特别是长期负债过多的时候，就往往预示着企业的经营出现了问题，由于商品销售遇阻，或者无法顺利回收资金，导致其现金不足以支撑其日常经营，最终只能通过举债的方式获得运营资金。

资产负债率是衡量一家企业负债多少最重要的指标。一般情况下，会认为这个比例在60%以下时，企业的经营都是安全的，特别是在企业快速成长的阶段，资产负债率高是一件较为常见的事情。

但需要注意的是，有些企业的长期负债率相对较高，这就意味着更高的风险，因为其必须通过拉长借债周期，来避免资金链断裂的风险，并且长期债务到期时，往往形成规模更大的"债务洪峰"，盈利能力差的企业很难抵挡。

对于已经过了高速成长期的企业来说,其负债水平自然应该越低越好(见图3-6),因为绝大多数的负债最终都会产生利息支出。

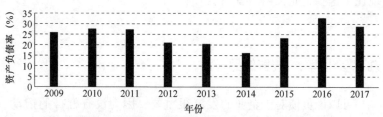
贵州茅台是一家典型的低负债率企业,资产负债率很少超过30%

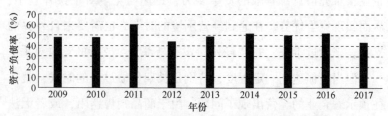
某具备较强行业竞争力的电子器件企业,资产负债率被控制住50%以内

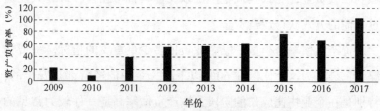
某身处困境的企业,资产负债率长期达60%并且逐年增加

图3-6 三家不同类型企业的资产负债率对比

在资产负债率的分析上,特别需要注意的一点,是一些在市场上异军突起、声势浩大的企业,没有经历过较长时间的业务沉淀,主营业务也并不是很赚钱,产品、服务相比竞争对手没有明

显的优势，但是花钱大手大脚、出手阔绰，大规模并购，一掷千金。

这种企业往往是为了维持自己强势的外在形象，吸引眼球，以谋求迅速做大做强，以图获得更多资本运作的空间。由于无法通过主营业务获得足够多的利润，因此必须通过举债的方式进行投入，即便采用各种表外的方式闪躲腾挪，其资产负债率往往也不会太好看。

另外预收账款的增加，会导致企业资产负债率提升。但这些预收账款往往代表着企业在产业链中的强势地位，特别是对于房地产和银行以外的行业。因此投资者可以对预收账款进行重点关注，将其从资产负债率中进行相应的剔除。

以上就是作为投资者来说，需要密切关注的企业财务报表的信息。需要明确的是，对于非专业的投资者来说，能够粗线条地掌握一些重要财务信息，就已经足够分辨出优质企业，并做出比较科学的定量分析。

相比各种复杂的财务分析技巧，相信商业常识更加重要，这样才能不被企业管理层天花乱坠的说辞和借口所蒙蔽。

第四章 价值比估值更重要

第一节　价值大于估值

一、 价值和估值

企业股价是由价值所决定的,但这并非唯一的决定性因素,因为市场对这些价值的估值判断同样重要。估值水平的判断,会对企业股价产生直接影响。

我们可以将价值和估值视为影响股价的两方面因素,就像硬币的两面,相互关联、相互印证,是一个有机整体却又似乎永无相见之日。

如果一家企业的净利润以平均每年30%的速度增长,那么其市盈率估值水平必然会水涨船高,因为投资者会因为其良好的业绩表现,而给它定下一个较高的价格。例如爱尔眼科由于保持了多年30%的净利润增速,被市场定下高达60倍以上的市盈率,并且股价长期表现强势,在2018年的熊市中仍然屹立不倒。

类似的例子还有保持20%以上年净利润增速的苏泊尔、30%以上的中国国旅等,市盈率都长期保持在30倍以上,且股价穿越牛熊长期上涨。虽然在这个过程中往往会出现估值较高的问题,但仍然会吸引大量的投资者参与其中,人们也会给出越来越多的理由,去支撑其较高的估值和股价。

但是如果仔细思考这些不断上涨股票的内在逻辑,就很容易陷入一个难以解答的问题里:这些企业股价的上涨,究竟是因为业绩的上涨,还是因为估值的上涨?哪方面的因素更加重要?

传统的价值投资体系会认为价值的作用大于估值的作用。当然,对于注重价值和理性的价值投资者来说,这是没有问题的。但是我们仔细观察现实,却会很容易发现,估值的变化让企业股价的弹性变得更大,也就是产生更大的波动。

例如 2013 年年底到 2017 年年底的时间里,贵州茅台的业绩表现不断提升,但受限于其较高的利润基数和成熟行业的规律,这些年的净利润一共增长了一倍,但是在这段时间里,股价上涨远超一倍,涨了七倍。

新兴产业股票的市场表现则更加明显。按照价值计算的话,50 倍甚至 80 倍的市盈率,在原则上已经没有任何投资价值了,但人们仍然会寄希望于其成长的加速,最终将高市盈率拉低下来,估值对股价表现起到的作用远大于价值。

这种局面很容易让人陷入困惑,是否应该更多地去抓住估值变化所带来的机会,而淡化价值和业绩增长带来的有限涨幅?是否应该放弃价值的准绳,而去追求人性的博弈?

对此需要明确的是,在绝大多数时候,估值变化都应该是由价值所决定的,我们不会否认估值的变化有很多决定因素,但预测这些千变万化的因素(包括国际形势、经济环境、货币政策、财政政策、产业政策甚至气候变化等)是非常困难且极难成功的，而唯一能够有机会抓住的，就是企业自身的价值变化。

价值的变化会导致估值的变化，最终让企业股价的波动加速。但对于企业来说，即便估值再高，也无法拉动其业绩取得增长，因为想要赚钱获取利润，只能靠企业的竞争力，而不能靠股价表现。

这就类似于先有鸡还是先有蛋的问题，不论怎么看似合理，也不可能是先有蛋，只有鸡存在，才能把蛋生出来。也就是说，价值可以决定估值，但估值无法决定价值。

二、抓住低估值机会

明确了价值的作用大于估值，投资者就有了一个更加坚定的准绳——在估值和价值出现矛盾的时候，坚决站在价值这一边，而不是相信估值的变化。

通过那些能够让投资者获得巨额收益的案例，人们可以更清楚地看到具备竞争优势企业所具备的价值，相比于市场上无时无刻不在发生的估值变化，这种价值对于投资者来说更加具有确定性，也更值得依靠。

企业的估值出现大幅度变化的时候，往往意味着需要投资者做出决策：当估值远高于价值的时候，应该做出卖出决策或者持币观望决策；当估值低于价值的时候，需要结合产业具体情况，做出买入决策。

特别是当各个行业中具备竞争优势的企业，由于种种意外原因，导致出现严重的低估情况和安全边际的时候，价值相对于估值的重要性就一览无遗。

在 A 股的历史上，出现过无数次因为各种情况，导致上市公司股价大幅下降，企业估值大幅度降低；包括低到四倍市盈率的万科、十倍市盈率的贵州茅台等，都是最典型的例子，市场对于这些企业的价值的认可程度低到了非常严重的程度。

当然市场有自己的理由，比如万科的深度下跌是因为房地产调控，茅台跌破千亿市值，则是因为"八项规定""禁酒令"和"塑化剂风波"等，但最终的事实证明了，即便这些问题真实存在，跌到如此低估值的程度也是错误的，这种低估状态最终被市场所自发修复。

尤其是竞争优势型企业本身就具有很强的抗风险能力，这让其在遭遇问题的时候，相比中小型企业有更大的底气扛过经济寒冬或者行业危机。

与此同时，在这些时候，它们会有大量竞争者在行业问题爆发时被淘汰掉，最终将市场留给优势企业，使其占据更多的市场份额。表现在股价上，就是持续的波动上涨。

如果要评选在过去十年股价上涨幅度最大的上市企业，伊利股份是排在最前列的企业之一；如果要评选上市以来涨幅最大的企业，伊利同样当之无愧：按照后复权计价，其 1996 年上市以来，一直到 2018 年阶段性的高点，涨幅已经接近 300 倍。

当然最近十年来涨幅巨大的原因之一，在于 2008 年行业危机造成股价的基数被打到非常低的地步，但伊利仍然有非常强的指向性意义：作为行业中最大的寡头型企业，其过去十余年的发展中，完整地体现了高速增长—遭遇危机—成熟寡占三个阶段的过程。

因此，在论述三项重要的估值体系——市销率、市盈率、市净率之后，本书还会以伊利和家电三巨头（青岛海尔、格力电器、美的集团）的案例，来详细讲述竞争优势型企业估值低于价值带来的投资机会的历史案例。

通过对这些典型案例的复盘，我们可以看到竞争优势型企业如何在行业发展的初期高速增长，又是怎样陷入危机的，又如何通过危机的考验，熬走竞争对手占据更大市场份额，并在行业危机过后迎来更大的成功，从而带动股价穿越牛熊、不断上涨。

对于这些优秀的企业来说，每一次低估，都是绝佳的投资机遇。

第二节 三大估值指标

一、应用阶段

在前面的内容中，我们明确了企业的价值要比估值更加重要。

第四章 价值比估值更重要

当因为种种情况——包括意外事件、周期下行而造成股价下跌、估值指标恶化时，往往意味着投资机会的出现，因为估值的变化是人心的浮动，而企业的价值则相对更加稳定一些，不会在短时间内出现太大的浮动变化，特别是对于那些具备竞争优势的大型企业来说。

但这并不意味着估值是没有用的，或者是不需要考虑的，相反通过观察企业的估值指标，我们可以更好地了解企业的定价情况，这对于做出正确、科学的交易决策来说有重要意义。

市场上被使用最多的估值指标就是市盈率（PE），但很多人困惑于这项指标的"失效"，因为在A股市场中，大量上市公司的市盈率长期维持在较高的水平，按照经典的低市盈率买入理论，根本就没有买入的机会。

同时又经常有企业在10倍乃至5倍市盈率的时候，出现大幅度的下跌，例如在2018年，有大量的银行股、钢铁股都出现了5~8倍的极低市盈率，并且仍然在不断下跌，甚至出现了跌至4倍以下的情况，让人看起来股价的上涨、下跌与市盈率的高低完全没有关系。

问题出在哪里呢？这里面当然有很复杂的原因，包括投资者偏好、企业的业绩周期等，但其中比较关键的基础性问题，在于上市公司的估值体系，需要随着其行业发展的进程而出现变化，我们采用哪种估值指标，应该取决于这些行业所处的发展阶段。

市盈率虽然是一个应用非常广泛的估值体系，但这并不意味着它可以完美地适用于所有行业，特别是对于增长更加迅猛但盈利能力更差的创业型企业与新兴产业企业，以及虽然盈利能力很强，但增长缓慢的"夕阳型"产业。

对于那些增长迅猛的企业来说，最好的估值指标是市销率（PS），因为初创期的企业最核心的战略是发展壮大，而不是积累利润。因此，其盈利能力会因为在企业发展初期的大规模投资而导致失真，导致市盈率看起来非常高，但这并不一定代表其盈利能力有问题。

相比之下，市销率更能代表其产品在市场上的受欢迎程度。并且由于市销率不会出现负值，因而对于那些处在亏损中的、资不抵债的创业公司来说，也可以为其提供一个有意义的衡量指标。

另外，对于那些已经度过了快速增长期，甚至逐步走向衰退的行业来说，盈利能力较强，但增速已经无法持续，因此市盈率往往会非常低，并且由于商品周期的问题，导致盈利能力较强之后会较快地出现衰退，因此用市盈率来估值经常会出现低市盈率买入陷入"价值陷阱"的情况。

对于这些传统行业来说，重点衡量净资产与股价关系的市净率是更可靠的指标。虽然市盈率同样是可以使用的指标，但相比之下采用市净率的估值方式更加稳健可靠。

这三种指标正好对应着企业发展的三个阶段：初创期、成长期和成熟期。

二、市销率：强劲的开端

人们经常用"市梦率"来形容那些市盈率估值过高的企业，在大多数时候这种略带讽刺的形容是有道理的。

从之前的内容可以看到，确实有很多企业由于资本的推动，能够在很短的时间内发展壮大，并非因为企业的盈利能力或者成长能力有多强，而是因为有机会在二级市场高估的环境下套现获利。

但认定所有的早期初创型公司都没有投资价值同样是不恰当的，特别是那些产业新、规模较大、毛利率水平有一定保障的早期公司，可以采用市销率的方式为其进行估值，做投资的考量。

特别是互联网和科技类创业型企业，如果用市盈率去判断，其盈利能力尚没有完全建立，如果用市净率去估值，就更加不靠谱了，因为科技型企业的净资产大多为电脑、服务器、显示器、检测仪器设备等科技产品，相比入账时的成本，减值压力巨大，经常出现高价购入的设备在企业破产清算时毫无价值的情况。

市销率的定义是企业销售收入规模与市值的比值，这个数字越低越好，意味着投资者可以以更少的钱，买到更多的营业收入。根据《超级强势股》一书的作者肯尼斯·L.费雪的建议，1.5倍市销率以上的股票并不值得购买，0.75倍市销率以下，意味着企业往往具备较强的取得营业收入的能力，并且被相对低估。

对于价值投资者来说，做出投资决策是非常谨慎的，对于市销率的应用应该更加谨慎，因为需要采用市销率来做估值判断的投资对象，往往意味着盈利能力较差，已经更加偏向于早期投资。在这两方面，都很难出现有较强竞争优势的企业，遑论寡头型和垄断型企业。

因此在使用市销率投资早期项目和新兴产业时，不仅要在0.75倍甚至更低的时候考虑买入，同时也要考虑到投资对象的真实盈利能力和自由现金流的获取能力，也就是需要关注毛利率和毛利润指标。如果一家企业有较高的营业收入，但毛利率和毛利润表现很差，这就意味着其营业收入是靠赔本、补贴销售硬拉起来的，这种企业大多数时候并不具备投资价值。

除了在新兴产业和初创企业上有所应用之外，市销率还适合衡量一种特殊的情况，就是有些行业由于种种原因，导致净利润水平长期扭曲、失真。这方面最典型的就是啤酒行业。

在啤酒行业中，央企华润长期采用低价销售的方式抢夺市场空间，进而大规模收购兼并，包括燕京啤酒、珠江啤酒等在内的地方性啤酒企业难以提升售价获得利润，甚至需要同步降价才能勉强保住市场，最终导致中国啤酒行业利润长期低下，和海外企业相比利润差距巨大，行业内的企业发展迟缓。

这种情况下，以净利润为基础的市盈率会出现失真的情况，严格来说，使用市盈率对啤酒企业进行估值就是不准确的，这也造成了A股的啤酒企业市盈率长期偏高，引起市场分析人士的质疑。实际上，对于这种特殊情况造成的行业长期低利润的，可以使用市销率来衡量其估值情况，当市销率到达其历史较低水平时，就会形成不同程度的投资机会。

三、市盈率：壮年时代

在 A 股市场，很多投资者都或多或少地听过"市盈率无用论"这种说法，主要是因为 50 倍、100 倍的股票也经常大幅度上涨，低市盈率的股票，也经常会出现大幅度的下跌。

例如贵州茅台曾经出现过 10 倍市盈率的情况，并且仍然处于不断的下跌当中，2018 年左右，盈利能力很强的银行和地产股，也有过大幅度下挫的时候。

更何况，大多数散户投资者都是以技术面作为投资依据来进行操作的，他们更看重的是图形的变化，而非企业盈利能力和基本面等。

必须要纠正的是，股票就是企业，因此购买股票就要和购买企业一样，以利润和估值为根基，看重市盈率在其中所起到的关键作用。

企业的市值等于净利润和市盈率的乘积。这是在绝大多数时候，人们对于上市公司市值最基础的判断依据。

净利润代表着企业存在最基本的功能——获取收益的能力和水平，而市盈率，则代表着人们对企业最简单直接的看法——愿意为购买这家企业的股票付出多大的估值，也就是溢价。

严格来说，市盈率是一种相对激进的估值体系，因为其发挥作用的重要基础,就是企业的净利润增长可以持续,这是一个动态的过程,不仅需要对企业目前的利润进行判断,也需要对企业未来利润的增长情况做出预判,因为一旦企业进入净利润的负增长阶段,市盈率水平就会面临大幅度的下滑,之前所有的假设都会落空。

这和相对静态的、以资产价值为基础的市净率判断,甚至和看企业账面现金的市现率判断相比,存在更大的风险。当然如果能够做出准确的判断,也意味着更大的收益。

如果投资者非常看好一家企业,认为它可以在未来赚到比现在多得多的净利润,从而给自己带来超额的回报,那他可以以净利润50倍的价格购买这家企业(的一部分),那么这家企业的市盈率就是50倍。

如果投资者认为一家企业的增长非常有限,未来的净利润水平会不断下降,营收利润一天不如一天,那么他可能会以净利润6倍的价格来购买这家企业(的一部分),那么此时这家企业的市盈率就是6倍。

但现实的情况,经常不会按照投资者对企业未来盈利能力的预期去走,比如投资者对某些科技企业未来的盈利能力抱有极高的期望,这就导致这些企业的市盈率达到50倍甚至更高,例如在2015年创业板泡沫时期,平均市盈率高达150倍左右,最终被证明不可能承载如此之高的盈利预期。

与之相反的是悲观的预期同样很难实现,如果投资者对于某些上市公司定了10倍甚至更低的市盈率,也通常意味着投资者对于这家企业或者这个行业过度悲观了——未来其盈利能力出现反弹，就会使其迎来估值修复的行情。

公开市场中成千上万的投资者用现金投票，最后给上市公司定出了每天的市盈率水平。可以看到，简单的市盈率倍数的背后，是人们对于企业未来盈利能力的思考和判断。

市盈率被视作一切证券交易最核心的估值准绳，不论是成长型企业还是成熟型企业的投资，都可以用市盈率这个核心准绳加以衡量。其中最适合的，就是介于初创型和成熟型之间的成长型企业，这正是一家企业的壮年时代。

四、波动变化

和"价格围绕价值上下波动"一样，市盈率同样会围绕着企业真实、公允的估值水平上下波动。投资者不仅需要关注一家企业市盈率的静态数据，更应该观察其历史市盈率数值变化的周期波动，找准目前市盈率水平在历史上处于怎样的区间。

以银行股为例，其海外成熟市场中，市盈率估值常年维持在15倍左右波动，时高时低，但基本上是以这个估值水平作为准绳的，因此15倍可以看作是银行的公允市盈率。

但是在中国，2008年左右的时候银行股的市盈率最高被炒到30倍左右，而2018年，最低已经到了5~8倍，很显然，这是一个非常宽幅的估值震荡。

另外，白酒行业由于具备较强的盈利能力，因此市盈率估值大多数时间都在 15～20 倍区间，包括帝亚吉欧等海外企业的市盈率也大都在这个区间里。可是以贵州茅台为代表的白酒股曾经在 2012 年左右徘徊在 10 倍市盈率甚至更低，但是到了 2017 年，又普遍达到了 30～35 倍的估值，波动剧烈（见图 4-1）。

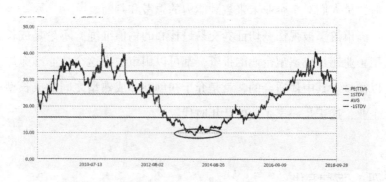

图 4-1　贵州茅台的利润市盈率在 2013 年达到 10 倍的历史最低值

这就给了我们一个非常明确的买入标准：找到一家垄断型企业所处行业的公允市盈率估值，并且在这个公允市盈率估值以下时打折买入，而不是在这个公允市盈率的标准情况下买入。

因为价格围绕价值"上下"波动，而市盈率同样如此。所以在公允市盈率买入不一定会获得利润，反而可能因为向下波动而出现严重的亏损，只有当向下的波动出现的时候，在尽可能低的市盈率估值时买入，才能让本金获得足够的安全。

这就是市盈率最简单、基本的应用方式。而市盈率应用在竞争优势型企业上，最大的好处就在于其盈利能力持续的可能性更大，更不容易在短时间内利润大幅度下降。对于一些拥有行业定价权的企业来说，更是可以确保其净利润水平保持稳健增长的状态。

例如，目前美国资本市场的牛市中，钛白粉巨头科慕、特诺的市盈率大约在 25 倍，那么对于国内的龙蟒佰利来说，应该以美国市场的熊市作为标准进行衡量，也就是以 12~15 倍作为公允估值，同时考虑到市盈率估值的上下波动，在 8~10 倍市盈率的时候，就形成比较好的投资机会。等待估值回归，恢复到 15 倍时卖出，如果遇到风险偏好高的"牛市"，甚至可以在 25 倍市盈率的时候再选择卖出。

如果按照这个模式进行观察，我们可以发现，2012—2013 年的白酒股、2017—2018 年的金融和地产股，都属于类似的情况。当然伴随着企业市盈率的回升，企业的盈利能力往往也在不断增长，那么更高的利润自然会拉低原本已经涨上去的市盈率，这样循环往复几个季度甚至几年之后，上市公司可以积累出巨大的涨幅，这就是著名的"戴维斯双击"的基本原理。

值得注意的是，绝大多数竞争优势型企业规模都比较大，在市场上规模越大的企业，就越难出现估值高估的情况，因此在公允市盈率以下买入，到公允市盈率回归时卖出，是对这些缺乏弹性的大市值品种投资最好的选择。

五、市净率：被低估的夕阳

市净率大多被用来对没有成长能力的"夕阳产业"进行投

资评估，这些企业在大多数时候，都很难获得投资者的青睐，因为人们总是喜欢在小市值、科技和新兴产业中寻找看起来可能有更大收益的投资机会。

很多投资者或者媒体也总是会去宣扬新兴产业对于社会的价值，同时作为对比，煤炭、钢铁、纺织、机械、服装等传统行业往往成为反面教材。

但所谓"夕阳产业"和"消亡产业"是两回事，人类对于物质的需求从来不是"新陈代谢"，而是新陈共存，大多数商品在问世之后都会长期存在，不断地形成市场需求，进而引导企业通过供给形成利润，这个持续存在的过程，要比人们想象的长得多。

而这些产业往往具有比较强的周期性，因此用更加固定的净资产估值体系来进行估值分析更加适合。根据市净率的定义，企业的市值等于市净率乘以净资产，如果企业市净率小于1，就意味着可以用1元买入企业比1元更高价值的资产，这相当于给了投资者折价买入公司资产的机会（见图4-2）。

净资产的组成，包括了一系列企业重要的财务指标，可以基本上视作企业资产的真实情况。

需要注意的是，净资产数据存在着一定的缺陷，这是由其财务定义所决定的。只有将这些"缺陷"补齐之后，投资者才能更好地应用市净率这个重要的指标，而不是只要看到"破净"，就认为企业被低估而值得投资。

在企业的资产和负债中，都包括了需要大量单独观察的项

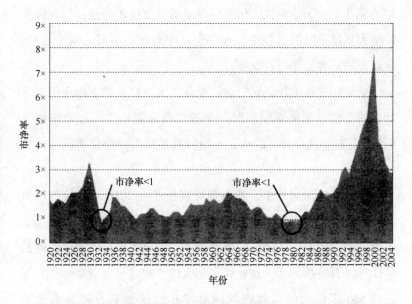

图4-2 美国证券市场历史中两次最大的历史大底,全市场破净

目,例如被视作负债的预收账款,可以代表一家企业在产业链中的强势地位(占用下游企业的现金),而应收账款则往往意味着风险,虽然它通常被记作企业的资产。

典型的例子是在2018年二季度,煤炭机械的龙头企业天地科技,市值约150亿元,其市净率一度跌至0.9倍,也就是出现了破净的情况,与此同时,其2018年全年订单充裕,一季度净利润快速增长。如果这样观察,这是一只被低估的股票,值得买入。

但如果进一步观察的话,可以看到在天地科技的净资产构成中,有110亿元以上是由应收账款构成的,也就是说,在此前多年的经营中,天地科技大量赊销商品给各家煤矿企业,但在煤炭价格大幅度下跌的过程中,这些企业中有非常多都陷入了亏损,导致无法正常偿还应收款项。

如果扣除这110亿元的应收账款,天地科技的市净率就上升到大约2倍,如果能够追回一半的应收账款,那么市净率也有1.5倍左右。这样计算的话,天地科技的低市净率优势就荡然无存了。

但如果再深究一步,考虑到煤炭企业在2016年开始的供给侧改革之后,在煤炭价格上涨的过程中,连续大赚两年,积累了不少的利润用以偿还此前的各种债务。如果煤炭行业的供给侧改革能够一直持续的话,这些煤炭企业持续赚钱是大概率事件,那么这100多亿元的应收账款能够偿还给天地科技就是大概率事件。

类似这种情况的企业还有很多,因此投资者在观察市净率的时候,一定要注意看其应收账款的情况,以及这些应收账款背后的行业、企业经营情况,才能对企业真实的净资产情况有更深的认识。

当然从另一个角度考虑,如果有些上市公司因为存在大量的预收账款(这种情况在垄断型企业,尤其是预售制的C端企业——例如房地产和有线电视类企业中非常普遍),而导致账面上的负债规模较大,也会让市净率虚高,这时候就存在买入机会。

六、无形资产：无法入账的价值

另外一种无法在市净率中体现出来的，是无形资产的重要价值。这主要包括品牌价值和牌照价值。

品牌价值对于推动商品的销售，有非常直接、充分的作用，但是这些价值并不能反映在资产负债表中。品牌价值的形成需要长时间、巨额的投入才能够见效，这种巨额投入不仅包括营销成本，也包括在产品上的研发、打磨和投入，往往需要非常久的时间才能成功，绝非一朝一夕可以塑造出来的。

从最简单的广告支出来看，2017年1837家上市公司的广告支出总投入达到1633.94亿元，其中上汽集团全年累计斥资136亿元位居榜首，苏宁易购和恒瑞医药以47亿元和46亿元分居第二、三位。另外贵州茅台、泸州老窖、广汽集团、中国联通、华润三九等企业也都付出了不菲的广告投入（见图4-3）。

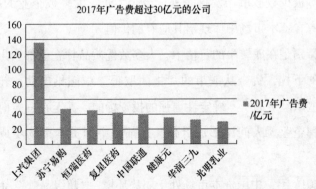

图4-3　2017年A股上市公司广告投放金额居前企业

即便这些企业花了如此大的价钱，相比很多强势的外资品牌，仍然逊色不少，存在着一定的差距。这充分证明了企业品牌价值形成的难度，同时也证明了知名品牌中所蕴含的巨大价值。

但如果从纯财务的角度来看，品牌价值是不能体现在资产负债表中的。在熊市、恐慌的行情中，这种品牌价值往往会被投资者所忽视，从而留下买入的机会。

早期资本市场对于品牌价值的认识很浅，可口可乐是这其中的典型代表。在历史上的很长时间里，其品牌价值都没有被华尔街投资者注意到。巴菲特发现了其他投资者尚未发现的利润，也因此抓住了其投资生涯中最精彩的一次下注机遇；相同的情况，还发生在箭牌口香糖、麦当劳和沃尔玛等企业身上。

品牌价值是客观存在的，不会被投资者的认可或者不认可而左右，而是由消费者的认可所决定的。这不仅是企业区别于其他企业最重要的价值之一，同时也是企业重要的护城河。

在中国，品牌价值仍然处在被市场逐渐认知的过程中，除了茅台等极少数被市场发掘之外，至今为止，大多数企业的品牌，都没有在资本市场中体现出其应有的价值。

特别是在熊转牛的行情中，大多数优质品牌企业都会出现大幅度的下挫，资金从熊市的"抱团取暖"中倾巢出动，转而追逐那些风险更高、不确定性更强的投资标的，甚至在一定时间内让品牌企业无人问津形成低估，这都是中国资本市场不成熟的表现。

2018年，中国资本市场处于弱势环境，"超级品牌"企业有不少都跟随市场出现了大幅度的下跌，很多优质企业的估值都不高，其中也包括不少金融、消费、互联网等 C 端行业的竞争优势企业。

对于这些企业来说，"金字招牌"并不会因为股价的下跌而褪色，站在消费者和用户的角度上看，对这些品牌的认知和判断大多没有出现任何变化，因此其股价再度走向强势也只是时间问题，这就是超级品牌的价值所在。

第三节　伊利股份的 40 倍上涨历程

一、牛股吃瘪

23 个交易日内，54.02% 的下跌，其中跌停四天。

这是震惊全国的三聚氰胺事件爆发之后，乳制品行业龙头企业伊利股份在资本市场中的表现。

如果是 2010 年之后开始进入股市的投资者，大概很难想象伊利股份这样一只保持长期大幅度上涨的白马股，还有过如此"不堪"的岁月。

2008 年 10 月 15 日，国家有关部门下发了《关于立即全面清理检查市场乳制品的紧急通知》，要求乳制品生产企业对在

2008年9月14日以前生产的，或未经批批检验三聚氰胺的乳制品，要全部进行清理检查和批批检验。

最终，伊利选择将9月14日之前生产的，价值8.85亿元的库存产品进行报废处理。这部分产品最终被公司列为亏损计提，再未返回市场。

自9月16日开始，投资者大规模抛售伊利股票，-5.95%、-9.98%、-10.01%……投资者开始不计成本地挂出卖单，在跌停板挂出卖单，但仍然不能成交。9月22日，大量买盘出现，并一度将伊利股价拉升至上涨5%的幅度，但这仍然没有改变投资者的恐惧。

9月23日，伊利股份再度跌停，9月24日，全天下跌9.06%。更加令人恐惧的是，暴风骤雨一般的抛售浪潮并没有就此打住，在随后的一个月内，再度下跌了25%（见图4-4）。

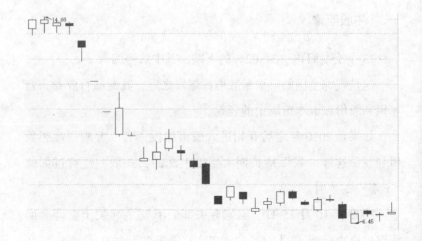

图4-4 三聚氰胺事件爆发后，伊利股份股价迅速暴跌

经过了连续不断的下跌之后,伊利股份的多项估值指标都来到了历史极低区域。由于亏损,市盈率不适用。但其市销率(TTM)在暴跌中超过了2004年时的最低点0.43倍左右,达到2008年10月31日的0.23倍,远低于其历史平均市销率1.76倍。

市净率PB(MRQ)方面,伊利股份2008年10月跌至历史最低值2005年1月7日的1.78倍以下,在2008年10月下探至1.32倍,并在2倍以下维持了数个月。

一切来得如此突然。在全国上下的一片哗然之中,这家多年以来都雄踞乳制品行业龙头宝座的企业、明星行业中的明星企业,似乎难逃倒闭的命运。在疯狂卖出的投资者看来,伊利几乎仅剩"壳资源"的价值。

事实是,伊利在这一年累积亏损了16.87亿元,股票被"ST",似乎真的要变成"壳"了。

在香港上市的蒙牛乳业陷得更深,由于没有跌停板的限制,其9月23日当天直接下跌了60.25%,一步到位。

在充斥着风险和危机时,资本市场的舆论环境中出现了一个奇怪的现象:由于当时自产原奶的三元、光明等上市公司并没有涉案,蒙牛在港股上市,所以投资者(而不是消费者)将来自内蒙古的伊利,当作了市场中三聚氰胺的风暴核心,而不是远在河北石家庄的三鹿。

二、危机源自繁荣

彼时，三鹿在乳品界地位举足轻重，牢牢占据中低端奶粉市场主导地位，产品行销全国各地。数据显示，三鹿集团的奶粉销量连续15年保持全国第一，突破百亿元大关，市场份额高达18%，是国内仅次于蒙牛、伊利的第三大乳企。

在2006年《福布斯》杂志评选的"中国定价企业百强"中，甚至将其列为乳制品行业的第一，当时三鹿在行业中的地位可见一斑。

为何这样一家曾经强盛的企业，忽然之间就陷入了灾难之中？

危机总是来自于繁荣。实际上在2008年之前，中国乳制品行业一直都处在快速发展的过程当中。正是行业的繁荣局面和高速发展，给企业的危机埋下了致命的伏笔。

根据联合国粮农组织的统计数据显示，1990—2007年，世界奶类的总产量年均增长率为1.2%。而在这10年时间里，中国全脂鲜牛奶产量年均增长率高达13.0%。1978—2007年，中国奶类总产量增长了36.4倍。

这样的增长速度，远高于世界平均增长率，显示出了中国乳制品市场蓬勃的发展势头，越来越多的人开始接纳乳制品消费，将其视为重要的营养来源，中国市场上形成了一股持续性很强的乳制品消费浪潮。

在2006年之前，乳制品行业的销售收入就接近700亿元，占全国食品制造行业总产值的20%以上，成为食品制造业中最大的行业，这个数字和全球范围内乳制品占农业总产值的比重基本一致。

消费市场对乳制品快速增长的需求，让整个行业快速增长，刺激了各种不同所有制的大量企业进入到这个行业中来。

2001年时，世界排名前25位的外国乳制品公司，已有13家登陆我国，如雀巢、卡夫、达能、帕玛拉特、雪印、联合利华等。

全国范围内的乳制品加工企业数量，在1997年时仅有700多家，到2001年已经发展到1500家，其中年销售额在500万元以上的有395家，上亿元的有12家，行业集中度水平不断提升（见表4-1）。

表4-1　1999—2006年乳制品行业销售额集中度

年份	1999	2000	2001	2002	2003	2004	2005	2006
排名前四位企业销售额之和	44.75	51.81	75.12	101.51	150.38	191.5	256.27	484.78
排名前四位企业销售额增长率	—	0.158	0.45	0.351	0.481	0.273	0.338	0.892
行业销售总收入	148.68	193.46	271.89	347.4	498.1	625.2	862.57	1041.42
行业销售总收入增长率	—	0.3018	0.4058	0.278	0.434	0.255	0.38	0.207
CR_4	30.1	26.78	27.63	29.22	30.19	30.63	29.71	46.55

数据来源：《中国食品工业年鉴》。

在2007年之前，中国乳制品行业的集中度一直处在不断增长的过程当中，虽然有很多中小型企业进入到行业中来，但以伊利、蒙牛、光明和三元为代表的头部企业在这个过程中占据了更高的市场份额。

根据万得资讯的数据显示,伊利股份在1999—2006年之间,保持了营业收入的高速增长,其中2000—2006年年报营收同比增长分别为30.78%、69.89%、48.81%、57.09%、38.67%、39.38%、36.18%。同时期净利润的增长也能够保持在10%以上的幅度（见图4-5）。

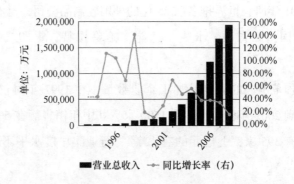

图4-5 伊利股份上市之后的营业总收入和增长率

伊利在多年的快速增长后,成长为国内乳制品市场的领先企业。根据2003年年报,伊利连续十多年保持了在冰激凌市场的领先地位,2003年冷饮产品市场占有率23%,销量超过第二名一倍以上,占有绝对优势地位。伊利液态奶产品市场占有率11%,奶粉产品市场占有率6%。

如此迅速的成长,在以业绩稳健著称的食品饮料板块中并不常见。这也充分体现了在一个高速增长的行业中,占据竞争优势企业的成长爆发力。

三、奶源瓶颈

相比伊利,行业中另一家龙头企业蒙牛曾经更加凶猛。

在强大的营销广告攻势下,牛根生治下的蒙牛从2002年创立开始,就保持了极高的增长速度,2003年全年营业总收入同比增长786.99%,接下来几年分别是77.18%、50.12%、50.07%、31.21%,牛根生仅用了六年的时间,就将蒙牛带到行业第一的宝座,完成了对老东家伊利的超越。

这是中国乳制品行业发展的黄金期,也是这两大行业龙头企业快速发展的时期。伊利和蒙牛的发展速度,大大超过了包括三元、光明在内的主要竞争对手。

在这些年的时间里,由于中国经济的快速发展、人民生活水平的快速提升,消费升级的倾向明显,对乳制品的需求非常旺盛。如果以传统的养殖场模式获取原奶,以当时两家企业的奶牛存栏量来说,是断不可能满足如此庞大的市场需求的。

和蒙牛"先打市场,后建工厂"模式不同的是,伊利自己也有不少的奶牛养殖资产,但相比当时巨大的增量市场,仍然是杯水车薪,最终要依靠的还是动员"社会力量",以更高的价格向全奶农收购鲜奶,并从澳大利亚、新西兰等国大量进口奶粉。

更高的原奶收购价格,直接导致伊利盈利能力的下降,进而导致其股价在三聚氰胺事件之前就已经出现了下跌(见图4-6)。

图4-6 伊利在危机前经历了大幅度的下跌,原因是
"行业繁荣"导致的盈利能力下降

从2000年年初一直到今天为止,中国的乳制品原料一直都是主要由这三部分构成:小型家庭农场、国有和集体所有制的养殖场以及各种类型的进口奶粉。

在这三种类型的原奶供应中,国有和集体所有制的养殖场能够提供的原奶非常有限,因为这些产能大多集中在东部沿海地区的城郊地区,生产与消费之间的链条非常短,产能往往会在当地直接消化掉。其中还有相当大的一部分属于光明、三元等地方乳企的资产,不能为伊利和蒙牛所用。

而进口的奶粉在用途方面更加有限,除了婴幼儿奶粉、中老年奶粉之外,大多数用来制作冰激凌和乳饮料。

因此最大规模提供原奶的重任,就落在了小型养殖户的身上。这些散落在内蒙古、河北、山东等省份各处的养殖户，大多由家庭经营。每户养殖奶牛五头以内的养殖户，可以为市场提供七成到八成的原乳生产。

显然在行业规模急剧膨胀的时期，想要获得足够的原奶，没有这些"散户"的支持是不可能的。

值得注意的是，虽然这些小型养殖户构成了乳制品企业的大部分原料来源，在产业链条中却属于相对弱势的地位。

一方面，市场上对原奶的需求旺盛，蒙牛、伊利、三鹿等厂商每天都需要从奶农手中采购大量的原奶，以满足来自全国各地爆发式的需求增长；另一方面，虽然奶农手中有奶，但真正的买家却非常有限，分散养殖的奶农在价格谈判方面完全没有优势。并且由于当时非常严格的行业标准，奶农们手中的原奶，在蛋白质含量方面，根本不能满足大厂商所要求的标准。

如果想要让原奶的蛋白质含量满足标准要求，需要奶牛每天吃掉大量的谷物或苜蓿等高蛋白草料（受到自然气候和粮食种植格局的影响，中国苜蓿产量不足，需要常年用海运方式从美国大量进口），这些都是价格非常高的饲料，会大幅增加奶农的饲养成本。

于是，大多数奶农只喂给奶牛一些玉米秆，补一些玉米粒和豆粕，奶牛每日的蛋白质摄入不足，所产的牛奶自然就不能满足厂商的营养指标。

原奶的数量不够，营养指标也不够，相比火爆的乳制品市场来说，能够真正满足营养标准的原奶供应就更显得"可怜"，但是奶农、奶贩们，终究还是要靠卖出更多牛奶赚钱的。

于是，就开始有一些不法的奶农和奶贩开始在原奶中兑水，但兑水之后其营养指标就更低了。有些"头脑活络"者（特别是身处中间环节的奶贩和奶站，更有赢利冲动），就开始打添加剂的主意，而三聚氰胺刚好能够满足增加蛋白质含量的要求。

实际上除了用三聚氰胺增加蛋白质含量之外，他们还会添加其他的化学物质以增加有关营养指标的数据，如每千克原奶中的脂肪含量、钙含量等。

站在乳制品生产企业的角度上，由于工作人员大多都有摊在头上的收奶任务，因此很多人选择"睁只眼闭只眼"，而且当整个行业都形成如此风气的时候，个体所做出的一些努力，也大多会被湮灭在群体性行为当中。

于是，一场全国范围内乳制品行业的风暴，就这样在利益的驱使下悄然酝酿。

四、蒙牛崛起

在这个案例中，我们的主角是伊利，主要看这家行业内最具竞争优势、市场份额最大的大型企业，是怎样度过行业危机，并取得进一步快速发展，穿越市场牛熊的。

但是说起伊利，就不能不说起蒙牛。说起2008年乳制品行业的风波，也不能不说起蒙牛。正是这个"第二巨头"的崛起，彻底将乳制品的传统市场格局打破，也正是这家企业，如同鲶鱼一般，给全行业激发出了空前的活力。

1958年出生的牛根生，1983年进入伊利，从最基层的工作开始做起，一直做到伊利集团负责生产经营的副总裁。1999年，牛根生离职创业，开始打造蒙牛品牌。

1999年左右，中国乳制品行业进入了第一次快速增长的阶段，居民消费需求快速增长，伊利股份二级市场上出现了翻倍的行情，蒙牛品牌和产品的推出可谓恰逢其时。

但当时内蒙古的原乳产量并不高。1999年全国原奶产量第一名是黑龙江省，年产145万吨，河北78.8万吨位居第二，而内蒙古的产量仅为71.2万吨，屈居第三。当蒙牛快速崛起的时候，对当地原乳生产格局的冲击是非常大的。

初创期的蒙牛并没有足够多的资金进行牧场的建设投入。从一开始，牛根生就专注于品牌打造，把更多精力投入到"内蒙古第二乳业品牌"等广告创意、市场营销上面。

而在原奶的来源方面，他则把宝完全押在了奶农身上。

于是，早期蒙牛的发展模式就呈现出非常清晰的"两手抓"模式：右手抓市场，左手抓奶农，利用行业快速发展的历史机遇，以更高的奶源成本抢占市场。蒙牛试图通过付出更高的价格，与奶农群体形成更加紧密的捆绑，甚至成为命运的共同体。

蒙牛的出现和对奶农的倚仗，对当时原奶的供给端造成了明显的冲击。对于奶农来说，原来只能卖给伊利的原奶，现在忽然间又多了一个重量级的买家，双方的需求都很旺盛，蒙牛看起来甚至势头更猛。因此，奶农们大多遵循谁给的钱多就卖给谁的原则。

在其他原奶产区，类似的事情也在不断发生。大型乳制品企业跨区抢奶，各地受到乳业发展刺激而产生的新品牌层出不穷，都在抢夺原本就不多的奶源供应。一时间奶牛的价格被炒得非常高，很多没有经验、试图赚快钱的农民也进入到奶农的行列当中。

不知不觉当中，自蒙牛成立之日起，原奶就成了一个卖方市场。这个市场在飞速发展的同时，充满了矛盾、不安与精明的算计。

五、 极品市场与孱弱产品

"内蒙古第二大牛奶品牌""为内蒙古喝彩"这样的宣传策略，并不能代表蒙牛品牌打造的水平，因为后面还有很多更精彩的手段。

牛根生能够在很短的时间内将蒙牛带到如此高度，彻底改变中国乳制品行业的格局和玩法，不仅得益于中国乳业整体规模的快速发展，也和他天才般的一系列品牌运作密不可分。

蒙牛这个名字，大体上可以代表牛根生最初的经营策略：立足内蒙古市场，先把本地市场基础打牢，然后图谋全国市场。

公司的现任 CEO 卢敏放这样评价："1998 年，当以牛根生先生为代表的第一代蒙牛人用'蒙'字和'牛'字命名了这家起步于一间53平方米民房的小公司的时候,蒙牛的血脉里就已经烙上了深深的内蒙古印记:无论它跑得多快、走得多远,它始终是一头来自内蒙古大草原的牛。"

但实际上从一开始,蒙牛就没有将眼光局限在内蒙古市场。早在1999年年底,蒙牛就开始在北京推广其冰激凌产品,并很早就已进军深圳市场,2000年就开始进军光明乳业的阵地上海市场。

也就是说,其实蒙牛在成立之后的两年时间,就完成了对北京、上海、深圳三个重要城市的布局,如围棋落子一样,完成了三大城市群的布点。

紧接着,蒙牛马不停蹄地开始了让人眼花缭乱、印象深刻、紧贴社会热点的品牌打造表演:2003年,在抗击非典期间提出"抗击非典送健康";同年,载人航天火热,神舟五号发射成功,第一批中国宇航员首次冲出地球,蒙牛借此机会全力打造了"中国航天员专用牛奶"概念。

航天和牛奶,原本是两件毫不相关的事情,但是蒙牛通过品牌运作,将牛奶和航天员万里挑一的"强壮"画上了等号。再加上航天事业与国家富强、民族振兴之间密切的关系,都给蒙牛带来了光环效应。

随后,在2004—2006年蒙牛先后打造了"为奥运健儿加油"、蒙牛"超级女声"及"每天一斤奶,强壮中国人"三大营销战,一时间蒙牛风光无二,人们对乳制品消费的热情、对蒙牛品牌的好感度达到了顶点。

一系列品牌打造策略获得了空前成功，蒙牛销售收入从1999年的0.37亿元飙升至2003年的40.7亿元，年平均发展速度高达323%。蒙牛凭借这样的成绩，一举占据中国乳制品企业排行榜的第二位。

2004年之后，蒙牛继续高速发展的态势：2004—2006年营业总收入同比增长分别为77.18%、50.12%、50.07%。相应的，其奶制品销量水涨船高，同时大幅度上涨。

在这个过程中，由于蒙牛领先于伊利乃至整个乳制品行业的推广战略，孜孜不倦地贴合热点做事件营销，已经让喝奶成了时尚，让奶成了很多人生活离不开的组成部分。

但与此同时，乳制品行业的增长速度，远大于原奶生产的增长速度，且两者之间增速的不同步，已经到了极为严重的地步。

在蒙牛全方位的市场营销宣传刺激下，中国乳制品行业的发展进入了黄金时期，大量消费者逐渐养成喝奶习惯，行业规模体量快速增长（见图4-7）。可是奶牛的生长繁育周期是无法改变的客观规律，根本不能保持同步增长，上述所说的原奶生产和收

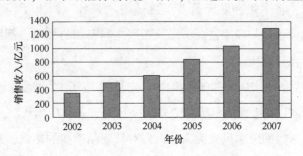

图4-7　2002—2007年全国乳制品销售收入图示

购中的乱象,在蒙牛的崛起之下变得更加严重。

简单地说,原奶的供应越来越紧张,越来越困难。

六、 竞争恶化

在蒙牛这条"鲶鱼"的刺激下,中国乳制品行业爆发式增长,不可避免地带来了"红眼病"这样的副作用:大量创业者、资本闻风而动进入到乳制品行业中来,企图分一杯羹。

《中国食品工业年鉴2005》数据显示,在2002—2004年的三年时间里,乳制品行业内企业数量增加了38.68%,从业人数也从12.16万人快速增长至17.72万人。同时,行业中的大、中、小型企业都在不断地扩充产能,行业里一派热火朝天的景象。

以仅次于京沪的全国第三大乳制品市场山东省为例,2004年的一篇报道中显示,该省"已经有大大小小共计100多家乳制品企业,年产值在500万以下的占到绝大多数,利润空间狭小,不少企业赔钱做买卖。与此同时,许多乳制品企业仍盲目扩大生产规模,而产量远远达不到产能。"有专家开始呼吁乳制品企业投资需要冷静。

但被高速增长吸引到行业中的新进入者,缺乏在行业中的积淀,没有存栏奶牛的积累,因此在奶源建设方面大多简单粗暴:以高价从荷兰、澳大利亚、新西兰等地进口奶牛,并在国内以更高的价格争夺有限的原奶产量。

例如，传统的奶源大省山东，奶牛存栏量高居全国第一，但仍然架不住数量庞大的乳制品企业前来争抢原奶，甚至外省的企业也会来山东争夺原奶。

不仅是山东有这样的情况，内蒙古、河北等地全都如此。在全行业市场高速增长的同时，原奶产量与市场增长之间的矛盾严重激化。受到原奶价格上涨、收购困难的影响，在 2007 年看似一片繁荣的乳制品市场中，大量的企业都在亏损或微利运行，实际上并没有赚到什么钱。

屋漏偏逢连夜雨。国内原奶供应紧张的同时，2007 年全球乳业非常不太平，澳大利亚、新西兰在当年的上半年遭遇了严重的干旱，同时，欧盟和美国开始逐步削减乳制品出口补贴。多种因素造成来自海外的奶粉进口量大幅度下降。

海关总署的数据显示，2007 前七个月，中国进口工业奶粉 6.2 万吨，下降了 33.3%，同时进口均价大幅上涨了 22.6%。其中最主要的进口国新西兰的奶粉进口量下降了 28.8%。为了应对快速上涨的进口奶粉价格，很多乳企都转向国内原奶的收购。

但由于气候、环境、饲料、养殖方法的不同，相比来自新西兰等国的奶粉，国内原奶质量问题比较严重。以分散为主的养殖环境，散落在各个村庄的养殖户水平参差不齐，没有标准，这都导致了国产原奶的产奶量低、奶源质量不稳定、营养成分相对较低。例如国产大包奶粉的蛋白质含量，比新西兰大包奶粉至少低了 2%，抗生素和细菌的含量也普遍较高。

但即便如此，国内原奶和奶粉仍然不能满足快速增长的市场需求。

为了能够满足越来越多的厂家对原奶越来越多的需求，有不法奶农、收奶人和奶站，开始使用兑水的手段。兑水后原奶的营养含量下降，于是化学用品就派上了用场。

按照当时的说法，添加化学用品已经成了行业内公开的秘密：脂肪含量不够就加脂肪粉，蛋白质不够就添加三聚氰胺。最终的目的，都是在满足行业标准和企业要求的营养标准的同时，最大可能地提升"产量"，以满足行业快速增长的市场需求。

后来的事情人们都知道了，紧绷多年的产业链最终崩塌，过快的行业增速和原奶产量之间的严重矛盾、过多的中小型企业涌入扰乱了行业发展的正常轨迹，导致全行业出现了系统性危机，问题最严重的河北三鹿倒下了，收购原奶最为激进的蒙牛也遭受重创，公众形象一落千丈。

覆巢之下，焉有完卵。我们本节内容的主角——伊利集团，也卷入了此次事件之中。

七、 伊利涉案

严格来说，作为行业中多年的龙头企业，伊利涉案不算很深。根据2008年质检总局通报的"全国婴幼儿奶粉三聚氰胺含量抽检结果"显示，伊利在35份样品中只有1份检出了三聚氰胺，且剂量仅为12毫克/千克，低至安全标准以下。

相比之下，很多中小型乳制品企业的检查结果惨不忍睹：熊猫的 5 份产品中检出 3 份，英雄牌 2 份全部检出，施恩婴幼儿奶粉的 20 份产品检出 14 份。部分中小型乳制品企业为了能够获得生产商品所需的原材料，对原奶收购所采取的宽松、不负责任的态度，由此也可见一斑。

虽然检测结果显示，伊利的液态奶涉案情况相对较好，只有一款婴幼儿奶粉检验出了问题，但市场并没有因此将其与三聚氰胺撇清关系。站在伊利集团企业的角度上看，确实会觉得不该受到如此严重的影响。这种情绪，也多多少少地体现在了对外的各种表态上。

例如，当时伊利的正式回应文件中表示，奶粉中的三聚氰胺含量如果低于 15 毫克/千克，就不会对人体造成危害，并且"伊利产品被检出的三聚氰胺含量低于安全标准，不会对消费者造成安全危害，但我公司仍然本着对消费者负责的态度，将会认真妥善地处理好这一事件"。

这样的声明，在当时全国上下一片愤怒的环境下，招致了很多人的不满，但也确实体现出了伊利在整个事件的过程中涉案相对较浅的事实。这样的检测结果，确实不足以对伊利品牌形成破坏性的打击。

与伊利相对强硬表态相对应的，是蒙牛方面看似言辞恳切，却并没有产生多少效果的道歉和声明。检测结果显示，蒙牛的 28 份样品中有 3 份被查出毒性，且剂量达到了 68.2 毫克/千克，属于所有检测中的"中高档"水平。

牛根生在事件发生后写了一篇博文《在责任面前，我们唯一的选择就是负起完全的责任》，开篇即是"两条路摆在我们面前，一条是死路，一条是活路"，并表态如果事情处理不好，他将引咎辞职。但出乎所有人意料之外的是，蒙牛紧绷的资金链，最终由于事件的发酵濒临断裂，这个明星创业者果然辞职了，并从此几乎完全消失在了公众的视野当中。

在2008年当时，公众对于伊利相对强硬的表态，其实是非常不认同的。大多数人认为这是对消费者不负责任的表现。有危机公关方面的专家直言："危机爆发之后，企业将会处于四面楚歌的境地，政府批评、媒体曝光、公众质疑等都会纷至沓来，此时企业最明智的做法是正视问题，以诚相待，采取积极主动的姿态，敢于公开真相，积极承认错误，勇于承担责任，并且闻过即改，做出相应的改进措施，争取赢得公众的谅解和同情"。

这种论调裹挟了太多愤怒的情绪，在当时收获了很多消费者和观众的认同。但是站在企业的角度看，如果企业本身并没有深入地涉案，却要在行业出现严重问题的时候诚恳致歉，那无异于承认了自己企业经营情况出现了严重的问题。最终的事实也证明了伊利在本次公关"战役"中态度的正确性。

实事求是地讲，再低的含量也意味着问题。伊利是国内原奶自给率最高的全国市场乳制品企业之一，但由于行业的快速增长，自产原奶远不够市场需求，因此也必须向市场上进行原奶的收购，这最终导致了其陷入危机之中，也必须按照监管部门的相关规定，对产品进行相应的召回和销毁。

2008年9月13日，中国国务院启动国家安全事故 I 级响应机制（"I 级"为最高级，指特别重大的食品安全事故）处置三鹿奶粉污染事件。患病婴幼儿实行免费救治，所需费用由财政承担。有关部门对三鹿婴幼儿奶粉生产和奶牛养殖、原料奶收购、乳制品加工等各环节开展检查。

但最严重、最能够对上市公司财报产生实质性影响的，是随后原国家质检总局等六部门发出的紧急通知。10月11日，六部门下发下架紧急通知，要求各超市、商店、城镇和农村零售摊点等销售者，必须将所有9月14日前生产的奶粉和液态奶，无论什么品牌、批次，立即全部下架，停止销售，就地封存，由生产企业进行清理，批批检验。

不论是伊利还是蒙牛，不论在检测中检到了多少有害物质，都要将市场上在售的几乎所有商品进行召回和处理。在这个过程中，需要一次性核销掉大量的资产，在当年形成了非常严重的亏损数据，甚至可能会导致企业一蹶不振。

对于伊利来说，这是真正实打实的财务风险，是在品牌受损的软性影响之外，导致其股价下跌最重要的核心因素。

八、销货损失

虽然按照规定，如果在检验之后发现符合限量值规定，这些产品在单体包装贴上"经检验符合三聚氰胺限量值规定"的标签之后，仍然可以重新上架销售，但是行业内的人士都知道，对于牛奶这种保质期时间很短的产品来说，其中很大一部分，在漫长的送检过程中很难有机会再次回到货架上。

这在当时是一个具有非常大轰动效应的事件。一夜之间，北京、天津、上海、大连等城市的商超百货商店用最快的速度行动起来，几乎都是在第一时间清理了货架。

例如，在北京的八家易初莲花大卖场，在前一天晚上9点之前就将所有牛奶全部下架，并封存了不合格批次的液态奶；家乐福当时在北京的十家店，则是在得知具体批次之前，就将蒙牛、伊利、光明三个品牌的产品全部撤掉。

严格的下架规定必须遵守，而对于伊利、蒙牛来说，能做的工作非常有限，就是按照规定下架、检测，并且计提大量的存货和积压报废损失。

2009年1月，摩根士丹利发布报告预计伊利亏损可能高达23亿元；随后，蒙牛（02319.HK）公告在上半年盈利5.83亿元的基础上，全年预亏9亿元，由于事件导致损失共计14.83亿元。另一家大型乳制品企业光明乳业（000587.SZ）全年亏损2.86亿元。

在2009年4月29日晚间，也就是中国上市公司披露年报最后期限的前一天，伊利发布了其2008年的年报。这份年报显示，其全年营业收入216.59亿元，同比增长11.87%，但是归属上市公司股东的净利润则是–16.87亿元，相当于每股亏损2.30元（见表4-2）。

表 4-2 伊利集团历年的财务数据比较

	销售收入/亿元	利润总额/亿元	净利润/千万元	净资产收益率（%）	净利润增长率（%）	总资产/亿元	品牌价值/亿元
1992	—	—	—	—	—	0.004	—
1993	0.48	0.05	0.39	—	—	0.04①	—
1994	1.02	0.10	0.85	27.72	117.95	0.96	—
1995	2.09	0.19	1.61	32.52	89.41	1.49	—
1996	3.55	0.39	3.34	19.95	107.45	2.76	—
1997	8.54	0.77	6.57	16.47	96.71	5.94	—
1998	10.28	0.90	7.72	11.44	17.50	9.34	—
1999	11.51	1.11	8.93	12.35	15.67	9.96	—
2000	15.05	1.19	9.85	12.87	10.30	11.61	—
2001	27.02	1.41	11.97	14.36	21.52	16.39	—
2002	40.10	2.13	14.19	8.15	18.55	28.99	—
2003	62.99	3.19	19.96	10.23	40.66	40.26	—
2004	87.35	3.79	23.91	11.57	19.79	48.50	127.87
2005	121.75	4.92	29.34	12.92	22.71	54.50	136.12
2006	163.39	5.62	34.46	13.20	17.45	75.25	152.36
2007	193.60	1.06	-2.06	-0.49	-106.34	101.74	167.29
2008	216.59	-19.56	-168.74	-60.50	-8091.85	117.80	201.35
2009	243.24	8.12	64.77	20.78	138.38	131.52	205.45

注：该表数据根据有关资料估算而得，"—"表示无法获取确切的数据。
资料来源：根据上市公司年报整理。

造成严重亏损最重要的原因，当然是存货积压报废。伊利对此的统计数字是 8.85 亿元。另外还有没有报废的库存商品价值下降，导致计提跌价准备 2.39 亿元，两项之和达到了 11.24 亿元。

在报告之外，伊利还面对着很多即将出现的损失：乳制品全行业危机,导致一些原本喝奶的消费者转向富有中国特色的替代品——豆浆。主营豆浆机的九阳股份从默默无闻变得名满全国,原本鸡肋一般的豆浆机产品突然变成了人们生活的必需品,这一年甚至成了中国植物蛋白饮料产业开始快速发展的里程碑。

另外,由于消费者喝牛奶的习惯被迫中断,重新培育人们形成购买和饮用牛奶的习惯不仅需要时间,也需要企业借助各类促销手段和更多的广告传播,恢复自己的品牌影响力和品牌价值。这意味着企业需要花费更多的销售成本,才能获得与此前一样的收入增长。

更何况,在全行业出现问题之后,人们会更加相信质量有保障的大型企业、大品牌,对于全行业的大多数企业来说,这都并非什么好消息。

如果将这些问题摆在一家中小规模的乳制品企业面前,显然都是无法解决、难以处理的严苛问题。但对于伊利这个常年在行业中排名第一、收入达到200亿元以上、市场占有率超过10%的行业领袖来说,则有着很多"力挽狂澜"的机会。

九、刚性特点

乳制品行业的本次风波影响范围之广、问题的严重性之大,让很多人都认为伊利、蒙牛这些行业内的代表企业,将跌入万劫不复的深渊,品牌名誉彻底破产、商品下架、工厂停工,甚至是人们将蛋白饮料的需求转移至豆浆,彻底放弃中国乳制品行业。

但现实的情况是，从全世界的范围来看，牛奶都是蛋白质摄取最重要的来源之一，而且相比肉类更加便宜，省去烹饪环节更容易食用，优势非常明显。

需要注意的是，蛋白质并非其他的什么物质，它对于人类来说，是一个刚性需求。在严酷的远古自然环境中，人类需要靠打猎来捕食动物，获得蛋白质以维持生命，更好地强健体魄。甚至不惜为此长距离狩猎，上千千米地追踪大型动物。

人类从非洲起源之后，之所以能够在数十万年的时间里走出非洲大陆，进入欧洲，横跨亚洲大陆到达美洲，并从北到南到达南美洲最南端"世界的尽头"，其最核心的驱动力并非无目的的迁徙或玩耍，而是追逐蛋白质——大型动物的肌肉、内脏中蕴含的蛋白质。这是由人类基因所决定的，是刚需中的刚需，是不会因为任何突发事件而被彻底改变。

在现代社会中，相比肉类，乳制品的优点非常多，最主要的两点是价格更低廉、食用更加快捷简便，而且可以当作一种饭菜之外的补充性食物，通过饮用获取日常进食以外的额外蛋白质摄入。

蒙牛"每天一斤奶，强壮中国人"的口号，出发点是很好的，确实点出了乳制品的核心价值所在，也就是蛋白质可以让人的身体更强壮。这也是人们购买、饮用、食用乳制品最根本的需求动机。

作为牛奶最有力的竞争者，豆浆内含有较高水平的蛋白质。如果按照1∶20的豆水比例来计算，一般豆浆的蛋白质含量都在

1000～2000 毫克/100 克，牛奶的蛋白质含量为 3000 毫克/100 克。总体看来，牛奶的蛋白质含量要比豆浆高出不少。

另外使用豆浆机最大的痛点，在于必须自己购买原料大豆，并进行浸泡、磨制、过滤、清洗，整个过程异常复杂，虽然价格相比牛奶有一定的优势，但如果再算上豆浆机的费用、过滤和洗刷所耗时间的付出，相比之下仍然比牛奶性价比更低，效率更低。

有数据显示，在 2008 年下半年，豆浆机的销售数量猛增了四倍（见图 4-8），各大商超甚至严阵以待，保证豆浆机的充足供应。但使用一段时间之后，人们逐渐发现豆浆机使用起来确实非常不方便，以至于越来越多的人弃之不用。

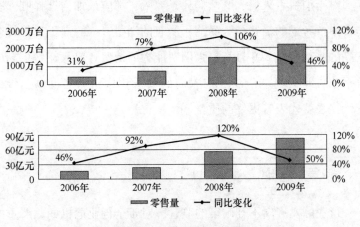

图 4-8　豆浆机销售数据

这就引申出了一个关于需求的重要课题：替代品。一件商品如果要保持较高的利润水平、稳定的市场容量，需求的刚性是非常重要的。而这种刚性最重要的体现之一,就是缺乏适合的替代品。

"适合"主要有两层含义:一方面,相比原有的优势商品,这种替代品在使用上是否有足够高的效率;另一方面,其价格是否和原有商品足够接近,是否会让人在做出替换决定时,付出更多的成本。从这两个角度来看,用豆浆或者杏仁露、核桃露等植物蛋白饮料来替代牛奶的地位,都是比较困难的。

但是人们摄入蛋白质是刚需,甚至是刚需中的刚需,不以任何突发性事件为转移。因此,牛奶消费可能暂时中断,但绝不会因此而消失。这个市场不仅不会一蹶不振,反而会随着更多人有能力进行乳制品消费,而变得更加庞大。

对于消费者来说,既然奶还是要喝,那应该如何选择呢?在需要谨慎考虑的消费行为面前,所有的消费者都倾向于选择知名度高的头部企业,并且有更强消费能力的消费者愿意花费更高的价格,去购买高端产品。在人们的潜意识中,知名度高、价格贵,往往就代表着更好的质量。

十、政策"暖风"

行业的发展离不开政策的监管,对于全行业危机如此严重的事情,各级监管部门出台相应的监管政策是必然的。客观地说,六部门做出的下架决定,对行业企业的冲击是非常巨大的,直接造成了伊利、蒙牛、光明等企业当年极其难看的年报数据。

但是反过来看，正是这种严酷的行政命令，让9月14日以前的所有乳制品（特别是常温奶）全面、集中下架，才给了消费者重新相信中国乳制品行业的机会。因为这意味着对行业过去历史的全面切割，所有有可能有问题的乳制品，已经被全面下架或者集中销毁。

而由于整个事件的严重性，包括国务院在内的几乎所有部委全部介入并提供了有力的监管政策。在这种环境下，消费者在盛怒之下仍有足够的怨气去责骂。但如果换一个角度就可以发现，这些政策，就是对行业未来改善的国家级信用背书，对于行业的发展来说其实是大利好。

2009年，根据《工业和信息化部关于加强三聚氰胺生产经营管理的若干意见》，未来监管层将进一步加强三聚氰胺生产管理、规范三聚氰胺经营行为。当然，这主要是为了对这种化工品的生产和销售进行更加严格的跟踪监控，以防止其再次流入到饲料加工行业和食品工业中。

除此之外，监管层对于乳制品行业的另一大重要工作，即对乳业标准的修改和制定工作也在2009年完成。这几份标准包括《杀菌乳安全标准》《灭菌乳安全标准》和《生鲜乳安全标准》。

这些新的行业标准，将原来对原奶中要求非常高的蛋白质含量、钙质含量做出了相应的调整，例如将牛奶中蛋白质含量从每百克2.95克下调至每百克2.8克，细菌总数也从之前的200万增加至500万。

这个举措在当时引起了较大的争议，公众认为这是一种不负责任的举动，会造成中国乳制品质量的下滑。但实际上，过高的营养标准和中国奶牛养殖的现状格格不入，缺乏优质牧场、高蛋白饲料价格高昂，以及散户为主、缺乏科学饲养能力的养殖者，都不能支撑此前那种非常高的标准。如果严格按照此前高标准来执行的话，恐怕要有大多数原奶都只能被倒掉。

因此，适当地降低原奶营养标准，可以确保奶农、奶贩不再铤而走险，也可以在一定程度上降低乳制品企业的原奶采购成本，这对于伊利、蒙牛这些企业的业绩会形成一定的支撑。

刚性的需求决定了人们在生活条件获得改善之后仍将饮用牛奶，因为这是最快捷高效的蛋白质摄入方式之一，而来自国家的强力监管和下架政策，让人们看到了监管部门对此事严重的关切程度和改善的决心。随后对乳业标准的下调，则帮助乳制品企业降低了经营难度和成本。这几个关键点，让整个乳制品行业免受灭顶之灾，也为其日后的复苏奠定了基础。

十一、伊利的蒙牛式扩张

在行业危机爆发之前，伊利在总销量上虽然一度被蒙牛所超越（液态奶方面蒙牛从 2003 年开始领先伊利），但是从市场占有率、品牌知名度方面去考量，伊利的劣势并不明显。

此前，蒙牛之所以能够一度超越伊利成为行业营收最多、知名度最高的企业，其关键的原因之一，就是意识到了市场营销和广告传播对于乳制品消费极端重要的作用，广告投入越高，品牌知名度越高，消费者购买商品就越多。

但广告策略并非只有蒙牛一家可以使用。在传统的经营理念、价值观念饱受冲击之后，伊利也意识到了品牌打造和市场营销策略的重要性。在2005年潘刚上任伊利集团董事长之后，伊利就开始了大量的市场营销和广告传播工作。

2005年11月，在潘刚上任不久之后，伊利就成功战胜了蒙牛，成为2008年北京奥运会乳制品赞助商。根据协议，作为北京2008年奥运会赞助商，"伊利集团将向北京2008年奥运会和残奥会、北京奥组委、中国奥委会以及参加2006年冬奥会和2008年奥运会的中国体育代表团提供大力支持"。

值得注意的是，在潘刚担任伊利集团董事长之前，伊利基本上没有明星代言，绝大多数广告仍停留在对天然牧场、健康营养的传播上。拿下北京奥运会赞助商，对于伊利来说是一个巨大转变，也仅仅是个开始。

2006年，伊利为旗下"优酸乳"品牌聘请了刘亦菲、易建联、潘玮柏等代言人拍摄广告，聘请张韶涵为冰激凌产品"巧乐兹"拍摄了多种广告，最重磅的是借助奥运营销，将最大牌的运动员刘翔作为最重要的代言人，代表伊利的企业形象，喊出了"为梦想创造可能"的口号。

2006年，伊利在中央电视台招标中拿到了2.48亿元的广告额度，成了当年的央视标王。

自2005年潘刚上任董事长之后，伊利的品牌建设和市场营销传播力度越来越强，对最主要的竞争对手——蒙牛形成了非常有力的挑战。以奥运赞助权为例,这样重磅的热点营销机遇,大多数人预测这一定是蒙牛的囊中之物,以至于当伊利成为最终的赞助商之后,市场上还出现了"市政府斡旋建议双方共同退出投标但伊利反悔"这样的传言。

通过观察2005—2008年之间伊利的种种举措,我们可以看到,伊利已经意识到此前在市场营销方面投入不足、不重视广告传播的问题,开始了更加进取的营销资源的争夺。

从这几年开始,伊利已经在不断地补齐短板,其品牌价值也随着不间断的市场营销和广告轰炸不断提升,从这个角度上看,即便没有全行业危机的事件,伊利也处在反超蒙牛的正确道路上。

不同的是,相比蒙牛在原奶建设和供应上薄弱的根基,伊利经过十余年的发展,有着更加深厚的产业积淀,有更深厚的奶源建设基础,这些都是蒙牛无法通过简单市场营销实现"弯道超车"的基本盘。

全行业危机爆发之后,伊利的营销策略并未因此而改变。2009年,伊利请来了重磅的代言人——周杰伦,并且发力投资赞助当年在上海举办的世博会,再次成为国家级盛会的重要赞助商。

在伊利和上海世博局联合举办的发布会上,潘刚表示伊利能够成为世博会的赞助商,是经过了非常严格的检验和考核的,并且"经过了奥运的洗礼,伊利已经迈上了新的台阶,拥有最安全的质量管理体系、最完善的产品服务网络、最成熟的重大活动服务经验"。

十二、回归正轨

潘刚之所以在赞助世博会时高调宣传，确实有比较足的底气。在经历2008年四季度的亏损之后，其2009年第一季度业绩出现了大幅度增长。实际上，伊利是唯一一家在2009年首个季度实现每股收益、净利润同比增长的乳制品企业。

根据2009年一季报显示，伊利在前三个月中实现每股收益0.14元，净利润1.13亿元，比2008年同期分别增长75%和103.59%。这样的数字几乎超过了所有分析师和市场人士的预期。

能够获得如此迅速的回暖，企业和产品层面，伊利在市场宣传策略、品牌建设方面的成功功不可没，品质的相对稳定（仅检测出一件安全剂量以下的含有害物质产品）同样重要。

在短期因素方面，伊利在2006年以来大力推行的高端化布局起到了重要作用，因为在行业危机发生后，人们对于价格更高、质量更有保障当然利润也更高的高端牛奶和奶粉产品有了更大的信任。

2006年，伊利推出了高端品牌金典有机奶，主打更好的天然牧场和更高的蛋白质含量；2007年1月，旨在更适合中国人群消化体系的"舒化奶"问世；2008年，儿童成长牛奶益智型/健骨型上市，并在2009年升级为"伊利QQ星"子品牌。

这些高端品牌产品在"非常时期"获得了来自消费者的额外信任。反观蒙牛,虽然其高端产品特仑苏相比金典更早创立,但由于自有原奶产能,特别是高端有机奶建设不足的限制,其产品也同样添加了蛋白质补充剂,一种被称作 OMP(Osteoblasts Milk Protein,牛奶造骨蛋白)的人工合成物质。

虽然最终也没有证据证明蒙牛 OMP 物质对人体有何危害,但市场仍然对特仑苏报以极大的不信任态度,蒙牛股价一度单日下跌 12.48%(见图 4-9),消费者在高端牛奶消费方面,也更多地偏向于宣传"黄金奶源地生产"的伊利金典,以及有着"符合中国人身体特质"设计的舒化奶。

图 4-9　蒙牛乳业受到三聚氰胺和"OMP"事件双重打击

消费者选择更加高端的产品,反而为伊利带来了更大的利润空间。同时,由于三鹿这个奶粉行业全国老大破产清算,伊利在国产奶粉方面也成了消费者最重要的选择。其奶粉产品销量就达到去年同期的两倍，同比增长达113%，并实现了产品的"零库存"。

多种原因的催化之下，伊利在行业危机之后的第一个季度，就交出了靓丽的成绩单：经营活动产生的现金流同比剧增20倍以上，营业收入同比增长12.3%。最终2009年伊利实现了8.12亿元的利润总额，超过了企业高管年初设下的目标。

据国际权威调查机构AC尼尔森的调查数据，伊利2009年一季度各大产品线增幅均高于行业平均水平。其中，伊利纯牛奶销量增长速度快于行业6.1%；伊利金典奶、营养舒化奶、果之优酸乳等高端奶销量增长速度快于行业10.4%；伊利高钙奶、低脂奶等功能纯奶涨势最猛，销量增长速度快于行业25.8%。伊利婴幼儿奶粉成绩更为突出，一季度的销量是去年同期的两倍，同比增长达113%，股价反弹也非常迅速（见图4-10）。

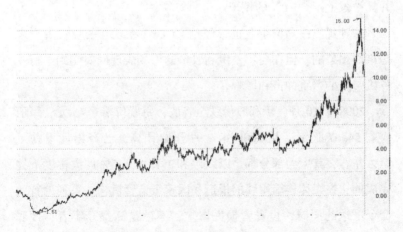

图4-10 伊利的复苏之路更加顺畅，股价不断上涨

伊利集团时任高管在接受媒体访问时表示，消费者的信任是伊利最快复苏的最大倚仗。这并非虚言空话。从上文对伊利2005年以来品牌建设的加速，以及其在行业危机时涉案较浅的现实，都能看到其品牌价值一直在不断增加。

当行业出现危机，其他乳业品牌出现严重贬值的时候，伊利此前在品牌建设方面所做出的种种努力，以及在行业中深耕十余年所积累的价值，特别值得注意的是其深厚的原奶生产供应基础的价值，得到了最充分的释放。

十三、 资本市场的表现

由于在2007年伊利实行股权激励导致的意外亏损，以及2008年计提大量存货损失，伊利前所未有地出现了连续亏损，并且被戴上了"ST"的帽子。

这种优质白马型企业也曾经是ST股，在现在的投资者看来是难以想象的。但在当年，伊利股份的市场表现确实受到了行业危机带来的严重冲击和影响。

2008年10月，伊利股份跌至谷底，每股价格6.45元，市值仅剩54.67亿元。从2008年9月开始计算，已经累计下跌了54%左右，其中大部分都是以跌停和单日大于5%的大幅度下挫完成的，在媒体连篇累牍的报道和国家级监管机构一系列的行政命令下达的同时，投资者损失惨重，不论是高位套牢者、抄底者、技术面分析者还是价值投资者，悉数亏损，几乎全军覆没。

当时有分析师感慨,伊利股份在行业最景气的 2007 年都是微利状态,那么 2008 年的行业危机则完全暴露了中国乳制品行业的软肋,对行业内企业的影响极大。

另外有分析师在当时判断,相比蒙牛,伊利有更大的问题,因为伊利的奶粉产销量甚至比液态奶更大,因此会受到更大的影响,"加之下一步可能还会面临诉讼、索赔等问题,还存在诸多不确定性,因此无法给出具体的预测",悲观程度可见一斑。

但一切的恐慌,从 10 月 28 日早晨开盘之后的低开起,戛然而止,从这一天起伊利股份开始企稳,11 月 10 日,出现了久违的第一次高开,全天涨幅 5.48%。随后几个交易日内有了几次较大幅度的单日上涨,包括 11 月 14 日的 8.39%、11 月 19 日的 5.37%、11 月 20 日的 6.58%、12 月 2 日的 8.33%。

2009 年 4 月 9 日,在伊利即将公布 2008 年全年财报和 2009 年一季报前一个月的时间里,伊利股份开始了一段大幅度上涨,16 个交易日内连续涨幅 41.3%,虽然根据年报亏损的数据,从当年 5 月 4 日开始伊利股份必须更名"*ST 伊利",但是这丝毫没有影响投资者对伊利的热情,实际上"戴帽"之后的伊利,也仅仅下跌了 12%,就开始了继续震荡上涨的道路。

从 2009 年 4 月至 2010 年 4 月这一整年的时间里,*ST 伊利累计上涨两倍,市值重回百亿,不仅超越了行业危机前的股价和市值规模,更超越了其在 2007 年行业风光无限时期创下的历史最高股价和市值。

可以说,到 2009 年年底,伊利就已经用实际表现告诉所有人，乳制品行业曾经的领导者已经王者归来。与此同时，伊利最大的竞争对手蒙牛，在香港市场经历了单日65%以上的下跌之后，也在2009年年底重新回到了危机之前的股价水平，但实际上蒙牛由于过高的杠杆率，以及相比伊利更加虚弱的供应链，导致公司必须通过售卖股份才能维持生存。2009年7月，蒙牛公司完成了大股东的更迭，中粮携手厚朴资本入主蒙牛，成为其第一大股东。

此后，由于中粮更加严谨严格、相对保守的市场营销控制力度，蒙牛已经再也无法像此前一样通过大规模的品牌传播获得超额收入，其收入规模、利润规模也被潘刚治下的伊利越拉越远，最终坐实了行业老二的位置。

经过全行业危机的洗礼之后，伊利在中国乳制品行业的地位，再也没有谁能够撼动了。

2010年之后，甩掉历史包袱的伊利，通过持续不断的广告投入和新产品打造能力，进一步巩固市场。2012年，伊利液态奶市场全年收入220亿元，占有率达到24%。

到2016年，AC尼尔森的研究数据显示，在国内乳制品市场中，伊利零售额市场占有率20.1%，位居第一。其中，常温液态奶零售额市场占有率为30.9%，位居细分市场第一；婴儿奶粉产品全渠道零售额市场占有率4.9%，位居国内品牌第一。

股价连续上涨多年之后，2017年，领导行业多年的伊利股份市值终于攀上了2000亿元的高峰，和2008年谷底50亿元相比，已经翻了40倍。

十四、乳制品行业特点

对于垄断型行业的投资来说，乳业具有很强的代表性。一方面，如之前所述的，乳制品可以作为每日三餐之外重要的蛋白质补充剂，作为饮品食用简便，代表了最高的蛋白质摄入效率，因此可以被看作是"高端消费"中最基层的刚需，是消费升级的必选项之一。

从全世界的范围来看，乳业发达的国家，其产业集中度都比较高，乳制品加工业几乎都是高集中寡头垄断的，有的甚至是极高集中寡头垄断的。

例如在澳大利亚，包括迈高（Murray Goulborn）、雄狮（Lion）、恒天然（Fonterra）、必佳（Bega Cheese）、瓦伦堡（Warrambool）和帕玛拉特（Parmalat）在内的六家企业，控制了乳制品 80% 以上的市场份额。

加拿大乳业行业中有 15% 的加工厂都属于三家最大的企业——帕尔玛拉、萨普图和阿格罗普，70% 的牛奶都是由这三家企业加工的。

新西兰乳品加工业的产业集中度更高，恒天然合作集团是新西兰乳品加工业的领导者，所加工的牛奶约占全国的 96%，并且大量出口，对中国乳制品市场有着非常深远的影响。

中国的乳制品行业，自然也不会脱离全球范围内的规律，全行业经历了从分散到集中的过程。虽然一度由于行业火爆、发展速度快而引来了一大批的中小型竞争者，但是其日趋走向集中化的大趋势，一直都没有变化。

2004年，中国乳制品行业爆发的前夜，全国乳制品销售收入比2002年增加了336.31亿元；利润总额36.35亿元，比2002年增加了7.4亿元，但是在这一年，全行业的销售利润率仅为9.13%，比两年前甚至还减少了。

其中很重要的原因，是在行业高速增长的背后，行业内存在大量的中小型企业，绝大多数都是日处理鲜奶少于50吨的小型企业，生产效率低，缺乏规模优势，缺乏品牌溢价，却需要以较高的价格抢夺原奶，拉高了全行业的原奶价格水平。这些数量巨大的小型企业竞争激烈，最终造成了全行业盈利能力普遍低下。

在这一段时间里，伊利虽然已经早早上市，并且在成长性指标上表现得很好，奶源建设领先于同行业企业，但其股价表现长期以来都并不好。其中根源，在于当时受到激烈竞争的影响，导致企业盈利能力并不出众——2005年左右，就连伊利的大本营内蒙古市场，也充斥着奈伦、骑士和大量不知名小品牌的产品，从全国范围的市场竞争看，对手更是不计其数。

在牛根生治下的蒙牛横空出世之前，伊利在中国乳制品行业保持了较长时间的领先，市场占有率最早到了10%以上，是这个市场中最早出现的具备强大竞争优势的企业。但是蒙牛的迅速崛起，特别是通过激进的市场营销策略，对伊利形成了强有力的竞争。

伊利最终依靠更加深厚的行业积淀在行业危机中脱颖而出，

最先走出泥沼,仅用一个季度就扭转颓势,成了消费者最信任的牛奶品牌,坐实了中国乳制品最大寡头的位子。此后,伊利继续通过不断强化品牌推广和新产品的打造,不断获取更高利润。

2009年之后,行业逐渐步入正轨,需求恢复的同时,供给大幅下滑,这导致各类乳制品价格不断上涨,牛奶终端零售价格一直处于不断的上涨之中(见图4-11),这给伊利集团带来了足够大的收益。

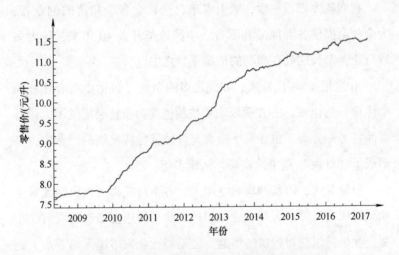

图4-11 2009—2017年中国牛奶零售价格走势

到2017年,中国乳制品行业的寡占效应已经充分显现,液态奶市场集中度较高,乳企CR5销售额市场占有率为78.1%,销量占75%,伊利稳居第一,蒙牛第二。伊利销售额占全行业33.4%以上,蒙牛约26.8%,娃哈哈、旺旺、光明共计占据20%左右。

如今中国乳业市场的竞争格局已经非常清晰，伊利成了当之无愧的王者。但是可以看到，这样的领先局面，其实早在2003年伊利超越光明成为全国营业收入最高的乳制品企业之后，就已经基本奠定了。

十五、 强者恒强

利润就像磁石一般，吸引着来自全社会各个角落的创业者，为全社会提供各类商品和服务。中国改革开放40年来，绝大多数行业，都长期处在激烈的市场竞争之中。

20世纪80年代以来，如此之多的企业（包括小型合作社和个体户）的出现，一方面以非常快的速度为全社会提供了大量必需品；另一方面，也让几乎所有允许民营经济发展的产业中，都形成了"红海"竞争的格局，延续多年。

短缺时代，市场的增量空间大，各个行业都可以容纳大量企业同时快速发展。大型企业以超过行业平均速度增长的同时，小型企业也可以获得较快的增速。但是当行业的增速开始下滑，进入到见顶状态后，缺乏竞争力的中小型企业就只能退出历史舞台，效率更高、品牌优势更明显的大型企业继续增长，抢夺其他企业的市场份额。

而这些企业最突出的特点之一，就是在行业发展的初期，就有了较高的市场占有率，并且在行业发展变化的过程中不断增长，最终形成寡占甚至垄断的局面。

对于公司而言，这意味着企业规模的不断扩大，在早期高速成长到一定规模之后，仍然可以以一定的增速实现进一步的增长，最终成长为百亿乃至千亿级别的庞大型企业。只有占据市场优势地位的企业才有能力做到持续增长，特别是在行业发展后期的"贴身肉搏"阶段。

反映在二级市场中，优质企业往往在成长期需求资金时进行IPO，在跟随行业一起高速成长的过程中盈利不断增长，股价攀升，并且能够在行业走向成熟之后，利用自身的竞争优势，抢夺行业中其他企业的市场份额，带动收入、利润的持续性增长，最终成为行业的寡占企业。

在这个过程中，虽然相比成长期阶段，企业的营业收入、利润增长速度已经大不如前，但是在市场中所占的市场份额不断增加，收入与利润仍旧继续增长。

增长速度的降低会让企业从成长股切换为价值股，短期内估值也会出现下滑，但放到长期的角度来看，这种切换大多伴随着企业从优秀企业向垄断型企业的"惊险一跃"，成功之后其股价大多会进一步上涨，给投资者带来超额的回报。

1996年上市之后，随着中国乳制品行业的稳步增长，伊利股份并没有像三元、光明一样固守在地区市场之中，而是在全国范围内开展业务，成为最早的全国性乳制品品牌。回顾伊利股份发展的历史，我们就可以清晰地看到这样的一段强者恒强的发展历程。

2000年左右，伊利集团不断跑马圈地，在全国范围内并购、整合各类地方型乳制品企业，作为分布在全国范围内的生产基地。2002年，伊利集团通过收购兼并和资产重组、托管等方式，并购了内蒙古各市、几大直辖市的乳制品厂，先后成立了包头伊利集团公司、呼伦贝尔伊利集团公司（这是伊利非常重要的原奶产地之一，并且为日后生产高端产品打下了坚实基础）、天津伊利康业等一批重要的子公司。

最早的全国布局和在各个地方上的收购，让伊利很早就收获了全国10%左右的市场份额，并最终在2003年超越最大的地方乳制品企业光明，成为全行业营业收入最高、市场占有率最大的企业，保持这一优势多年。

2008年行业危机之前，伊利经历了数轮大幅度上涨，上市公司市值从最初的4亿元，上涨到2008年年初最高200亿元级别。虽然在这之后经历了行业危机，但通过前文的解读我们看到，伊利在行业中深厚的根基、品牌上的优势，最终帮助企业顺利度过危机，并且"熬"走了包括三鹿在内的大量竞争对手，化危为机，获得了更大的市场份额和品牌影响力。

十六、抗风险能力

通过对伊利股份在行业危机前后表现的分析，可以看到占据行业优势竞争地位的垄断型企业，能够受益于行业的持续发展，并且具有更强的抗风险能力，很多时候都能够在行业危机或企业经营危机出现时全身而退。

这并非乳制品行业的特例,而是几乎在所有行业中都有所体现的一般规律。

2012年,刚刚经历了"黄金十年"的白酒行业,出现了一次全行业危机,起因是中国高端品牌白酒之一酒鬼酒,被媒体曝出塑化剂含量超标高达260%。塑化剂是一种在塑料工业中经常使用的化工产品,能够使塑料的柔韧性增强,使之更容易加工,在工业用途使用是完全合法的。

但是其使用机理被一些不法的白酒厂商所发现,使用这种化工产品,可以让白酒看起来更加黏稠厚重,并形成"挂杯"等高端白酒的特点,但是这种物质的分子结构类似荷尔蒙,被称为"环境荷尔蒙",是台湾环保部门列管的毒性化学物质。若长期食用可能引起生殖系统异常,甚至造成畸胎、癌症的危险。

对酒鬼酒的检测报告显示,酒鬼酒中共检测出三种塑化剂成分,分别为邻苯二甲酸二（2－乙基己）酯（DEHP）、邻苯二甲酸二异丁酯（DIBP）和邻苯二甲酸二丁酯（DBP）,其中邻苯二甲酸二丁酯（DBP）的含量为1.08毫克/千克,超过规定的最大残留量。

和三聚氰胺事件一样,塑化剂事件对白酒产业产生了非常负面的影响。酒鬼酒复牌暴跌50%,包括行业龙头茅台、五粮液在内的所有白酒企业股票价格全面下跌,无一幸免。

同样是在2012年,12月4日,中共中央政治局召开会议,审议通过了中央政治局关于改进工作作风、密切联系群众的八项规定。其中最后一项规定声明,共产党员要厉行勤俭节约,严格遵守廉洁从政有关规定。

从此之后，几乎所有的公务宴请都被叫停，白酒行业再次受到了严重的冲击。在资本市场中，这更是被看作对白酒产业近乎毁灭性的打击：所有人都知道白酒特别是高端白酒在公务宴请"市场"中的重要地位，这意味着其大量需求基础突然消失，不复存在。

随后的2013年、2014年，白酒行业遭遇了十余年来最严重的"暴风雪"，受此影响，行业龙头贵州茅台的扣非净利润增长率，从2012年的52.90%高位随后三年依次下滑至15.30%、0.45%、0.62%，企业盈利数据受到了实实在在的影响。

但是相比之下，行业内的其他企业受到的影响更加残酷。泸州老窖2013年年报营业收入同比增长-9.74%，扣非净利润下降16.75%，2014年更加悲壮，营业收入同比下滑48.68%，扣非净利润同比下滑75.01%；洋河股份2013年营业总收入同比下降13.01%，扣非净利润同比下降17.28%，2014年继续下挫。行业老二五粮液，2013年营业总收入同比下降9.13%，扣非净利润下降17.64%；2014年跌幅扩大，营业总收入同比下降15%，扣非净利润下降28.30%。

连续不断的利空刺激和各大型企业难看的财报数据，让2013年、2014年成了白酒产业历史中最灰暗的两年，包括行业龙头贵州茅台在内的所有上市公司股票都经历了大幅度下跌，跌幅远超50%。

但是随着居民收入水平的持续提升，消费升级的进程不断深化,公务白酒消费逐渐被消费者的日常消费所取代,经历了两年低谷期的白酒产业强势复苏。在这个过程中,市场份额最大、品牌价值最高的贵州茅台复苏最快,股价表现最为强势。2016年营业收入同比增长20%,2017年营业收入同比增长52.07%,扣非净利润同比增长60.57%,业绩之优良,将竞争者远远甩在身后,股价也飞升至接近800元,市值接近8000亿元。2019年,其市值冲破万亿元大关。

截至2016年年末,贵州茅台在全国白酒市场的收入占比达到15%,其中高端白酒市场中,市场占有率已经超过了50%。而在2013年,茅台还仅占全国白酒市场7%的份额。

和人们大多数时候的印象不同的是,全行业危机,对于行业内的领袖企业而言,反而意味着巨大的市场机遇。危中有机,甚至机大于危。这个规律不仅体现在食品饮料行业,也在其他行业中有着非常深刻的体现。

在2017年、2018年炙手可热的科技股,也是其中的典型代表。2000年全球互联网泡沫破裂,中国也没能独善其身,以亿安科技、科利华等为代表的市场上大量的"科网股"顷刻间"灰飞烟灭",就连远在美国上市的网易股价也跌至1美元,濒临退市。

但最终全行业跌至谷底之后缓慢复苏,中国几大互联网龙头企业,包括阿里巴巴、网易、腾讯、新浪,不但没有在危机中倒下,反而在熬过寒冬之后越发强健,最终纷纷成长为世界级巨头企业(当然这其中也有政策壁垒的作用)。

十七、不仅是乳业

在二级市场的投资中，在遭遇行业风险、系统性风险时，我们会评估一家企业的抗风险能力，也就是其是否可以在危机结束时顺利转危为安，市场占有率、股票价格甚至超越危机前的水平。

乳制品行业的危机，有着比较深刻的宏观背景。2008年，受到美国金融危机等多种因素的影响，中国资本市场遭遇了明显的系统性风险。这两次系统性风险出现之前，市场都刚刚经历了大幅度的上涨，中小型上市公司股票经历了充分的炒作，上市公司估值较高；另外，在产业层面，受到利润的驱使，都经历了规模庞大的企业数量扩容。

根据《产业经济学》（机械工业出版社，干春晖主编）列举的数据显示，随着2000年经济逐渐复苏并快速增长，中国制造业的市场集中度出现了明显的下降趋势，大量的中小型企业冒头，到2007年，制造业各个细分行业的CR4（前四大型企业占市场份额的比重）相比2001年已经出现了较大幅度的下跌。

这种数字的变化，意味着在实体经济中出现了大量中小型企业无序竞争，拉低头部企业对行业的占据水平，最终导致了全行业的利润水平下降。当2008年经济危机开始、外部需求消失之后，大量企业清算倒闭，上市公司的财务报表变得极其难看，以至于股价下跌幅度远超预期。

可以看到，头部企业在行业中所占的比重不断下降，意味着以上市公司为代表的大型企业遭遇了更加严重的竞争。

来自全社会庞大的资本，看到社会上很多人都通过经商获得超额利润，会下定决心参与到竞争中，注册公司，开设工厂，参与贸易。反映在最终的数据中，就是这些数量庞大的小型企业和初创企业，以低价格优势切走了属于上市公司的部分利润，造成上市公司的利润下滑，最终造成股价下滑崩盘。

伴随着2008年全球范围内金融危机的发酵，这些中小型企业最终大量退出市场，寡占型企业的竞争压力终于有所缓解。

2009年，在经历了连续的下跌，沪指从6124点一路下探至1664点后，以贵州茅台、宇通客车、云南白药、恒瑞医药、伊利股份、格力电器等为代表的一系列优质企业开始脱颖而出，走向了大幅度上涨的道路。

市场上有很多分析者将这些企业股价的上涨归功为"抱团取暖"，认为这是在弱市时期公募基金为了保持仓位而大规模买入并锁仓造成的坐庄式上涨。

但如果仔细观察的话可以发现，这些企业实际上都是最具有产业竞争优势的企业，大部分已经在行业中拥有很大的市场份额和定价能力，并且全部是生产以酒类、医药为代表的需求弹性较小的生活必需品。

也就是说，这些被"抱团取暖"的企业股票，几乎无一例外的都是投资者心目当中具备很强抗风险能力，能够在遭遇全球金融危机或各类行业风险之后快速恢复元气，并受益于同行业企业的衰败、进一步扩大竞争优势的企业。

这些企业在股价大幅上涨的同时，大多伴随着利润的提升，业绩不断上涨，吸引投资者给予其更高的市盈率估值水平，所谓"资金抱团坐庄"这样的猜测，在铁一般的盈利增长事实面前显得苍白无力。

最终，在盈利和估值双增长的推动之下，2008年买入这些企业的投资者，可以在几年的时间里获得超额的回报。这样的例子太多了，感兴趣的投资者可以挨个去翻看。

第四节　家电三巨头的长牛之路

一、盈利能力

自2008年以来，中国的实业企业一向被认为是在艰难中前行，很多制造业企业都陷入增长乏力、盈利微薄的困境中。在那之后的十年时间里，大量上市公司都遭遇了发展瓶颈，经营遇阻，股价下跌。

2014年左右，蓬勃发展的互联网企业成了中国传统实业企业学习的对象，甚至被当作救命稻草，一时间人人都在谈论"焦虑"，都在追赶互联网的潮流。

为了能够突破瓶颈，获得不断的增长，自2014年开始，有

第四章 价值比估值更重要

不少传统制造业企业开始试图通过并购获得互联网"基因",以提升盈利能力。到 2015 年,在所谓"互联网+"的大潮中,传统企业的互联网化转型达到巅峰。

但当时间进入到 2018 年之后,大量的跨界、并购和整合开始露出马脚。业绩承诺无法实现、企业债务爆雷等事件接连不断。有很多企业削尖脑袋要冲向互联网,等到花费巨资并购之后却发现,这些资产还没有自己的实业业务赚钱能力强,很多行业的盈利难题,最终没能解决。

但与此同时,我们看到一个非常值得思考的现象:在 2017 年年报中,千亿左右市值规模的企业里,家电行业三大巨头格力、美的、海尔全部位列净资产收益率的前十名。也就是说,家电成了实业行业中最赚钱的,甚至可以不加"之一"。

家电可以替代人类劳动、提升生活水平,是每家每户都必须使用的商品。伴随着中国经济的持续发展、城镇化比例的不断提升,中国家电行业的发展势头,始终比人们对这个行业的传统认知要更强一些。

之所以产生认知的落差,是因为在大多数人看来,家电行业是一个竞争过于激烈的行业。这种认知,是伴随着行业早期严重的产能过剩和质量问题产生的。

自 20 世纪 90 年代以来,以"新三大件"为代表的家用电器,开始成为人们日常生活的必需品。受到利益的驱使,地方国企、乡镇企业、私营企业大量厂商进入到这个领域中,各个地区扎堆投资创品牌,最终形成了严重的产能过剩。

也就是在这一时期,中国家电企业出于竞争考虑压缩生产成本,致使质量问题突出,最终使人们大量转向进口家电消费,国内家电行业遭遇重创,企业盈利困难,消费者不买账,"坏名声"持续了多年。在这一时期,最成功的家电企业并非美的、海尔和格力三巨头,而是以日本企业为代表的国际厂商。

二、熬死对手

虽然国际品牌的产品质量优良、品牌响亮,但是这些企业从头到尾都贯彻着高定位、高定价的产品策略,对于很多消费者来说,在20世纪90年代花费数千元甚至上万元购买电器并不现实。

对于大多数消费者而言,虽然进口家电有很多好处,但受限于购买能力,还是会选购包括美的、格力、海尔在内的国产优质品牌,它们的产品质量相比低端廉价产品更有保障,但售价相比国际品牌则要便宜得多。

但在20世纪90年代初产能过剩的大背景下,大多数家电企业没有这么幸运,包括古桥空调、白菊洗衣机、水仙洗衣机、福日电视机、牡丹电视机、金星电视机等较为知名的品牌,以及更多地方性品牌和不知名的家电品牌,都最终消失。根据学者统计,有90%左右的品牌最终退出历史舞台。

市场的出清对于失败的企业是灾难,但也意味着市场供应下降之后,头部企业业绩的好转。从三巨头的财务数据表现来看,到2000年左右时,青岛海尔和当时的美的电器,在收入和各项利润方面就已经有了明显的好转。空调行业起步较晚，但盈利能力更强，格力电器在2003年之后以更具爆发力的速度大幅增长。

如果仅仅从财务数据和增长情况来判断的话，在1995年之前的困难时期，不论是青岛海尔、美的电器还是格力，都谈不上是很好的投资标的。向上打不过国际品牌，向下要面对激烈的市场竞争，财务数据也不好看。如果按照估值考虑为主去进行决策，投资者应该选择卖出，而不是买入。

但有两方面的因素支撑着买入决策：一方面是青岛海尔、美的和格力并没有当时其他家电的那些严重的质量问题，仍然属于优秀的民族品牌，只是在美誉度上"吃瓜落"，被很多人拿来和较差的企业相比较；另外一方面，20世纪90年代初的三巨头估值之低，已经严重背离了这些企业的基本盘。

以青岛海尔为例，其1988年就获得了中国冰箱行业的第一枚质量金奖——"国家优质金奖"，1991年获得了全国首批"全国十大驰名商标"的称号。

在20世纪80年代和90年代，海尔先后成功并购了青岛红星电器厂、黄山电视机厂、西湖电视机厂、顺德洗衣机厂、武汉冷柜厂等18家企业，并帮助这些企业从亏损总额5.5亿元迅速起死回生，这显示了青岛海尔强大的管理能力和企业文化输出能力，这是无法体现在财务报表中的重要价值。

而在1994年、1995年两年里，青岛海尔和美的电器的市盈率水平却已经低到令人发指的地步，其中青岛海尔在1994年7月底达到8.74倍，1996年1月达到9.52倍，美的电器更低，在

1996年1月一度下探至5.46倍。

要知道，在20世纪90年代初，家电行业并非成熟行业，而是新兴产业。

资本市场的低估值，并未影响家电龙头企业在实体层面的成长。到1998年，海尔集团的主要产品冰箱、冷柜、空调、洗衣机在国内市场的占有率分别为39.7%、50%、27.1%、34.8%，全部位居同行业首位。

空调行业的领导企业格力电器则是在1991年成立，在1994年确立了以抓质量为中心的"精品战略"，力图"出精品，创名牌，上规模，创世界一流水平"，在1995年夺得全国销量、市场占有率的第一名，并将这个优势一直保持至今。

在2000年之前的产能过剩浪潮中，格力也受到了冲击，但其竞争优势一直保持，生产能力持续提升，规模优势不断增长，最终在2000年之后春兰等空调企业消失之后，迎来了业绩的大爆发。

美的则是在微波炉、电风扇等小家电方面有常年的竞争优势，并且在空调、热水器等大家电方面也都能排在各细分行业的前列。

三家企业强势的行业地位和品牌价值，最终护佑其成功度过家电产业的危机时期。熬走了大量竞争对手之后，三家企业的股价在2000年之后开启了一轮幅度巨大的上涨，青岛海尔上涨超过九倍，美的电器上涨超过七倍。

如果投资者了解竞争优势对于投资的价值所在，了解市场出清的重大意义，了解估值和价值之间产生偏差意味着什么，这个典型的投资机遇是完全有机会抓住的。

三、完整周期

2003年之后,中国龙头家电企业度过了一段相当长的景气周期,营业收入和净利润快速增长。

由于"人口红利"对于传统制造业强大的优势,在本土市场,中国家电品牌逐渐显示出相比海外对手巨大的成本优势,逐渐将来自美日韩的高端家电产品逼到了墙角。

2009年、2010年两年,家电三巨头业绩迅猛增长。格力电器归属净利润增速高达48.15%、46.76%,青岛海尔是49.64%、47.07%,美的集团是7.65%、129.98%。它们业绩连年增长的同时,加速出清了国际品牌在中国的市场份额。

进入2011年,虽然行业的整体增速已经大不如前,但是"三巨头"少了大量竞争对手之后,对产品的终端售价有了更强的把控能力,因此盈利能力一直不断提升,利润增长速度高于总收入的增长速度的局面持续了很多年。

这一年,原本非常重视中国市场的日本家电企业,都遭遇了前所未有的巨额亏损。其中松下全年亏损96.7亿美元,索尼亏损57.3亿美元,夏普亏损46.6亿美元,其他几大家电企业都有不同程度的亏损。

同年10月份,海尔宣告收购三洋在日本、越南、印度尼西亚、菲律宾和马来西亚的白电业务。随后几年,NEC、富士通、东芝、夏普等纷纷落败,将部分或全部家电业务做出售处理。2017年,海尔收购了最资深的竞争者之一——美国GE旗下的家电业务。

至此,中国家电企业已经成为全球范围内最强大的"军团",不仅将日本企业、美国企业挤压出中国市场,还通过并购的方式在全球范围内占据了大量的市场份额。

整个过程,三家企业非常清晰地展现出了产业兴起—市场领先—面对挑战—战胜竞争—市场出清—独占市场—国际化推进这样相对完整的产业发展历程。它们在战胜无数竞争对手、展现竞争优势的同时,市值也上涨数十倍乃至上百倍。

数据显示,2010—2017年格力电器、美的集团、青岛海尔三家企业的规模净利润复合增长率分别是26.69%、24.41%、19.12%(见表4-3),这样的数据在整个A股历史上都可以排名前列,格力电器更是凭借超强的盈利能力,成为A股最赚钱、现金储备最为雄厚的垄断型企业之一。

表4-3　三家企业部分年份的总收入和归母净利润复合增长率

证券代码	证券简称	2010—2017年总收入复合增长率(%)	2010—2017归母净利润复合增长率(%)
000651.SZ	格力电器	13.77	26.69
600690.SH	青岛海尔	14.80	19.12
000333.SZ	美的集团	11.88	24.41

数据来源：Wind。

当然,三家企业获得的巨大成功,建立在竞争优势的前提下。也就是说,竞争对手都或多或少地受到了三巨头的挤压(见表4-4),相比之下成长能力与盈利能力更差,破产和被收购者不在少数,也有一些企业至今仍然苦苦支撑。新飞电器、奥马电器等行业内的知名公司,最终在 2017 年、2018 年陷入了困境,逐渐淡出消费者的视线。

家电三巨头股价的上涨历程,在 A 股历史上具备典型的代表意义。在企业业绩大幅度增长的基础之上,投资者抓住其上市之后的任何一段涨幅,都可以获得远远跑赢市场的成绩。如果能够在其市场估值远远低于内在价值时购入,就可以收获更大的投资成功。

表 4-4 格力、美的和海尔的各项财务指标大多领先于同行

证券代码	证券简称	营业收入(报告期:2017年年报,报表类型:合并报表)/亿元	净资产收益率 ROE(加权)(报告期:2017年年报)(%)	扣除非经常性损益后的净利润(TTM)(交易日期:最新)/亿元	营业总收入复合年增长率(截止年度:2017年,前推 N 年,$N=10$)(%)	净利润复合年增长率(截止年度:2017年,前推 N 年,$N=10$)(%)
000651.SZ	格力电器	1482.86	37.44	217.44	14.71	33.25
000333.SZ	美的集团	2407.12	25.88	164.29	17.57	28.22
600690.SH	青岛海尔	1592.54	23.59	59.24	18.38	26.82
000521.SZ	美菱电器	167.97	0.64	−1.56	15.71	6.29
002508.SZ	老板电器	70.17	31.66	14.53	25.25	37.56
600060.SH	海信电器	330.09	7.00	7.11	8.32	16.54
600839.SH	四川长虹	776.32	2.79	1.20	12.91	0.56
000418.SZ	小天鹅 A	213.85	23.12	15.63	15.64	16.28
000921.SZ	海信科龙	334.88	35.12	10.38	14.27	23.08

数据来源:Wind。

四、赢家 KKR

有很多投资者,特别是更加注重价值分析的机构投资者,通过对家电三巨头的投资获得成功,甚至获得超额收益。但其中最典型的当属美国著名的 PE 机构 KKR 对于青岛海尔的一笔投资。

2014 年 7 月底,青岛海尔引入境外战略投资者,以每股 10.83 元的价格,向 KKR 集团的全资子公司 KKR(卢森堡)定向增发 3.03 亿股,共计筹得资金 32.81 亿元。KKR 由此以定增和锁定股份的方式,成了青岛海尔的第三大股东,按照协议,其所持有的股份在 2017 年之后才能卖出。

随后,在 2015 年,青岛海尔的业绩表现并不好,受到宏观经济和房市限购等因素的影响,延续了 2014 年增速下滑的势头,2015 年全年营业收入增速下降至 -7.41%,归属净利润增速下降至 19.42%,扣非净利润增速下降至 21.31%,都是自 2009 年以来的最低水平。

受此影响,2015 年青岛海尔市场表现很差,在下半年的下跌中,基本上吃掉了 2014 年下半年和 2015 年上半年"牛市"的所有涨幅,另外格力电器在这一年也出现了罕见的 50% 以上的大幅度下跌。

但是在 2015 年 10 月之后,青岛海尔和格力电器、美的集团一起，受到绩优股行情和房产销售热潮等因素的共同驱动，出现了一波幅度巨大的上涨，股价从 7 元左右开始一直涨到 22.86 元，KKR 的投资获得超过 80 亿元的浮盈，获得了显而易见的成功。

当年主导投资青岛海尔项目的 KKR 前全球合伙人，现任德弘资本董事长刘海峰后来透露，2014 年 KKR 之所以投资青岛海尔，主要有如下考虑：一方面，青岛海尔是稳定型、市场型的制造企业，但因为不是热点，价值被严重低估。KKR 投资青岛海尔时，后者的市盈率是 8.5 倍，市值达 330 亿元，账上现金超过 200 亿元。对比国际同类企业——GE、惠而浦等的市盈率均在 15 倍左右。KKR 认为，海尔将受益于中国快速成长的城市化，是价值洼地。

事实最终证明青岛海尔的价值得到了市场的认可，估值修复行情来得非常迅猛，以至于在很短的时间内就取得了三倍的上涨。

另外，KKR 方面觉得，经过并购，青岛海尔在投后管理上的提升空间非常大。投资青岛海尔后，KKR 做了很多投后管理工作，包括后期利用 200 多亿元现金收购 GE 的白色家电业务，以及帮助海尔建立新的采购体系，为公司节省了约 16 亿元的采购成本等。

KKR 在中国家电产业中的这次投资胜利绝非偶然。这家来自美国市场的成熟 PE 机构，自成立以来一直都坚持注重价值的长期投资。创始人之一亨利·贾维斯更愿意将公司团队视为"实业家",他们不仅做低买高卖的操作,更愿意去思考如何帮助企业做得更好,发掘潜在价值。

贾维斯对于投资曾经有一句非常经典的解释:"如果对投资做个比喻,它不应该是拍摄一张照片,而是一部电影。因为它不是短线的,你必须要考虑企业会如何存续。"

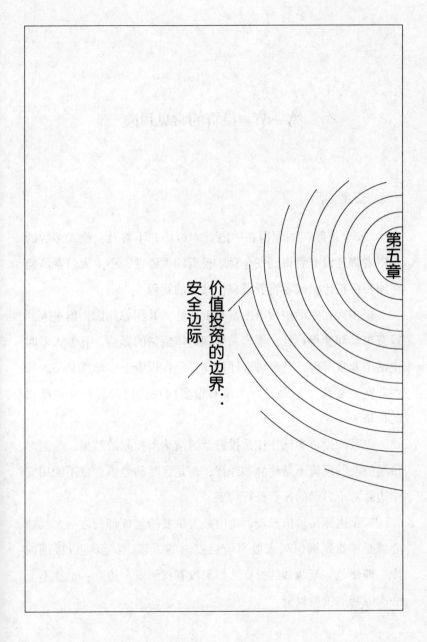

第五章 价值投资的边界：安全边际

第一节　投资的常见风险

一、安全边际

"安全边际"的原则在中国资本市场并不普及，绝大多数的投资者都还没有意识到安全对于投资的重要性，不少人信奉风险与回报成正比，或者将股票视作赌场的筹码。

很多人在生活中做事，富有责任心，并深思熟虑，但进入到投资市场却变得疯狂，很容易受到群体情绪的影响。有的人平时生活中非常节俭，凡事讲求性价比，但在投资上，却总是买入那些非常"奢侈"的品种，为没有很多内在价值的品种支付昂贵的价格。

失败的投资案例往往是投资者的情绪所控制的结果，他们对市场波动的反应不是冷静和理智，而是贪婪和恐惧，也不能用安全边际对于自己的投资进行约束。

安全边际是价值投资理论中最为重要的组成部分之一，其核心就是要找到确保买入股票价格安全的因素。甚至可以极端地说，即便是一笔赚钱的投资，如果没有找到安全边际，也称不上一次成功的价值投资。

第五章 价值投资的边界：安全边际

真正的投资必须有真正的安全边际作为保障，这样投资者才能最大限度地避开风险，减少一段时间内的浮亏，并取得更大可能的收益。

以折扣价买入股票，是最简单的安全边际。简单地说，就是用8角钱甚至5角钱买下价值1元钱的东西。《穷查理宝典》中，有一段查理·芒格对于估值的论述：估计价值区间，最重要的不是最高价值，而是对这只股票的最低价值估计是否准确。

在低估值区间打折买入之后，理论上投资者可以一直持有到符合其价值的价格甚至超过其价值的价格出现（见图5-1）。

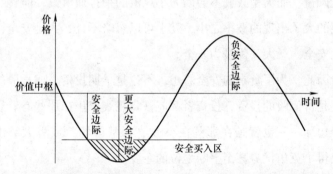

图5-1 安全边际最重要的内涵之一，就是确保以折扣的价格买入价值

为了能够找到企业真正的低估值状态，投资者需要对很多个优质的竞争优势型企业进行深度研究，最好进行长达数年的耐心跟踪观察。这样才能确保寻找到具备绝对低估的交易机会。

很多时候即便找到这样低估的买入机会，仍然可能在一年乃至三年之后仍然一无所获。但必须相信的是，估值修复是迟早会发生的，安全边际不能确保投资者不会出现浮亏，但几乎可以保证投资者本金的安全。

除了低估值之外，还有一种企业经营层面的安全边际——竞争优势和垄断所带来的经营安全性。

这种安全性不仅体现在企业正常的生产经营活动中，也可以体现在严重危机出现的时候——不论是经济危机、行业危机或者企业危机，这些企业往往都可以顺利度过，甚至转危为机。这一点在中国平安、伊利股份、双汇发展、万科、碧桂园等企业在发展历程中遭遇的危机上体现得淋漓尽致。

竞争优势一旦确立，就不会轻易消失，这就好像小渔船随时可能倾覆，而大型战舰不会因为小风浪的拍打而沉没，能够吹翻战舰的大风出现的概率之小，几乎可以忽略不计，大是安全，优也是安全，又大又优最为安全。

因此，为了资本的安全着想，不论是早期投资、成长股的投资还是价值股的投资，投资者都应该将视线聚焦在那些有着经营安全边际——也就是在那些在小型"利基市场"或者大类市场中获得了竞争优势甚至垄断地位的企业。

在通过对行业竞争格局和企业经营的观察，明确了可以投资的企业后，投资者就可以在其估值具备安全边际的时候进行买入，这时候投资的把握往往会比较大。

二、投资风险

提到投资风险，投资者最直接的反应就是"熊市"，认为熊市是投资中可能遭遇的最典型也是最重要的风险。

粗看起来这种观点毫无问题,每当系统性风险来临时,大盘重挫,个股纷纷大幅度下跌,给投资者带来损失。但是需要明确的是,"熊市"也好,个股的下跌也好,都是风险所造成的结果,而不是风险本身。

因此投资者对于证券投资中的"风险"概念,需要做出新的定义,而不是像此前一样,将下跌视为风险,将结果视为原因。

为了更好地认识风险,我们应该将目光锁定在下跌的背后,剔除无规则的股价波动和市场情绪,找到其中真正可能会影响到企业盈利能力的那部分原因,这是能给投资者带来真正损失的那部分真实风险。

站在上市公司微观层面考虑,风险因素最集中地体现在企业家管理能力出现问题。作为企业的领导者,最重要的职责就是制定战略、管理团队。制定战略包括了对未来的规划判断,对企业业务方向的选择,在业务拓展、资本运作方面的布局等。在团队管理方面,则主要包括中高层领导的遴选聘用和企业文化的建设。

这两部分工作内容看似平常,可一旦出现风险大多都会对股价出现比较严重的影响。例如 2015 年、2016 年进行大张旗鼓的科技、互联网转型,最终被证明是严重的战略错误,有大量上市公司都因为高价购买各种科技企业而最终陷入困境。

当然鉴别战略规划是否正确,要结合各自所在行业的具体情况。但对于投资者来说需要关注的核心点，就是这个新战略、新业务，是否可以直接落实为盈利能力。如果没有清晰的转化为盈利的路径，那么这种战略规划的正确性就是存疑的。

在团队管理和企业文化建设方面，最重要的看点在于专业能力的塑造和稳定性。专业能力主要体现在高管层是否具备较长的相关从业经验、学历背景和较强的专业技能素养，我们不会否认确实有很多"跨界人才"，可以在多个行业之间跨界游刃有余，但这种人才并不具备代表性，因此在大多数情况下，仍然要以常规的视角去判断高管的专业能力。

稳定性，主要体现在中高层管理者在公司工作的时间长短。高层长期、持续动荡，大多数是因为一把手专断独行的情况比较严重，或者企业存在严重的办公室政治、拉帮结派等问题。

这个问题上最典型的企业代表就是京东，在过去几年的时间里京东从来没有过稳定的管理层环境，大量高管走走留留，离职率非常高，和阿里巴巴高管层的稳定形成了鲜明的对比，最终京东在业务、股价方面出现的种种问题，也印证了其高管的出走确实有很多原因。

对于投资来说，对企业管理层的专业性、稳定性需要密切关注。如果这两个关键点有一方面缺失就要引起警觉，两方面全部有问题，那就要视为严重的风险而坚决放弃投资了。

三、行业风险

除了企业自身微观层面的管理问题之外,行业风险、宏观经济风险也需要投资者去密切关注。相比企业层面的风险,宏观风险因素更多,也更具不确定性,特别是国际形势、全球经济周期等问题,对于任何投资者来说(包括大型机构和高层次专业人士)都是非常难以掌控的。

首先是行业层面的风险,这部分风险因素对于企业的影响是实实在在的,因为一个较差的行业环境,会直接影响到企业的利润水平,进而影响到股价表现。

对于一个行业来说最大的风险就是过度竞争。二级市场的投资者应该对于那些处于过度竞争的行业予以坚决的回避,不论其是否处在"风口"之上,因为对于几乎所有的行业来说,过度竞争都意味着企业只能赚取稀薄的利润。

从1900年左右的美国铁路行业发展历程,到2000年后出现的第一次互联网泡沫,再到2015年出现的第二次互联网泡沫,都印证了一点——即便是前景再广阔、再能改变世界的行业,如果出现了供给过剩,出现了数量庞大、风格激进的创业者和投资者,都最终会给行业带来灾难。

除了"风口"行业的过度竞争之外,一些低门槛行业也存在这更加严重的过度竞争问题,主要例子就是农业、物流和餐饮。这些行业最大的特点就是对于绝大多数人来说都没有技术门槛,这导致人们在创业的时候会首先想到从这些行业入手。

相信几乎所有读者身边都有过开饭店做餐饮创业的朋友或亲戚,但他们创业的结果普遍都不会很好,因为总会有新的竞争者进入,不断向市场提供新的供给,这最终会导致行业里几乎所有的企业都无利可图。

另外,常见的行业风险还包括不利的上下游关系。在绝大多数情况下,企业都需要和上下游打交道,从上游购买原料,再将商品或者是服务销售给下游用户和消费者。在商业经营中,企业都会尽力在和这些相关方的合作中保持强势,以最大限度地获取利润。

但对于投资来说,如果我们所投资的企业有太强势的上下游,都会导致严重的问题出现,首先就是成本增加、侵蚀利润。强势的上游会将原材料定出高价,特别是垄断型的上游行业,会让下游企业即便无利可图也必须购买,例如2018年前后的芯片行业、化纤行业就是典型代表,垄断型的芯片公司、化纤企业不断提高产品价格,最终导致下游手机企业和经编企业无利可图、利润微薄。

下游过于强势的问题同样严重,最常导致的严重后果就是应收账款问题突出,影响企业的现金流。例如以政府和房地产企业为主要客户的园林绿化行业,就在2018年遭遇了严重的应收账款问题,最终导致全行业危机。

还有一种比较严重的行业风险,就是行业的衰退,这一风险在历史上不断上演,不论曾经如何辉煌,被更先进技术替代的行业最终都会走向没落,典型的代表包括煤炭、钢铁、纸质媒体、铁路运输、以电报和 BP 机为代表的传统通信产业等。

值得注意的是，有些看似仍然属于朝阳产业，但实则在法律上存在瑕疵，或者因为种种原因缺乏持续性，正处在衰退拐点上的行业，是最容易给投资者带来巨大风险的，因为近距离的观察和接触，会更容易让投资者迷失其中。

其中典型者包括存在扰民问题和法律漏洞、但尚未被大多数人认知到的电梯广告行业；之前有政策持续打压，且欧美成熟市场规模并不大的网络游戏、手机游戏产业；已被移动互联网取代的一些传统 PC 互联网业务（最典型的就是以 360 为代表的安全类软件）等。

四、宏观风险

宏观风险是中国普通投资者特别密切关注的一类风险，几乎没有"之一"。每个散户投资者都会不断地念叨关于美国加息、中国降准、经济增速放缓以及中东战争、石油和黄金价格变化等因素。

在传统的自上而下三段式分析框架（宏观—行业—企业）里，这些宏观因素被视为最需要考虑的分析因素，因为这几乎是所有行业分析、企业分析的基础，因此从这个角度看，投资者关注宏观经济的风险似乎是无可厚非的。

但正如我们之前所说的，自上而下的分析方式本身就存在着很多问题，最主要的就是宏观经济和产业发展具有高度不确定性，国际政治经济形势从来不是一成不变的，大宗商品的价格、科技发展周期和行业风口也总是难以预测的。特别是财政政策和货币政策的变化，对于绝大多数投资者来说，都是极难跟踪的宏观分析因素。

因此对于稳健的投资者来说，如果具备发掘价值低估企业的能力，就应该对于一些宏观经济问题采用相对淡化的处理方式。但这并不代表对宏观经济的完全忽视，投资者仍然需要重点考虑一些关键的宏观风险因素，来修正自己的个股分析研究结果。

首先就是周期因素。在《逃不开的经济周期》一书中，作者拉斯·特维德将房地产定义为"周期之母"，因为大多数人以20年为一个周期进行房地产的消费，也就是平均在每个人一生中会有3~4次换房子的经历。这会带动大量的建材、家居、家电和多种生活用品的消费，这些消费又进而带动各种类型原材料和初级产品的消费，最终形成一个宏观的经济周期。

同时，科技行业也是有周期的，这并非如房地产一样是一个比较固定的时间的周期，而是与重要的科学研究进度密切相关。

例如在2010年之后，4G网络快速发展，促成了移动互联网的创业浪潮，并催生了一系列成功的移动互联网企业，但是在2015年之后，移动互联网出现了明显的狂热的创业浪潮，创业者和资本大规模涌入，这就形成了典型的周期见顶的表现。

防范周期风险，最重要的就是识别过热，不论是经济的整体表现，还是某一个行业产业，只要出现了过热以及大量投资者和创业者涌入的情况，就应该开始密切关注景气周期见顶的风险，随时准备应对可能出现的衰退。

需要注意的是，虽然在周期下行的过程中，行业中最强势的企业往往会受到相对较小的影响,但股价的下跌同样可能会发生。当然,这些竞争优势企业会因为同行的大量倒闭和退出市场,而在下一轮周期上行时迎来更高的收益水平。

最典型的例子就是香港的房地产市场,在过去百年的发展历程中,经历了多次周期轮回的考验,每次房产下跌都会形成50%以上的跌幅,造成大量的地产公司破产出清。最终,包括长和、新鸿基、恒基、新世界和九龙仓等几家龙头企业脱颖而出,在较为宽松的竞争格局中,获得了远超大陆同行企业的盈利能力,成为市值千亿以上的巨头企业,股价在很长的历史中不断波动上涨,给投资者带来丰厚的回报。

另外,一些关键的宏观风险还包括税收政策的调整变化、监管层对于市场存在过热风险的直接提示、外贸壁垒变化、商品库存压力大幅度增加等,都是可以直接影响到企业盈利能力的重要风险因素,值得投资者提高警惕。

第二节　市场的不可知和不确定性

一、市场不可知

技术分析是国内个人投资者最喜欢使用的方法,很多人相信各种技术形态和K线组合具有预知未来的能力,但技术分析信奉者最终获得的投资结果,往往却并不好。

这是因为技术分析有两个非常重要的理论基础,也就是技术分析要有效,要满足两个重要的前提假设:一个是所有能够影响股价的因素,都已经反映在了股票价格的变化中;另外,就是已经发生的历史会重复发生。

简单否定技术分析的价值是不可取的,因为在衡量市场情绪方面,K线分析确实有基本面分析所不具备的优势,可以更加直观地反映出特定条件下的市场情绪,但是这并不意味着它的两大核心基础是正确的。

首先是所有能够影响股价的因素都会反映在股价变化中,也就是"市场万能"理论,显而易见的事实是,资本市场(特别是中国资本市场)在相当长的时间里表现得并不理性,上市公司股价从来都不是简单的由企业的业绩、经营发展情况所决定的,而是充斥着人心浮动、情绪变化对估值的影响。

在市场交易清淡的环境下,很少的抛盘就可以造成上市公司股价的下跌,这时候投资者微小的动作都会在市场上被无限放大。例如在2013年A股市场成交量极度低迷的环境下,市值万亿左右的银行股,往往被几百万的成交量左右市场价格,但这些抛盘很有可能包含着相当多的非理性因素,无法被常规交易和投资思维所衡量。

如果将这种"特殊情况"进一步推导,就可以发现整个市场都充斥着各种各样的不确定性,进而被这些不确定性影响股价的走势变化,作为每个身处其中的投资者,根本无法对这些无限多的要素全面认识。

即便是看似宏大且绝对正确的历史规律,也同样存在着认知和执行层面的巨大问题:时间节点上的不确定性。

现阶段最典型的例子,是很多人都知道人工智能技术的普及将会给人类社会带来巨大的变化,让很多产业升级,也让很多产业消失。

这是巨大的投资机会,但问题是没有人能知道人工智能技术还需要多久才能成熟,也没有人知道最终哪家企业的技术路线最终会被证明是最有效、最正确的。这就好像我们只知道一直往南将会到达南极点,却并不知道应该如何、需要用多久才能到达,更何况南极极低的气温足够冻死所有准备不足的冒险者。

行业的发展与某些企业的失败丝毫不矛盾,每个黎明之前都会有无数倒在黑暗中的企业。对于投资者来说,即便结果是可知的,也并不意味着过程和时间的可知,这往往意味着巨大的风险。

作为注重价值的投资者,最重要的原则之一就是要承认市场的不可知和不确定性,这样才能以最谨慎的姿态来看待风险,进而寻找投资过程中的安全边际,以确保本金的安全,并平稳度过随时可能出现的不可预测的风险。

在耶鲁大学基金会掌舵人大卫·F. 史文森所著的《机构投资的创新之路》一书中,他明确提出"耶鲁大学基金会构成组合时的宗旨,就是保证即便有一天'暴风雨'来临的时候,其组合仍然能够平稳度过""所有预期的收益,一定要经过各种可怕的情景假设",这种对投资安全的极端重视,让耶鲁大学基金会在过去十年中每年平均回报率为7.4%,远高于大学基金的平均回报率5.5%。

也就是说,只有在不可知的前提假设下,投资者才能给自己设置最高级别的风险保证,以确保随时可能出现的巨大风险不会将自己的投资组合摧毁。这就是不可知理论最大的现实意义——敦促投资者以尽可能安全的方式进行投资。

二、 能力圈

除了护城河理论之外,巴菲特另外一个非常著名的投资原则就是"能力圈",也就是承认自己在某些领域不具备优势,并将投资决策限定在有较深认知水平的圈子中。

在大多数情况下,人们对能力圈原则的解读,是投资者应该注重了解每个行业的行业规律和运行特点,尽最大的可能成为某一行业领域的专家,通过掌握行业中最全面的信息和规律获得投资的成功,对于不够了解的行业尽量少参与、不参与。

这是一个很好理解的解释。但需要强调的一点是,"能力圈"原则的确立,并非完全要求投资者去成为某一个行业的专家(当然如果能成为行业专家再好不过),这种能力应该尽可能脱离对行业的局限,成为关于规律、模式的掌握。

巴菲特在其投资生涯中,投资了大量形形色色的企业,不仅有早期的地图公司、纺织公司、保险公司,还有20世纪六七十年代比较新兴的影视产业和传媒行业,到80年代之后更加青睐的金融和消费类企业,以及2000年之后开始投资的航空企业、大型科技公司等。

即便是巴菲特最不喜欢的科技公司和医药公司,他也投资了苹果和以色列的仿制药公司梯瓦制药。可以看到,所谓"能力圈"更多是对于规律的认知和坚持,而不是行业的限制。

巴菲特曾经对于航空股极尽嘲讽之能事,但最终在最近几年不断加仓,还表态要控制其中的一家,成为大股东;他曾经在无数个场合表明自己不投科技股的态度,但最终开始投资苹果公司,甚至成为其第一大重仓股。

这并非说明巴菲特没有遵循能力圈的原则,而是他在坚守自己的能力圈——找到并投资那些被低估的、在市场竞争中脱颖而出的垄断型优质企业,获得长期、可持续的收益。

反观国内的投资者,特别是价值投资者,我们往往会听到他们坚决地说"我不投××行业的企业",也很容易看到一群价值投资者聚在一起兴高采烈地讨论贵州茅台或者中国平安的种种优势、特点和价值,推而广之到对白酒行业或者保险行业的喜爱,对于其他行业则毫无兴趣,并将这视为坚持能力圈原则的一种表现。

当然这是两个非常优质、盈利能力较强的行业,但需要明确的是,对于能力圈的建设来说,相比于对行业的选择,对投资逻辑的选择更加重要。

分辨竞争优势企业，本身就是一个重要的能力圈。对于那些非竞争优势企业，投资者在大多数时候可以不去考虑，因为无法战胜竞争对手的企业，大多数时候都无法给投资者带来足够好的回报，尤其是在存量竞争的产业格局中。

这就是给自己的投资设立了一个有效的边界——圈内，是能够持续战胜竞争对手，不断获取对手市场份额和利润的企业；圈外，是那些没有竞争力、打一枪就跑、管理能力有所欠缺以及行业地位较低的企业。对于投资者来说，这是一个足够安全，并且有稳定盈利保证的选择。即便圈外是寒风彻骨的暴风雪，圈内企业仍然有足够深厚的护城河来保护股东的利益。

第三节　仓位控制与杠杆

一、仓位控制

实际上，仓位控制绝非满仓或者空仓两种状态的选择，而是投资者风险控制一项非常重要的必修课，只有和仓位控制的手法相结合，之前所说的关于市盈率、市净率、市销率的判断以及技术面分析的技术，才能够发挥出更好的效果。

例如以市盈率为标尺来进行投资，如果我们判定一只股票的合理市盈率估值是 12 倍，那么在它 12 倍市盈率的时候，我们除去安全边际原则的考虑，是不能进行买入操作的，因为这时买入没有安全边际，这只股票随时可能会因为一些特殊事件的影响或者某些市场情绪的驱使，而跌破 12 倍市盈率，此时，我们的仓位就是空仓，即便它已经符合了我们估值的原则。

当这只股票进一步下跌，达到 10 倍市盈率的时候，潜在的风险得到了一定的释放，对于投资者来说，这已经意味着较好的投资机会了，但是如果从技术面上观察仍然有进一步下跌的空间，就应该进行少量仓位的买入，例如 20%。

如果在这只股票下跌的同时，恰逢市场遭遇系统性风险，市场恐慌，投资者争相抛售，那么这只股票就很有可能顺势下跌，达到 8 倍市盈率，这时它相比正常的 12 倍市盈率估值已经有了比较充分的安全边际（比合理价格低 33%），投资者就可以把对其投资的仓位增加至 50% 甚至更多。

如果不注意仓位控制的话，这个过程就很容易演变为：看到某只股票进入自己的"埋伏圈"，甚至还没到自己的买入标准，就大举进攻，全仓杀入，最终因为种种客观原因被深度套牢，即便后期这只股票进入了具有安全边际的估值区间，也因为弹尽粮绝无法继续买入而动弹不得。

从技术面的角度分析的话，同样是如此。一家 8 倍市盈率的优质公司出现买入机会，投资者有可能会在一个"下降通道"中获得多个买入机会，如果一次买入太多，就很容易导致在后面的行情中陷入被动。

除了分批建仓的安全考虑外，仓位控制一个最核心的意义，就是留足现金，以抵御可能出现的小概率事件——这种小概率事件，可能会将投资者辛苦打造的投资组合瞬间击垮，即便是再好的风险控制，也难免遇到此类情况。

特别是对于专业的投资者来说，谁也不愿意因为一个历史性的突发因素导致自己投资生涯被蒙上阴影甚至终结。这样的事情在历史上并不少见，摧毁了大量的投资基金，也让很多投资者从此在资本市场销声匿迹。

最极端的情况，是1987年美国股灾，标准普尔500指数在一天之内暴跌23%，这被看作是一件"25个标准差事件"，要知道8个标准差的事件，也已经是每6万亿年才会发生一次的极端偶然事件。即便是如此极端的事件，也真实地发生在了地球上，并且对投资者在一天之内造成了毁灭性的打击。对于每一个长期满仓持股、忽略风险控制的投资者来说，这都是一个警示意义巨大的经典案例。

《安全边际》一书的作者赛斯·卡拉曼是一位极端的安全主义者，为了不被小概率的特殊事件击垮，他在他的职业生涯中大多数时候都保持50%的仓位进行投资，最终获得了连续30年复合增长率20%的佳绩。

另外低仓位控制还有一个显而易见的作用，就是能够在出现小概率暴跌事件和大型危机之后，有机会去购买那些被极度低估的股票。谁不愿用1元钱的价格，去购买那些平时价值5元、10元的资产呢？

二、现金流

持续的现金流是成功投资的一个重要保证,这一点是很多投资者都需要强化认知的,因为大多数的投资教程、经验分享中,都没有对于投资者现金流的强调。

巴菲特在历年的各种采访、经验分享、演讲等场合,从来都是强调其投资策略,强调如何掌握护城河的力量,但是很少提及伯克希尔·哈撒韦公司无比强大的现金获取能力。

基金经理们每天都在宣讲自己的投资逻辑,给投资者答疑解惑,甚至不惜以各种看似"出格"的方式获得公众的注意,并非因为自己闲得难受,而是要借此来获取潜在金主,以获得越来越多的资本入账,这样才能进一步扩大投资,也可以在市场下跌、面对机会时有更充足的弹药来进行买入。

这些都是市场上普通的投资者不容易想到的,但却是投资者的投资生涯中异常关键的重要组成部分:获取强大现金流入的能力。

从某种意义上说,现金流获取的能力也是仓位控制的一部分,因为新获取资金可以看作是空仓状态,获取资金的能力越强,投资者越有可能有机会以更重的仓位去博取那些可能获得收益的机会。

因此对于机构投资者,特别是私募基金来说,市场销售能力、面向各大财经平台的公关宣传、品牌打造能力和专业的投资能力一样重要。如果仅仅片面考虑专业的投资能力，而忽略销售能力、公关能力的建设，就容易受到行情的限制，对于投资的掌控能力不足，最明显的问题就是不仅需要在弱市中面对更严重的赎回风险，也无法筹得更多的资金布局那些抄底的优质个股。

面向公众的公关品牌打造能力、内容传播的能力，都可以被视为基金机构现金流获取能力的重要支撑，是目前市场上大量机构所欠缺的。

对于非专业的个人投资者来说，现金流也同样重要，不过对于大多数有正常工作的投资者来说，这都不是太大的问题——因为大多数投资者都有稳定的收入来源，不论是工资还是房租等财产性收入。

但问题的关键，在于对这些现金流的合理应用：投资者应该有更好的安排和计划，以更加安全稳妥的方式去使用这些资金，而不是在手里有闲钱的时候、工资和年终奖发下来的时候，就立刻把它投入到某只股票中去。

如果每次有现金的时候都迫不及待地买入，投资者整体的仓位就会越来越重，最终影响到家庭的正常开支，甚至是影响到正常生活。

有些人会选择辞职炒股，这在每次牛市中都是常见的，在市场行情好的时候，人们相信自己通过短线的操作，可以获得足够的利润来支持生活。但事实证明，这只是在市场周期向上时人们出现的幻想，只有极少数人能够真正通过不断反复的短线交易操作来持续盈利。

投资者一旦选择辞职炒股，就必须面对现金流断裂的风险，在没有持续资金入账的情况下，出现亏损就意味着几乎无法弥补的损失。这会严重增加其弱市时期的心理压力，对其身心健康造成严重的影响。因此对于绝大多数的投资者来说，辞职炒股都是绝对需要避免做出的决定。

三、杠杆风险

2015年是中国资本市场一次"典型"的牛市。说它典型，一方面是因为这次牛市中绝大多数股票都出现了大幅度的上涨，另一方面，这种上涨和此前的牛市一样，都挑战了传统估值体系和指标。

严格来说，2015年大量上市公司的盈利能力并没有出现明显的改善，甚至还有所下滑。股票不断上涨和上市公司市盈率的不断提升，很大程度上是因为人们前所未有的投资热情所导致的。

在狂热的投机气氛中，有大量散户开始通过配资机构进行杠杆投资，市场上常见的就是5倍杠杆模式——投资者只要付出20%的保证金，就可以买入100%市值的股票，如果股票下跌20%，配资机构就对客户的账户进行平仓，以保证自己资金的安全。

上涨行情中，越来越多的人进行配资操作，最终在市场不断的大幅下跌中被强行平仓。很多中国投资者第一次体会到了杠杆的好处与可怕之处。

杠杆投资最大的问题就在于，跌到某一个幅度的时候，就必须将所有持有的股份全部减持掉，以归还拖欠金融机构的借款，这个操作在很多时候是以自动化的方式进行的，没有任何沟通和商量余地。

一般来说如果投资者向金融机构借入本金的一半，那么他所购买的股票如果价格下跌一半，所持有的股份就将被强行平仓，如果他借入更多的资金，那么这个比例就将快速缩小，他将无法承受市场上的任何风吹草动。

在充满不确定性的市场中，随时有可能出现一些极端现象，涨势如虹的茅台可能突然遭遇塑化剂和八项规定的冲击，连续下跌很长时间的伊利，也会遭遇三聚氰胺事件的影响，即便伊利的产品几乎没有涉案其中。最终的结果，就是即便是优质企业，同样可能因为突发事件的影响，产生高达55%左右的下跌，足够让"相对保守"的一倍杠杆投资者强行平仓。

A股向来以波动率巨大而著称，一波行情中大涨50%或者下跌25%都是非常平常的事情，即便是低市盈率、低估值股票也难以幸免，因此对于投资者来说，使用杠杆进行投资，是存在较高风险的。

还有一种情况，是投资者本身有比较高的工资或者财产性收入，因此得以进行大胆的借贷投资，虽然也是杠杆的一种表现形式，但大多数时候不会遭遇强行平仓的风险。这种模式同样存在问题，就是很容易导致在较高的价格买到过多的股票——也就是仓位太重。

在高价时仓位过重,最终会导致在股价下跌的时候失去操作空间。比如在 4000 点时借款买入 50 万股票,那么当市场下跌至 2500 点的时候,投资者无法补仓,而是必须将每月的工资、每一次的财产性收入都拿去还债,显然投资者这时候就失去了以更低价格买入股票的机会,只能眼睁睁看着股票从低位反弹。

因此可以说,杠杆的使用天然就与安全边际的投资原则相悖,对于大多数投资者来说,最好都远离杠杆操作。

四、安全杠杆

市场上的价值投资者都会强调杠杆投资的风险,但这些价值投资者大多都知道,他们的精神图腾巴菲特,实际上一直在使用杠杆进行投资和收购,而且其规模可以说是相当庞大。

1968 年,巴菲特买入了大量蓝筹印花公司的股票,成为其控股股东,利用这家公司账上的浮存金,进行了他个人定义的生涯最重要的一次收购——喜诗糖果。

随后,蓝筹印花公司的浮存金还在不断增长,他又以这些资金收购了布法罗晚报和维斯科公司,蓝筹印花公司的现金库存得到了充分的利用,但大家看到这里都能明白,这实际上就是一种杠杆投资。

不仅是蓝筹印花公司,巴菲特所收购的大量保险公司,特别是财险公司,一直都在不停地为巴菲特买入各类公司股票提供

"弹药"。这种情况随着时间的推移变得越发夸张：到2018年，巴菲特在持有巨量股票之后，仍有千亿美元以上的现金储备等待投资。显然，这里面除了控股企业的利润和分红之外，大部分都是杠杆投资。

查理·芒格也在一次采访中承认："我们也使用一点（杠杆），因为我们使用一些保险等工具，主要是用浮存金进行投资，浮存金也是某种性质的杠杆。但浮存金的借贷和一般的借贷不太一样，没有固定的借款人到时间要账，我们完全可以自主，这种情况下的杠杆是非常安全的。我们不必以股票作抵押借入资金。"

巴菲特和芒格对于杠杆的应用持有相对正面的态度，但是前提假设是这个"借款"并没有固定的借款人和到账时间，也就是说，他们不仅需要确保投资成功，也要确保这笔借款不会被固定的人，在固定的时间内催债要求偿还。

这就形成了一个"安全杠杆"的概念，投资者可以在确保安全边际的同时，利用这种安全杠杆投入更多资金。

当然对于普通投资者来说，很难找到类似蓝筹印花这样的浮存金机会，更不用说像保险公司一样有机会拿到别人的钱去进行投资，因此对于个人投资者和实力一般的机构投资者来说，相比去寻找"浮存金"，领悟其中的精神更加重要。

如果真的确定要使用杠杆，首先要明确的是这是一次足够有把握的投资机会，而这次投资就要满足所有关于安全边际的前提假设：足够低的估值，能够确保的未来持续盈利能力，具备足够竞争优势的市场地位，以投资实业的思维和方式去长期持有公司股份。

然后，投资者以尽可能低的利率，去借入那些归还时间尽可能长的债务，并且给自己留足"闪躲腾挪"的空间——可以用另一次借贷去偿还这笔借债，也就是尽可能给自己的债务争取"展期"的机会。

需要强调的是，我认为借贷投资本身是非常危险的事情，即便是做好了所有充足的准备，买入了估值极低的股票，而且未来确定能够产生收益，投资者的生活质量乃至身体健康，仍然会因为这些借贷行为受到比较严重的影响。

即便是安全杠杆，也并非所有人都能承受的风险和压力，因此对其的使用应该慎之又慎。

第四节　竞争优势的消失

一、经营层面的安全边际

除了要考虑企业基本面和技术面的安全边际要素之外，企业经营层面的安全边际也应该被投资者所重视，也就是说，应该尽可能去买那些不存在经营风险的企业。

从历史的情况来看，竞争优势企业——特别是垄断型企业即便是在经济危机的时期,也不会轻易地走向消亡,相比中小型企业,它们有着更强大的生命力。以这些企业作为投资标的,可以获得足够好的安全边际。

因此如果拉长周期来看,对于投资者来说,将资金用于这些成功企业,始终要比投向中小型企业、创业型企业靠谱得多。

美国证券市场中,有很多大型企业甚至很多各种指数的指标股,都消失在了历史的长河中,但其中真正走向彻底破产清零的企业其实少之又少。这些企业中绝大多数,都是通过整合兼并或者部分拆分,成为其他企业的一部分,这和数量巨大、动辄破产清算的中小型企业有着本质的区别。

在中国,除了传统的行政垄断型企业一直存在之外,各行各业的大型垄断型企业则正在逐步形成的过程中,远远没到"盛极而衰"的时候。

投资于竞争优势企业,意味着更大的胜算,但是这并不意味着就可以拥有100%的胜算,因为历史上同样也有不少原本具备较强竞争优势的企业,甚至是垄断型企业,因为种种原因最终没落。

垄断型企业在正常情况下很难被击败,大都会倒在大规模的技术更新迭代的情况下,例如互联网媒体的出现,对于传统的报纸杂志甚至电视节目形成巨大的冲击,导致行业里的一些企业业务萎缩。

各种媒体经常渲染的案例,大多出自此类,包括柯达、诺基亚等,被普遍看衰的各类传统能源企业,也大多在此列之内。

需求的持续萎缩甚至消失,也是造成垄断型企业走向衰落的重要原因,最典型的就是欧美国家的烟草企业。还有一部分原因是造假,当然这种类型的企业往往并没有足够的市场竞争力,因此即便它已经是规模庞大的企业,我们也很难将其定性为垄断型企业,例如美国安然公司。

以国际贸易为代表的大规模新供给的出现,对于垄断型企业是致命的冲击,例如著名的美国钢铁、美国铝业,都受到了来自各种新兴市场国家的低价格倾销。

主动拥抱泡沫,并且在财务上的激进(突出表现为流动性不足),也可以让一家大型企业遭受沉重打击甚至"死于非命"。例如加拿大著名的电信设备供应商北电,当然其倒闭和中国同行的强势崛起也密不可分。另外在次贷危机中险些破产的房丽美、房地美,最终破产的雷曼兄弟,也都属于此类型。

虽然垄断型企业往往有最多的可支配资源,也有很深厚的护城河,但这并不意味着投资者可以无条件坐享收益。即便是受到一时的严重冲击,造成股价的大幅度波动和下滑,对于投资者来说也是严峻的考验和阵痛。

因此对于垄断型企业受到上述影响,可能出现的经营危机、财务危机等情况,投资者都需要保持密切的关注。

二、一去不返

改革开放 40 年,中国十几亿人口庞大的增量市场和总量巨大的市场需求，催生了各个行业的普遍繁荣。这些爆发式增长的年份里，中国成了"随机概率成功者"的天堂。在这里，有大量不费吹灰之力获得成功的富豪，也有全世界最多种类的成功经验。

但这一切在 2015 年之后出现了突变，伴随着中国进入"新常态"，人们对于各种各样商品的需求逐渐见顶，经济高速增长成为过去式，用简单粗暴的方式，就能够获得商业成功的时代一去不返。

影响更大的是，中国真正出现了一批进入衰退期的行业，这些行业曾经风光无限地吸引了大量投资，并且产出了令人咋舌的利润，所生产的商品行销全国乃至全球各地，但从这之后，必须面对需求大幅度消失的现实。

未来中国的各个产业，都必须依靠经营管理能力、资本能力、技术能力和品牌打造能力来获得成功，而这些都可以归纳为在存量市场中博弈的能力。简单地说，就是从"跑马圈地"，变成"贴身肉搏"。需求大幅消失的传统行业，情况则更加严峻一些。包括纸质媒体、工程机械、石油冶炼和石油机械、航运、服装玩具等。

在这种环境下，这些行业里的企业要面对更加严酷的现实环境，中小型企业生存状况严重恶化、举步维艰；垄断企业大多数时候都不会面临生死问题，但往往会出现不同程度的业绩增速放缓或者下滑。

目前阶段中国市场存在一定的特殊性，"新常态"环境下各行各业的产品需求虽然减弱,但是基数仍然巨大,因此对于衰退行业内的龙头企业来讲,机遇是大于风险的。

其中原因在于,目前我国绝大多数行业尚未形成垄断局面,高度竞争的局面仍然存在。这种产业衰退导致的"贴身肉搏",会让优势企业的优势更加明显,出清资质较差的中小型企业。

相比之下,欧美国家衰退型产业中的垄断企业就没有这么幸运了。由于在很早时间之前就完成了对行业的垄断或者寡占,因此在产业持续衰退的时候,没有中小型企业作为缓冲,产业的衰退就是这些企业的衰退,因此受到的影响更为明显和剧烈。

需求的消失是由多种原因造成的,对于非生活必需品和可选消费来说,在一段时间内的成功并不意味着永久性的成功,技术的变迁、人们关注点的转移,都会让行业内的企业受到影响,业绩下降,股价下跌。

更多的时候,是由于技术的升级换代,导致大量商品变得落后。这些商品在升级前的技术条件下并不落伍,甚至对于使用者来说非常重要,但是当技术获得更大的进步之后,它们就失去了原来的光环,被新技术和新型商品迅速替代。

在下面的内容里,我们将一起复盘国内外一些典型的垄断企业的衰退和失败的案例,通过分析这些企业在发展过程中所遭遇的问题,我们可以看到垄断企业会面对的种种风险,并尽可能在投资过程中避开这些问题。

三、 诺基亚的衰落

说到垄断型企业的衰落,如今被提及最多的案例当属诺基亚。

诺基亚的代表意义之所以最强,很大程度是因为取而代之的苹果公司,已经成为目前全球盈利能力最强、市值最高的企业,2017年全年苹果净利润高达484亿美元,2018年市值一度突破了1万亿美元,考虑到苹果一直都不高的估值水平,它的市值看起来仍然有进一步增长的基础。

因为诺基亚的迅速衰落,和苹果目前取得的如此巨大的成功,都不由得让人们联想到,如果诺基亚没有衰落的话,肯定也会被打造成目前苹果这样盈利能力强大且口碑极佳的伟大企业。

而目前的诺基亚,在市场被迅速取代之后,手机业务一落千丈。2013年,诺基亚手机业务以72亿美元的价格出售给微软,虽然一度被微软寄予厚望,试图结合微软的操作系统直接发展硬件业务,但最终没能成功。这部分资产最终在2016年5月份以3.5亿美元的价格,出售给了代工企业富士康,其出售的新闻甚至都没有引起市场上很多的讨论。

手机行业的一代王者,最终落得如此境地,让人唏嘘不已。但如果仔细想一下就可以发现,不仅是诺基亚,所有功能机时代的强势品牌,在手机产业转向智能机时代之后,都遭到了不同程度的危机。

摩托罗拉在火爆全球的超薄手机V3成功一年之后便陷入困境，并最终在2011年以125亿美元的价格卖身谷歌（这个价格现在看来还是非常不错的），随后在剥离了所有专利资产后，以29亿美元的价格转卖给了联想集团。联想试图将IBM收购的成功经验复制到手机产业中，但最终收获的却是万般无奈：除了拉丁美洲地区之外，几乎所有的消费者对于摩托罗拉的品牌都不再认可。

索尼爱立信最终解体，消失在历史舞台的深处；多普达/HTC一度占据了智能机初始时代的竞争优势，但很快在苹果和中国手机的联合绞杀之下日薄西山，来得快，去得也快；一度风靡全球，拥有最快增长速度的黑莓，最终也被中国企业收购；TCL在收购之后不到一年，又卖了49%的股份给其他三家公司，新款手机市场拓展艰难。

说了这么多其他手机企业的情况，并非是跑题，而是要以此强调一个事实：诺基亚所面临的并非是一家企业衰落的独立问题，而是所有传统手机厂商都要同时去面对的一个生死攸关的问题：是否能够顺利切换到智能机时代。然而不幸的是，除了三星之外，几乎所有传统手机企业都没能跨过这道坎（见图5-2和图5-3）。

诺基亚在最辉煌的时期，占据了全球手机市场份额的30%以上，并且有和苹果公司类似的硬件+操作系统+软件的布局。实际上正是因为对自己塞班系统的自信，诺基亚才放任智能手机

图 5-2 诺基亚美股股价表现

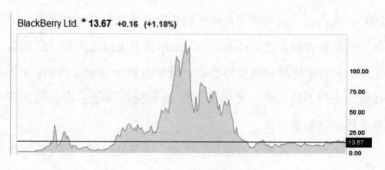

图 5-3 黑莓股价表现

浪潮的发展，并没有做出多少改变。

但是塞班与苹果操作系统，特别是和直接竞争对手安卓操作系统相比，问题多多，差距很大。

首先安卓是一个独立于通信设备的开源系统，这就决定了全世界开发者都可以为安卓系统制作各种软件（APP），并且可以通过制作一个版本，就满足所有安卓手机，这在之前更加封闭的

第五章 价值投资的边界：安全边际

塞班系统上是难以实现的；

另外，安卓是谷歌与开放手机联盟合作开发的，这个联盟的阵容实力非常强大，包括了中国移动、摩托罗拉、高通、宏达电和 T – Mobile 在内的 30 多家技术和无线应用相关的领军企业。谷歌通过与运营商、设备制造商、开发商和其他有关各方结成深层次的合作伙伴关系，希望借助建立标准化、开放式的移动电话软件平台，让安卓在移动产业内形成一个开放式的生态系统。

相比之下，诺基亚和塞班虽然强大，但孤军奋战，面对谷歌各种类型的盟友，和大量使用安卓系统的竞争对手，显得毫无胜算。

更加重要的深层次原因是，2008 年左右，随着数据网络的成熟，手机所承载的功能有了根本性的变化，也就是从提供各种配置功能，变成了提供网络通信的工具。在这方面，不论是诺基亚的塞班，还是其他功能机的其他操作系统，都和互联网开放、包容、迅速响应的特点格格不入。

还有一个行业层面比较重要的原因，就是除了苹果之外，手机从来都是一个缺乏品牌忠诚度的商品，换手机的时候更换品牌在大多数消费者眼中都不是什么大事，因此在这个变革的过程中，绝大多数消费者对于诺基亚没有丝毫黏性，其产品被抛弃的速度极快。

因此可以说，诺基亚和一众功能手机的消亡，实际上可以总结为互联网技术的冲击对全行业所造成的剧烈影响。当然，行业缺乏用户黏性的特性，也是造成这种变化如此剧烈的关键因素之一。

与此情况类似的还包括各种在技术升级过程中被替代的商品和企业，比如汽车对马车的替代，电视对广播的替代，电话对电报的替代等。这些行业中都有不同规模的企业走向衰落的案例，其中不乏垄断企业。

四、 美国钢铁的坚守

和诺基亚不同的是，美国钢铁实际上并没有出现过大规模的严重经营危机，其在美国本土的领袖企业地位也一直没有改变过。但时至今日，大型互联网垄断企业已逼近万亿美元市值的时候，美国钢铁的市值仍长期徘徊在百亿美元以下。

也就是说，多年来美国钢铁的市值规模没有任何突破，甚至还出现了一定程度的萎缩。很多人将钢铁工业称作"工业之母"，但为何如此重要的行业中规模最大、竞争优势最强（在一定的时期内）的企业，最终会走向萎缩，和其他大型企业之间的差距越来越大呢？

美国钢铁是美国最早的垄断企业之一，在美国工业化和现代化建设中发挥了极为关键的作用，可以说正是美国钢铁的生产支撑着包括汽车、建筑、机械设备等产业的快速发展。

问题的出现从 20 世纪 70 年代开始，美国为了找到更大的发展空间，开展了经济全球化的布局，大力拓展国际贸易，将各种相对传统的制造业行业进行外迁，并广泛使用外包的方式进行生产,因此美国钢铁就失去了一部分市场。

在其他钢铁产品的使用领域,美国钢铁同样不容乐观,因为全球化的市场竞争中,韩国、日本可以利用更低的人工成本、汇率优势、更强的成本控制,来生产出比美国钢铁价格低得多的钢铁产品,加上海运运费、税收之后,仍然比美国钢铁的产品价格更低廉,性价比更高。

因此,从20世纪80年代左右开始,日本、韩国的大型钢铁企业蓬勃发展,在全球各地攻城略地,包括美国本土。日本钢管、川崎制铁等日本企业快速发展,到20世纪90年代,日本已经是全球最大的粗钢出口国。

另外,韩国的浦项制铁、现代制铁等大型企业同样快速发展,甚至和日本钢铁企业展开直接竞争,另外印度和巴西的钢铁企业也在很短的时间内快速崛起,以进口和国际贸易的方式,进入美国市场。

时间进入到2000年之后,中国钢铁企业则变得更具市场竞争力。当然这并非全都是褒义,因为中国的钢铁价格之所以低廉,很重要的原因是工人的福利待遇较低,安全保障措施薄弱,环保投入稀少等。这些因素造成了钢铁产品价格的低廉。

另外,国内数以千百计的钢铁厂充分竞争,商品价格也很容易被打到一个非常低的水平。

可以想象,原本习惯了国内垄断地位的美国钢铁,在国际化市场上会面对多么严峻的竞争局面。所有的对手,都可以以更低的成本生产出功能、水平类似的商品。

站在企业的角度，面对这种级别的激烈竞争，几乎是无能为力的。另一方面，站在政府的角度，钢铁产业对于美国经济发展的促进作用，已经在过去近百年的时间里挖掘得很充分了，继续扶持支撑，能够起到的作用不大，还不如给其他国家一个发展的机会，不仅可以将污染留在海外，还可以享受到更物美价廉的钢铁产品。更何况，经过百余年的基础设施建设，美国需要大规模使用钢铁的领域已经减少了很多，钢铁产品在美国的需求量，和中国印度等新兴市场的量级是完全不一样的。

美国放弃钢铁、铝业等产业的竞争优势，将其中利润"让"给日本、韩国、巴西、中国等国，自己选择产业升级的道路，站在各个角度立场看都是有利于美国经济社会发展的选择。

最终美国钢铁作为历史悠久的垄断型企业，发展至今，在10年牛市之后仍然不到百亿美元的市值。相比之下，2018年7月，印度最大的钢铁巨头安塞乐米塔尔市值超过300亿美元，韩国浦项钢铁市值超过200亿美元，宝钢股份市值接近300亿美元，德国蒂森克虏伯市值超过150亿美元。

美国钢铁的衰落在对比中显而易见。其中最重要的原因，就是国际化竞争和产业分工。

如果市场是开放的，同时海外竞争对手比本国垄断企业有更大的价格优势，那么本国的企业即便达成市场垄断，也无法从中获得超额收益，甚至有可能把现有的市场也丢掉。

这不仅是钢铁行业存在的情况，同时也是所有大宗商品类企业普遍存在的问题：生产技术基本没有门槛，也基本没有品牌概念,谁的产品价格低就可以有更好的销量,最终一定是"新兴市场"国家可以依靠更低的人工成本和环保成本,获得市场的主动权。

铝业、有色金属、资源、各种矿产、大宗商品、初级原材料等都是如此。历史证明了,在这些产业中达成垄断并不难,但想凭借垄断获得长期超额收益,则是几乎不可能完成的任务,因此从垄断投资的角度,这些都是需要谨慎考虑的方向。

五、 美国汽车三巨头

汽车是 19 世纪末被发明出来的,其重要的意义在于大幅度增加了人们的生活半径,让人们可以更方便地出行、活动、游历、生活。相比马车时代,汽车给人们带来的影响是颠覆性的。

这个产业在实现了大批量流水生产之后,就爆发出了惊人的能量。价格下降之后的汽车成了每个家庭的必需品。

美国汽车行业的发展之初,"赛道"异常拥挤,人们也没有太多的品牌概念(到现在汽车的品牌黏性仍然不大),数以百计的汽车公司生产不同型号、不同特点的汽车,充分竞争。

规模优势的扩展,和主流品牌体系的形成,让美国市场上原本充斥的汽车公司数量急剧减少,最终在几十年的发展后形成了三大汽车公司——通用汽车、福特、克莱斯勒。

20 世纪 50 年代至 70 年代,三家汽车公司达到了自己的巅峰状态,其生产销售量约占全球销售的所有汽车的 2/3,最高峰时雇用了130万名各种汽车工人。其全球汽车霸主的地位，一直持续到20世纪70年代初。

由于美国原油产量丰厚，价格低廉，传统的美国汽车都有着巨大的排量。20世纪70年代，由于需求旺盛，原油价格快速上涨，中东地区战争的爆发进一步刺激了原油价格上涨，美国人终于开始体会到了高排量汽车的问题所在——加油贵。

而此时日本汽车的优势就体现出来了。虽说日本汽车为了能够进军美国市场，确实按照美国人的生活习惯做出了很多适应性的努力，但毫无疑问的是，排量更低、更节油是美国消费者选择日本汽车最核心的原因。

数据显示，日本出口汽车从1965年的10万台猛增到1975年的182.7万台。10年时间翻了近20倍。这些出口汽车中的大部分，最终都行销到了美国市场。

"三巨头"所遭遇的困境是实打实的。1978年到1982年，福特汽车平均每年销量下滑40%以上，市场占有率一路下降，并在1980—1982年之间出现了巨额亏损；1980年，通用汽车发生了60年来第一次亏损，全年亏掉7.63亿元；克莱斯勒的情况更差，濒临破产，最终靠传奇总裁艾柯卡的努力，在美国政府的帮助下才渡过难关。

由于日本汽车在这几十年的时间里展示了太过强大的竞争力，最终导致了欧美各国政府的限制性政策。为了应对这些问题，日本企业开始了海外布局，日产、丰田先后在美国建厂，其中一些开始与美国企业进行合作。同时，福特、通用和克莱斯勒加大力气研发小排量汽车,并开拓海外市场,一度扭转了亏损,但是全球范围内的车企竞争更加激烈,包括日本、韩国、欧洲在内的汽车企业都是强大的竞争对手。

沉重的养老金负担,也无时无刻不在拖着三巨头在全世界市场市场竞争中的后腿。虽然在全球化的市场竞争中仍然占据着一席之地,但最终它们难逃破产命运。

在经济危机的冲击之下,2009年4月,克莱斯勒宣布破产保护,2009年6月,通用汽车向纽约法庭递交破产保护申请(通用在2007、2008两年时间里亏损将近700亿元),两家全球汽车产业曾经的寡占者只能以这种方式延续自己的品牌和生命。

福特汽车虽然没有破产,但也好不到哪儿去。2008年,福特汽车总负债为2344.44亿美元,股东权益为-161.16亿美元,已经资不抵债,只能靠卖资产的方式续命。

在2008年之前,福特公司有八大汽车品牌:阿斯顿·马丁、福特、捷豹、路虎、林肯、马自达、水星和沃尔沃,最终除福特和林肯之外,将所有汽车品牌、资产和债务一起卖掉,才让福特的情况有所好转。

美国汽车行业三巨头的案例,让我们看到一个清晰的垄断企业走向平庸乃至危机的过程。在这三家企业发展的前半部分,强大的品牌号召力和规模优势,让它们占据了最为庞大的美国市场,最终统一了汽车产业群雄割据的创业局面。

但是从20世纪70年代开始,随着国际贸易的深化,强劲的竞争对手——日本汽车产业出现了,这个要比原油价格的上涨的因素重要得多。

随着全球市场更加开放，和三巨头一样，所有庞大的企业都要面对来自全世界各地企业的挑战。这其中大部分的挑战最终是失败的，但来自日本、韩国、新加坡等国家和地区的企业更加特殊，因为这些企业的背后，是整个国家的经济实力在进行支撑。

这股裹挟着企业与政府双重力量的竞争，足以对任何一个市场中的垄断企业发起挑战，例如日本的汽车，韩国在面板、半导体行业的成功也是如此。

因此对于很多垄断型企业来说，在全球化的竞争中败给新兴竞争对手（特别是有政府或国家政策支撑的企业），也是最常见的衰落原因之一。因此在投资过程中，对于所投企业海外竞争对手的分析非常关键，如果有可能的话，尽量选择避开那些可能与国际竞争对手短兵相接的行业。

六、 雷曼兄弟的崩塌

首先雷曼并非是投资银行业的垄断企业，在鼎盛时期，它在全球同行业的排名是在前五名。当然投资银行本身是一个进入门槛比较高的行业，特别是华尔街的大型跨国投资机构，多年来的竞争格局都非常稳定。

这家有着150余年悠久历史的银行，在2008年最终申请破产，在整个过程中被美国政府完全放弃，"大而不能倒"并没有发生在雷曼兄弟身上。

第五章 价值投资的边界：安全边际

雷曼兄弟破产的影响力远远超过普通人的想象，大幅度激化了 2008 年金融危机的危害程度，将更多的金融机构推向了绝境，而这些金融机构的背后，都是数以万计普通人的投资款和养老金。

一般认为，对合成 CDO（担保债务凭证）和 CDS（信用违约掉期合约）市场的深度参与，是雷曼倒塌的直接原因之一。这看起来相对复杂，但实际上雷曼倒台的更深层次原因比较简单，甚至和大量中国散户在"牛熊转换"过程中所犯的冒进错误别无二致。

在美国地产价格开始下挫之后，雷曼兄弟的管理层认为房产价格的下降、和随之而来的断供，会增加人们对租房市场的需求。

因此雷曼兄弟管理层决定斥巨资收购一家名为阿克斯顿的美国公寓开发商。2007 年 5 月，雷曼联合纽约地产商铁狮门以每股 60.75 元的价格现金收购阿克斯顿，同时承担所有阿克斯顿的债务，交易总额高达 222 亿美元。

这一价格接近阿克斯顿最高股价，对于任何企业来说都绝非一个小数目。但雷曼负责此次交易的沃尔什却采用了一个惊人的计划：只动用 2.5 亿美元现金，其他部分都通过各种债权方式进行，由其他投资银行融资完成。

另外，2008 年之前，加州土地和房屋价格不断上涨，雷曼和沃尔什还支持美国西部最大的土地开发商 Suncal 大规模竞拍土地开发项目，累计直接持有价值 22 亿美元的 20 多个地产项目。

2007年，雷曼还大规模发行了600亿美元的商业不动产贷款，这个数字是过去两年的总和。可以看到，在2007年美国次贷危机已经开始显现的时候，雷曼兄弟却在不断增加自己的债务，不断地杠杆收购以商业地产为主的各类土地、房产和房产贷款。

在这个过程中，沃尔什找到了房利美和房地美，两家机构借给了雷曼90亿美元用于收购阿克斯顿，同时摩根大通也开始牵头组织银团贷款（主要在亚洲市场利用声望和影响力进行融资），最终完成了这笔惊世骇俗的222亿美元、44倍杠杆的收购项目。

然而，在这笔交易之后很短的时间，商业不动产和商业抵押债券就出现了严重的问题，市场流动性严重不足，沃尔什计划中的分拆和出售失败了。到2008年3月，贝尔斯登危机爆发，市场对雷曼兄弟的态度已经变得极为悲观，阿克斯顿资产的价格急转直下。

无法脱手，意味着资产大幅度的贬值，在破产之前，沃尔什和他的团队都在声嘶力竭地叫卖这些商业不动产。与此同时，原本涨价最凶猛的加州房产开始大幅下跌，Suncal和雷曼的各种项目同样无法脱手，这些卖不出去的资产需要支付高额的税负和费用，仅一个项目就需要支付5000万美元的按揭贷款。

同时，雷曼在2007年还大幅度收购了各种仓储地产、写字楼等资产，这些资产的价格都在仅仅一年不到的时间里大幅度缩水。

第五章 价值投资的边界：安全边际

可以看到，很多媒体都在渲染各种各样的金融衍生品形成了金融危机，毁掉了雷曼兄弟，但实际上金融衍生品是用来贷款和"规避风险"的工具。真正将雷曼兄弟推向深渊的，是在房地产牛市中不断看高一线，将利空视为利好，进而不断加仓，融资加仓，最终在危机来临之前彻底失去了流动性，各类不动产资产严重缩水。

在整个过程中，被当作罪魁祸首的金融衍生品，实际上只是满足雷曼兄弟高管不断膨胀的赚钱欲望的工具而已。

雷曼兄弟并非典型的垄断企业，最多可以被看作是华尔街的一个金融寡头，但是它的失败对于投资人来说具有很典型的意义：牛市进程中，投资者往往会加倍下注。即便是再优秀的上市公司，如果不看估值盲目下注，甚至是加杠杆投资，也会最终落得一败涂地（见图5-4）。

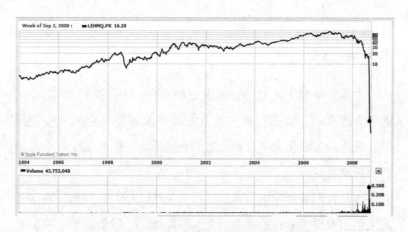

图5-4 雷曼兄弟股最终在金融危机中清零

站在企业的角度上来看,如果在经营中盲目激进,不考虑经营环境、市场情况不断通过债务堆砌来扩大规模、盲目扩张产能,最终也会形成危机,损害到股东、投资者的利益。

道理说起来很简单,但是企业在经营过程中,能够克服扩张产能的冲动,实现急流勇退是非常困难的,因为在市场狂热的阶段,终端的需求是非常旺盛的。如果企业不去增加产能满足用户的需求,那么用户的需求很有可能转向自己的竞争对手,自己就有可能丧失掉一部分竞争力。

例如2017年和2018年市场对于贵州茅台酒的需求,直接促进了贵州茅台的产能增长,各地都出现了失控的抢酒事件,这显然让新任董事长李保芳非常头疼。

权衡好用户的需求与企业自身的生产能力、投入规模,对于企业经营者来说是莫大的智慧。

七、 春兰空调

中国市场对于大型企业来说更加宽容,不仅是因为有14亿人庞大的市场,也在于很多产业都处在发展的早期或者中期阶段,成熟的工业化大生产和先进的管理能力,仍然是全社会范围内的稀缺资源。

因此我们看到家电行业的三巨头美的、格力、海尔,在多年的发展中取得了非凡的成就,业绩不断增长,股价持续上涨,实际上已经走上了"强者恒强"的道路。

第五章 价值投资的边界：安全边际

家电行业在中国走过了相对长久又非常完整的发展历史，因此给投资者留下了非常宝贵的经验教训。其中最为典型的，就是曾经空调行业的王者春兰集团的没落。

这家企业最早是江苏省泰州冷气设备厂，在陶建幸的主持下于1989年改制为"江苏春兰制冷设备有限公司"。在鼎盛时期，春兰占据了全中国空调市场的半壁江山。1994年，春兰全年销售额53亿元，净利润6亿元，在那个时代，这无异于一个天文数字。如今的空调王者格力电器当时的年销售额仅为6亿元，排在行业前十之外。

1996年，在中国轻工总会信息中心颁布的产销量排行榜中，春兰以108万台的成绩位列第一；1997年，根据国家统计局的市场统计结果，春兰空调在1990—1997年连续八年产销量第一，累计销量超1000万台，坐实了"中国空调第一品牌"的称号。

获得了成功的春兰，走上了一条中国企业最喜欢走的道路：多元化。在获得了一个领域的成功之后，管理层便认为自己可以在任何领域取得成功，因此毫无顾虑地进入到一个又一个的新产业试图复制成功。而陶建幸盯上的，竟然是直到2018年还属于新兴产业并且大面积亏损的新能源汽车产业。

1994年，春兰就开始布局汽车、摩托车和镍氢动力电池，很早就花费15亿元巨资建研究院、搞新能源甚至自动驾驶汽车的开发，宣传要明确家电、电动车、新能源三大支柱产业。

摩托车和卡车是春兰比较早推进的新项目，严格来说在最初阶段也获得了一定的成功，摩托车在1997年上半年就卖出了6万台，销售收入将近10亿元。

多元化之后春兰在空调方面的资源配置明显不足，原本应该强化的主业被或多或少地忽视。而这种忽视很容易被经销商清晰地感觉到。著名的"经销商倒戈"事件，就是因为春兰不仅不对经销商进行返利，反而向其索要利润导致的。

最终春兰原本规模庞大的经销大户全面转投格力，从此格力就坐稳中国空调产业的王者地位直至今日。

然而春兰的多元化策略非但没有收敛反而越玩越大，先是投资10亿元自建3000家"星威连锁"，试图扭转经销商倒戈之后的销售困境，然后又在2000年追逐互联网发展的热点，要投资10亿元建设电子商务体系。

最终的事实结果证明了这种盲目的多元化，对于企业造成了多大的伤害。2002年，春兰所持有的摩托车厂、动力制造有限公司、机械制造公司、洗涤机械公司全面亏损，虽然空调业务仍然"瘦死的骆驼比马大"，能够支撑一段时间，但空调主业的最终溃败也只是时间问题。

2005年，春兰空调的利润终于不能再覆盖其他业务上的全面亏损，虽然空调仍然有5.15亿元的利润，但整体上看净利润则亏损了2595万元，这是春兰股份自1994年上市以来的首次亏损，宣告了其多元化战略的彻底失败。

根据当时的空调销售数据显示，到2005年春兰空调内销仅仅75万套，2006年内销70万套，2007年内销55万套，一直呈下降趋势，至此春兰空调已跌出行业前十名。随后两年，春兰股份没能成功扭亏，最终在2008年被暂停上市。

2008年之后，春兰一度靠房地产业务扭亏，直到2018年还占据营业收入将近40%的份额。但在家电行业中，属于春兰的时代已经一去不返了。

一个原本占据行业内绝对统治地位的企业，最终在很短的时间内摔下神坛，并且再也没有翻身的机会。如果考虑到后来格力电器所获得的巨大成就，春兰可以说是中国垄断型企业中最惨痛的失败案例。

春兰的失败，最核心原因便是盲目的多元化，特别是在主营业务获得成功之后就开始多元化的进程，非常清晰地体现出了管理层对于产业发展认识的不清醒，对于自己能力边界、企业资源边界认识的不清醒。

早在1998年，春兰股份就创出了自己的历史最高价16.85元（后复权），到2018年时间已经过去了20年，其股价累计下跌了约65%，这对于任何投资者来说都是灾难。

与春兰形成鲜明对比的，是常年专注空调主业、最终占到空调市场将近40%市场份额的格力。净利润从上市之初的4850万元开始，一直涨到2017年的224亿元，增长了令人咋舌的500倍左右，股价积累了天量涨幅，给投资者带来了超额回报（见图5-5）。

春兰股份上市以来的股价走势

格力电器上市以来的股价走势

图 5-5　春兰与格力之间的股价走势对比

八、联想的困境

联想是另外一个非常典型的寡头企业遭遇困境的代表。

2017年年底,联想在中国市场的市场占有率超过了30%,全球范围内个人电脑市场的占有率高达21%以上,如果算上2017年收购的富士通电脑,其真实占有率已经达到25%,这已经是一个非常高的比例。

但高市场占有率并没有转化成足够的高利润。至少截至2017年年报是如此。其2017财年营业收入高达430.35亿美元,但净利润只有区区5.35亿美元(这还是相比2016年有了4%的增长)。

众所周知,自2012年以来,智能手机产业快速发展,与此同时台式机、笔记本电脑市场逐渐走向萎缩,年出货量已经从2012年的3.43亿台下降至2017年的2.625亿台。把整个市场形容为一个正在沉没的航空母舰,丝毫不为过。

在2015—2017年三年的时间里,联想集团销售净利润有两年都出现了负数。也就是说,随着行业走向萎缩,其产业的利润率也出现了严重的下滑,企业的盈利能力迅速弱化。

2004年12月1日,联想集团与美国IBM达成了协议,联想将以12.5亿美元的价格收购IBM的PC业务。在当时,个人电脑产业并没有遭遇到非常严重的瓶颈,但中国电脑产业的快速发展,特别是产业链条的成熟,已经严重地危及以IBM、惠普为代表的传统美国电脑企业的利润。

而 IBM 也意图固守更具技术壁垒的大型机、服务器，并向信息化的咨询业务进行转型，因此出手了当时盈利能力并不强的个人电脑业务。

联想接手之后，成功将"ThinkPad"品牌和中国强大的供应链、生产能力相融合，并且引入了联想庞大的销售网络，最终将 IBM 并不赚钱的个人电脑业务做成了联想集团的现金牛。整合成功的联想集团一时风光无二。

2011年6月9日，由全球知名杂志《福布斯》联手国际信誉研究院（Reputation Institute）评选出的"2011年全球最具声望企业排行榜"100强榜单揭晓。联想集团首次入选该排行榜，在国内上榜企业中排名第一。联想的品牌价值在这一年登上了巅峰，几乎成了中国人购买电脑的不二之选。

随后，联想先后收购了德国 Medion、IBM 的 X86 服务器业务、美国摩托罗拉公司的手机业务、日本富士通的电脑业务等，通过这些并购，联想不仅强化了在电脑领域的市场占有率，还给自己开辟了手机业务、企业级业务等新战场。

但后期的结果证明了，联想虽然已经意识到手机对个人电脑市场形成了巨大的冲击，但是其在手机市场的多个布局，包括联想、摩托罗拉、Zuk、乐檬等品牌最终几乎全部发展缓慢，手机业务迟迟发展不起来，并且消耗了集团大量的人力、财力和物力。

联想曾经引以为傲的"全球市场布局"和"产业链条的本

地化策略",最终在手机业务上失效了。

对公业务方面要好一些,但是同样面临着戴尔、浪潮、华为等国内外优秀企业的强力竞争,导致其盈利能力仍然不足。新的增长点不仅没能打开,反而陷入了泥沼之中,联想集团的业绩下降在所难免。

从2015年5月开始,联想集团的股价就在创出历史新高之后不断下滑,在三年的时间里累计下跌接近70%,股价从14港元以上下跌至4港元左右,投资者损失惨重。2018年5月4日,香港恒生指数有限公司宣布,自6月4日开始,联想集团将被从"恒生指数50只成分股"中剔除。

和春兰股份一样,持有联想集团的股票并不能获得理想的投资回报。这个全球规模最大的电脑企业、中国最具知名度之一的强势品牌,虽然并没有走到山穷水尽的地步,但是其发展到现在,已足以令所有对它有所期待的人感到失望。

总结联想集团近些年的遭遇,我们能够发现,技术进步造成了手机对PC的替代,其背后是移动互联网对于传统网络的取代,联想在这个过程中固守硬件思维,迟迟没能将产品思维提升至移动互联网的高度上,最终只能眼看着手机产业越做越大,而历史悠久的个人电脑产业逐渐走向萎缩。

对于投资科技型企业来说,对技术、创新的观察,对于各种软硬件产品迭代、变革的掌握是非常重要的。在科技产业中,变化是永恒的,真正能做到基业长青的企业屈指可数。

第五节　强竞争中的不败者

一、利益诱惑

总体上看，竞争优势企业有着种种优势，其面对的竞争环境总是相对有利的。但仍然无法确保的是，有其他行业或相近行业的竞争对手，会以相关多元化或转型的方式切入进来。

只要有足够的利润，总会有出其不意的搅局者参与进来，因为对于很多行业来说（特别是互联网企业和科技企业），变化是永恒的，必须快速切入到可能的新机遇中，才能够确保自己在产业中的地位，延续寡占地位和竞争优势。

这就形成了"攻守组合"的两面：一方面，防守者是某个行业或细分领域的寡占者，需要不断形成或者设置各类壁垒，来阻挡新进入者的挑战。这种壁垒对于大多数初创企业或者中小型企业都能起到阻隔作用，但是对于很多跨界和转型的大型企业来说，这些壁垒就要弱一些，因为这些大型企业有非常强劲的资金实力、技术积累和人才储备等"进攻利器"。

这些跨界和转型者，就是"攻守组合"的另一面——进攻者。在很多时候，它们并非无名小卒，而是在某个产业中实力出众的大型企业,甚至是垄断型企业。它们会为了寻找新的市场空间,或者出于股东的盈利压力,或者因为企业领导者的个人梦想等原因,进入到某个行业之中。

虽然这些企业进行跨界转型的外在原因有很多,但其背后的实质性原因往往非常一致——那是一片肥美的市场,利润高,竞争少,值得大举介入。

在我看来,这是垄断型企业所面对最大的竞争风险。实力强大的跨界和转型竞争者,要比那些在行业中从零开始发展、技术和经验积累不足的中小型企业可怕得多。

这种转型和跨界带来的竞争,在科技类企业中体现得最为充分。

技术发展的速度太快了。更好的技术工具给了很多企业弯道超车的机会,技术性的企业可以利用技术上的不对称优势,以很快的速度对行业中的传统企业、寡占企业发起挑战。

有些企业在发展的过程中,积累了某方面的能力,而这些能力恰好适用于其他领域,典型的包括软件设计和研发的能力,大规模获取信任度高、额度大的资本的能力,消费渠道铺设的能力以及城市快递配送网络基础等。

这个道理很简单,例如同样是雇佣配送人员,2018年左右快递的盈利能力低,但这时候送餐外卖市场出现了,配送的东西轻便、单价高,那么这些快递员就可以以最快的速度切入到送餐市场里。送餐市场中的头部企业就会承受更大的竞争压力。

在中国,甚至滴滴都企图用出租车和居民用车来"颠覆"

传统的外卖送餐市场，这种利用自身能力外延的方式来扩展业务的模式非常普遍。

严格来说，A股大量的上市公司不断进行跨界竞争，通过定向增发融资收购其他行业的企业，也属于这种模式（只是其成功率非常低），这是利用了自身上市公司地位带来的强大的融资能力，去和其他行业中具备竞争优势的企业进行竞争，分食利润。

当然，如果某个行业的寡占者实力足够强大，竞争力足够强劲，各种类型的壁垒足够宽厚，那么即便它有很强的盈利能力，也很少会有竞争者参与进来。最典型的就是腾讯在社交网络方面的寡占，包括在手游领域，虽然行业仍然赚钱，但是敢于和腾讯竞争的对手也已经越来越少了。

二、大型企业科研

成功大型企业之间的相互争伐，需要动用大量的社会资源，其中最重要的就是技术能力的更新迭代。

在很多人看来，技术都是被某些天才创业者所掌握的，并且会使用这些技术，像勇士斗恶龙一样战胜大型企业，比如20世纪初的爱迪生、20世纪末的比尔·盖茨以及打造了AlphaGo（见图5-6）的人工智能创业公司Deepmind的创始人戴密斯·哈萨比斯等。

绝大多数人都看到了卓越的个人对于技术的推动作用，却很

图 5-6 Deepmind 打造的围棋人工智能 AlphaGo
最终横扫了世界最优秀的围棋选手

少想到在这之中大型企业起到了怎样的作用。这种或多或少的忽视，让很多人以为小型企业（甚至是个人），可以凭借出色的技术实力轻易扳倒大型企业。

事实的情况却并非如此。我们能够看到的是爱迪生发明了电力生产和应用的系统，却没有看到，摩根在背后起到了重要的支持作用。微软在谈下和 IBM 的合作之后，仅仅是收购了一家非常小的软件公司，获得了其 DOS 操作系统，后期通过不断地更新和完善，才开始越做越大，IBM 在微软发展过程中所起到的关键作用被大多数人所忽视。

而到了"黑科技"时代，创新和技术所需要的成本则更加高昂，各种实验室、设备、技术人员的雇佣等，都需要极大的财力来进行支持，类似硅谷早期车库创业的模式已经日渐衰落。即便是出现了技术天才，也必须在大型企业的羽翼之下，才能够肆意释放灵感。

例如，以制造功能强大的仿生机器人著称的波士顿动力，被誉为技术实力最强的机器人硬件公司，其大狗、小狗、运动员、猎豹等机器人给人前所未有的智能感，产品在网络上的知名度极高（见图5-7）。

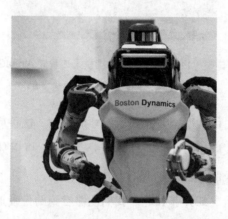

图5-7　波士顿动力公司制造了多种型号的先进机器人

其创始人马克·雷波特是麻省理工学院的博士、教授，在几十年的时间里一直在研究、开发机器人，是全世界最具天赋和实力的科学家，波士顿动力最早是学校项目，后来被剥离了出来，并且获得了美国国防部门的投资。

在看重创新，并理所应当地为其付出大价钱的中国人眼中，这家技术实力如此出众的企业，应该被当作宝贝一样，接受数以十亿计美元的投资，上市，数百倍市盈率……

但事实是剧本并没有这样演，波士顿动力被几经转手，先是被谷歌收购，然后谷歌将其卖给了日本丰田公司，然后又辗转卖到了投资风格最为激进的科技狂人孙正义手里。

可以看到，不论是谷歌还是丰田，大型企业的支撑，才是这家激进的科技创新企业活下去的关键。因为它的研发需要太多的资本，绝非一般创业者和风险投资机构能够负担的。

与波士顿动力类似的还有人工智能企业 Deepmind，但幸运的是谷歌在收购之后便一直没有再将其出手，因为这部分业务和谷歌本身的搜索引擎业务契合度更高。

如果考虑到世界各国大型企业每年数以亿、十亿计算的科研投入，可以很清晰地看到，相比灵光乍现的天才，大型企业才是全世界科技进步最重要的推动力，它们的技术能力在不断优化着现有的产品，也在不断推动着新产品的出现。

经济学家熊彼德就认为，大型企业对技术进步的作用最大，其理由主要有以下四点。

1）技术进步。创新的成本巨大，只有大型企业才能承担，反过来说，一旦创新失败，也只有大型企业才有能力承担亏损费用，用其他成功的项目利润加以弥补，由此可见大型企业更有能力承担技术进步过程中的风险。

2）研究开发中也存在规模经济。大型企业的研究开发，也存在规模经济，大型企业比小型企业更有能力利用和发挥这种规模经济的效益。

3）由于大型企业拥有的市场份额更高，并且大多从事多元化经营，因此大型企业能够从发明和创新活动的成果中，获取更高的收益。

4）维护和巩固垄断地位的需要，迫使大型企业开展更多的技术发明和创新活动。

三、 技术投入

大型企业在技术方面的资本投入数额是非常大的。这些资本可以帮它们招聘最好的科学家，购买最先进的仪器，捕捉最前沿的科技动态。

这些非常昂贵的投入最终目的只有一个：帮助大型企业保持竞争优势，获取进一步的领先。

根据 2017 年的数据，全年科技投入最高的企业是亚马逊，累计达到 174 亿美元，约合人民币 1150 亿元以上。这个数字的庞大远超中国企业的想象，也远超了绝大多数中国企业 2017 年所能赚到的利润。

相比之下，阿里巴巴 2017 年全年毛利润总额是 1137.94 亿元，腾讯是 1169.25 亿元，格力电器是 487.2 亿元。

巨额的科研投入让亚马逊收获了智能音箱产品 Echo，这个搭载了人工智能语音交互的产品，目前已经占据了同类型产品最大的市场份额，同时也给人工智能+语音交互工具找到了第一个完美的应用场景（见图 5-8）。

图 5-8 人工智能最成功的 C 端落地产品——智能音箱

另外,云计算领域的大规模布局,也让其 AWS 业务成为全球第一大云计算品牌,目前市场占有率高达 47.1%。

汽车巨头也是最激进的研发投入者,2017 年德国大众、日本丰田、德国戴姆勒奔驰、美国通用汽车的研发投入费用都在 80 亿美元以上,其中大众研发投入 151 亿美元。

庞大的研发投入可以在燃油系统、机械系统和车载操作系统等方面形成更强的技术壁垒,来阻拦各种类型的互联网造车公司。如果新能源、互联网汽车想要挑战传统燃油车巨头,首先要想一想,自己的产品是否能像大众和丰田一样,通过不断的技术研发投入来改善驾驶感受和产品品质。

另外,几个全球知名的科技巨头,在研发投入方面都能排到全球前十的水平,包括英特尔、三星、苹果、谷歌、微软,每年的科研投入都在百亿美元以上。华为则是唯一一家科研投入超过百亿美元的中国企业。

在大多数的传统教材和社会观点中，垄断型企业都是没有动力去进行产品的改造和科研的，因为其垄断地位决定了企业会以更低的效率来运转，减少没有必要的产品方面的开支，以获得最大限度的利润。

这种观点乍看起来很有道理，但仔细一想便知道漏洞百出。在市场经济的环境下，即便是垄断型企业，也是凭借自身的高效率、优质产品和品牌价值实现垄断，绝大多数都并非行政命令式的垄断型企业。如果这些企业真的要大规模地削减产品成本，大规模地降低企业自身效率的话，很快就会有竞争对手发现其问题，以更强的效率优势、产品优势抢占市场。

技术作为重要的生产工具更是如此。历史的发展证明了，技术升级时期，是大型企业最容易衰落、被小型企业挑战成功的时期。

因此，对于垄断型企业来说，想要避免在技术升级时期出现经营溃败，就必须进行大规模的技术研发投入，来确保跟得上技术进步的脚步，用更新的技术打造新的产品，并对相对传统的产品进行升级。

良好的业绩会给企业带来稳定的现金流和利润，这与技术研发所带来更高的生产、经营效率之间，可以形成良好的正反馈，投入越多，保持竞争优势的概率就越大，越保持竞争优势，就越能够挤压竞争者，获得超额利润。

四、技术并购

技术类企业的并购是一个非常复杂的话题,如何给技术定价,如何判断一种技术的缺陷、可能存在的路线风险,都是非常大的学问。

各个行业都有不同的技术,类似机械行业有机械制造方面的技术,食品生产有保鲜防腐技术,就连农业也有能够让动植物更快生长、产量更大的技术。

这些专业领域的技术大多源自各个企业长期发展经营的经验积累,不具备共性,几乎无法移植到其他行业中,但是从投资的角度出发,技术并购的要点都是相通的,也是大型企业能够从中获得重要帮助的并购策略。

甚至可以说,正是技术的培育孵化和并购,帮助大型企业延年益寿,不断追赶着新时代发展的脚步,最终实现基业长青。

比较具有典型意义的,是央企中国建材在玻璃纤维、薄膜发电、碳纤维等新型材料方面,都采用对拥有技术的中小型企业进行并购和入股的方式。

在玻璃纤维方面,中国建材很早就和位于浙江桐乡的巨石集团达成股权合作,使巨石集团成为中国建材控股的一家企业,中国建材从此获得了在玻璃纤维方面较强的市场竞争力,巨石集团也可以依托国企背景获得更好的发展机遇,截至目前,双方的合作非常稳定。

2014年，中国建材收购了法国圣戈班所属的 Avancis 公司，获得了其铜铟镓硒太阳能薄膜的生产技术。拥有了这项技术之后，中国建材得以打通薄膜光伏太阳能的全产业链，并将其视为可以比肩水泥业务的大体量未来业务。

在碳纤维方面，中国建材则是和连云港的中复神鹰达成股权合作，凭此获得了神鹰集团国内领先的碳纤维生产设备制造工艺，并帮助神鹰成为中国目前产量最大的碳纤维企业之一。

通过并购获得这些材料领域的重要技术之后，中国建材集团的"第二战场"，也就是新材料领域的格局被打开了。目前营业收入达到3000亿元级别的中国建材，将很有可能通过在新材料领域的布局，最终实现下一波高速增长。

这就是典型的"花小钱办大事"，中国建材通过代价不高的技术并购，获得了在新材料领域全新的市场空间，为水泥业务见顶之后的转型升级打下了坚实的基础。这是很多企业通过启动大型收购项目才能够达到的成果。

另外，阿里巴巴在A股的两笔投资也颇具代表性，分别是对恒生电子的收购和对石基信息的投资（见图5-9）。

阿里巴巴旗下蚂蚁金服平台上引入了大量的金融服务业务，而这些金融业务都需要进行基础设施的搭建。恒生电子能够提供中国绝大多数基金公司的后台交易、结算、投资等核心系统，以及接近市场一半份额的证券公司系统，通过恒生电子的技术能力，蚂蚁金服的金融服务平台业务得以完善。

而石基信息则更加清楚，这家中小板企业是国内提供消费领

第五章 价值投资的边界：安全边际

图 5-9 阿里巴巴在 A 股上市公司中最重要的两笔投资：恒生电子、石基信息

域各行业的产品、服务及平台解决方案的企业，其中在酒店领域国内市场规模最大。通过对石基信息的投资，阿里巴巴可以获得更多关于酒店和线下消费服务业的数据信息，同时也有利于阿里巴巴的各项业务向线下推进。

在蚂蚁金服旗下"口碑"业务和收购而来的饿了么平台中，

石基信息的产业都可以得到一定程度的应用，提升线下商铺体系和蚂蚁金服的协同效应。

另外，谷歌对 Deepmind 的收购、苹果对 Siri 创始团队公司的收购、历史上思科对大量科技创新企业的收购等，都是以技术并购的方式获得关键技术并确保企业长期发展，力争立于不败之地的重要举措。

也许这些企业不进行这些并购，仍然有可能依托传统业务获得较好的市场表现，但通过代价不高的并购，大型企业、垄断型企业可以更好地获得此前企业所不具备的一些能力，这要比传统的自行研发投入效率更高，成功率也更有保障。

这些并购最终的指向，就是通过提升企业的效率来提高其盈利能力，或者打开未来发展的新空间，这些对于企业长期股价表现来说，显然是值得期待的利好。

五、 全产业链的掌控

对于寡头型企业来说，垂直一体化是保持垄断优势的重要策略，特别是在一些低附加值或者竞争相对充分的行业中，对产业链条的覆盖是非常重要的竞争优势。

通过产业链上的投资和整合进入到后端的原材料生产，以及重要零部件等产品的生产领域，可以让自己的市场控制力向前或向后扩张，获得更大的利润空间。和竞争对手相比，由于大量的原材料自给自足，这种模式可以获得更低的生产成本，使产品在市场上更具竞争力。

但与此同时,这会给企业家的经营管理能力带来很大的挑战。我们看到很多具备很强综合实力的大型企业,都或多或少地涉足产业链中的其他部分,但真正能够完全实现全产业链布局的,仍然非常少。

农业和食品工业是非常典型的适合全产业链布局的行业。首先是由于农业单个业务的利润率都不高,往往需要巨大的规模,才能形成一家盈利能力可观的企业;另外人们对于产地、生产环境的要求要比其他行业更高,因此其全产业链化也有更大的需求基础。

中粮集团、双汇、新希望、伊利乳业和光明乳业,都是典型的全产业链布局的企业,同时也是各自所处行业的寡头型企业,代表了中国农业和食品工业的最高水平。

特别是肉制品和乳制品行业,原材料来源自给率越高,就越能够进行质量控制,确保食品安全。这对于品牌价值的形成非常重要。

在这个领域非常值得关注的,是乳制品行业的升级版——鲜奶配送业务,这是一种从牧场到餐桌的完全一体化模式,和中国相对传统的常温奶相比,这种模式下的牛奶商品更新鲜,品质保障更好,但对于企业对全产业链的掌控要求更高。

例如,乳制品企业首先要有足够规模的牧场,来供应城市生活鲜奶的每日所需,这个体量是非常大的,意味着对奶牛的重资产投资和规模庞大的日常养护、饲料等开支。

其次，乳制品企业要掌握冷链能力，销售的规模半径越大，对冷链物流运力的要求就越高，甚至是1000千米以上的市场都要覆盖，在最多两天的时间里，将鲜奶产品送到商超或者用户的家中。

此前，由于冷链物流的缺失和消费者消费习惯的不同，中国乳制品行业的常温奶占据了绝大部分市场份额，但是在欧美成熟市场中，鲜奶所占的比例要超过90%，因此中国的鲜奶市场有很大的发展空间，企业实力的逐渐增强，对于原奶生产—冷链配送全产业链模式掌握得更加成熟之后，会给消费者带来更好的鲜奶产品。

目前光明乳业在国内冷鲜奶市场占据50%的市场份额，并且建成了规模较大的冷链物流体系，在自有的牧场方面，也位居行业前列。但对于这家相对传统的国企来说，如何将这些重要且有价值的资产整合为全产业链条，是一个不小的挑战。

另外，三元和新希望等乳企也在这块不断发力，希望通过冷鲜奶这个突破口成功挑战伊利在行业中的领先地位。

其他行业也有很多全产业链布局的案例，例如格力电器在完成行业寡占之后，开始谋求产业链深化，为此举牌了压缩机生产企业海立股份；美的对库卡机器人的收购，是通过并购获得更强大的工业制造能力；华为依托手机业务，进军芯片行业，并成了中国规模最大的成品芯片企业制造商之一；特斯拉对于Solar City的收购，则是要将企业从汽车制造业务，升级为清洁能源的产销使用一体化，让能源从分布式生产，一直延伸到以汽车为主的使用端。

另外，上汽集团和华域汽车的关系也颇为值得研究。通过华域汽车这家规模巨大的汽车配件企业，上汽集团可以获得更低成本的各类汽车配件，以降低其生产成本，进而获得更好的业绩表现。而华域汽车也在这个过程中发展壮大，不仅能够为上汽提供产品，还在行业中积累了较高的声誉，同样赚取了不菲的利润，业绩常年排名全行业前列（见图5-10）。

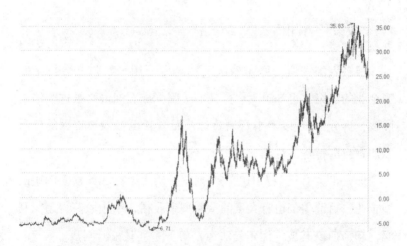

图5-10　上汽集团已经成为中国规模最大、市值最高的汽车企业

以上这些都是寡头型企业垂直整合的案例，其中一些已经可以为企业带来直接的收益，有一些还在积极的尝试过程中。

全产业链模式是大型企业抗拒衰老、掌握市场主动、获得更低生产经营成本的重要举措，但值得注意的是，全产业链模式需要企业资金实力和管理能力都很高,也需要非常强的市场掌控力作为基础。

因此,我们看到虽然很多人都知道全产业链可以多赚钱,但很少有企业顺利完成全产业链化、获得成功。最典型的就是乐视的内容+硬件的"全产业链"整合,就因为没有稳固的行业竞争优势,也没有足够的资金实力,反而给企业带来了巨大的压力负担,最终以失败告终。

六、 政策影响有限

很多人都知道《谢尔曼法案》是专门用来对付和分拆垄断型企业的法案,也知道大名鼎鼎的美国标准石油最终被这个法案肢解,拆分为30多家小石油公司,而微软也曾经被美国的反垄断调查折磨得焦头烂额。

但是也会有很多人困惑,为何美国历史上有如此众多的垄断型企业;目前美国也有大量的垄断型企业在各个领域获得超额利润,却为何没有被《谢尔曼法案》等一系列政策所制裁。

事实的情况是,曾经美国相关的法律在限制垄断型企业这个问题上,并不是一味地限制,而是经历了多次态度变化转折。

这个原本旨在控制垄断型企业的法案,实际上从一开始就完全没能制止托拉斯的发展。

数据显示,在1860—1890年期间产生的工业联合组织共有

第五章 价值投资的边界：安全边际

24个，总共有名义资本4.36亿美元，而《谢尔曼法案》通过之后十年，成立的这种联合组织竟达157个，总资产31.5亿美元，且法案通过之后，经过改组后的垄断组织收入增加特别多。

如美孚公司自1882年到1891年，每年获利都超过800万美元，但在根据《谢尔曼法案》的要求改组后，利润却大幅增加，自1892年至1896年，利润由每年1900万美元增加到3400万美元，到20世纪初则上升到5700万美元。

但是几经波折，法案影响力在20世纪60年代达到了最高峰。其中各种反垄断组织在这一时期发起的诉讼数量之庞大，让各类大型企业闻风丧胆。但随着1970年之前经济陷入滞胀，人们逐渐意识到大型企业和垄断型企业在经济建设中发挥的重大作用，最终对垄断型企业放宽了"镣铐"，随后20世纪80年代，垄断型企业投桃报李，带动美国经济高速发展。

而中国对于垄断型企业的评价则相对纯粹——更多是负面的判断，认为其效率低下、阻碍创新，特别是民间舆论，往往将垄断型企业视为洪水猛兽，而不是促进科技发展、经济进步最关键的力量，显然这是失之偏颇的。

幸运的是，迄今为止虽然政策层面有非常多鼓励充分竞争、过度竞争的情况，但没有以"反垄断"为名义，主动拆分肢解某家大型企业。

垄断型企业对于社会存在的问题和影响，其实在美国经济发展的历史上已经体现得很充分了，美国经济的管理者也通过各种利益的权衡和政策的制定，最终解决了大多数问题，既确保了垄断型企业的存在，也解决了其早年给社会、经济带来的诸多问题。

1920年左右，美国传统的自由放任市场经济（和相应配套的政府职能），最终催生了规模庞大的垄断寡头，但这些早期寡头型企业并没有与其市场定位相匹配的社会化大生产能力，也不能逃脱经济周期的束缚。

相反，由于当时缺乏社会保障体系，加上重要的行业领域缺乏竞争，垄断企业最终给经济环境、民众生活带来了严重的影响。

私人资本控制之下，企业追求利益的最大化，最终都需要终端消费者来买单，这最终严重削弱了美国人的购买力，这是垄断型企业最终暴露出来的最严重问题。当时的垄断型企业，没能给全社会带来更高、更好的正向回馈。美国股市崩溃和随之而来的大萧条席卷全世界，最终给美国历史上百余年的自由竞争＋初期垄断画上了句号。

因此，从罗斯福时代开始，国家便代表公众利益，自然而然地承担起全面干预私人企业经济的责任，双方开始了更复杂的博弈。大型企业因此受到更多的限制，但同时也获得了国家层面更多的政策支持。

罗斯福时代之后，可以被视作垄断型企业发展的新阶段，规模庞大的产业企业，在某种程度上成了"国企"，可以称为国家

第五章 价值投资的边界：安全边际

企业，而不是国有企业。

另一个角度，经济危机的冲击，也让大型企业主原本所持的"自由放任"态度产生动摇，最终选择支持一定范围内的政府指导和计划。例如，通用电器董事长杰勒德·斯沃普甚至主张将全国所有的公司按行业分别组成同业公会，在全国经济委员会的领导和控制下，规定产品的价格和产量。美国商会会长也要求通过同业公会制订企业计划。

可以看到，垄断型企业并非癌症一般不断扩张的毒瘤，而是必须接受国家经济管理部门的监督和引导，在合适的范围内赚取合乎经济发展规模的利润，而不是无所不用其极赚取超额利润。

在国家层面，也认同在很多行业中，垄断型企业是无法避免甚至必不可少的。对其进行强行的削弱甚至拆分不仅不够公平，也违背了产业发展的一般规律。

例如美国反垄断部门对微软进行了一系列的调查和问询之后，最终放弃了对微软的拆分。其中最重要的原因就在于，最终监管部门相信，即便是拆分了微软，也立刻会有另外一个操作系统占据全球计算机，因为这是行业发展的规模。一个单一的操作系统，可以将所有计算机软件开发者的成本降至最低。

中国人在市场经济发育充分之前，曾经在很长时间里饱受低效率行政垄断型企业的困扰，即便到了现在仍然有部分垄断型国企存在着这样的问题，因此对于垄断型企业往往带有一定的敌视心理，希望能有相关的反垄断政策打破垄断局面。

但从各个国家垄断型企业发展的历史上来看，"一刀切"打破垄断局面是不可能的，也是不科学的，因为这违反了最基本的产业发展规律。

更何况，垄断型企业的存在，可以在资本市场中给投资者带来超额收益。这些股份增值收益，足够抵消其较高的利润造成的"社会福利流失"。

第六章 价值投资实战策略

第一节 标的选择

一、遵循规律

2018年左右,中国资本市场在贸易争端、全球流动性问题、各种类型的国内事件的刺激下,走出了非常差的行情,有不少投资者损失惨重。有人说这两年的股民是迷茫的,确实很有道理,因为所有赚钱的路子都走不通了。

很多投资者一直沿用的交易策略,包括追涨停板、抄底、做波段或者押注重组等,在之前都有机会赚钱,在2017年、2018年几乎都赚不到钱了。大量的股票在腰斩之后仍然止不住地下跌,无法出现像样的反弹,一些原本能支撑起好几个涨停板的重组方案,最终甚至只能收获跌停板。

但是如果将眼界聚焦,仔细观察的话,就可以发现在千余只不同幅度下跌的股票中,有一些非常坚挺的名字,如果把K线图拉长,就可以发现即便它们在一两年中下跌了50%左右,但和巨幅的历史上涨相比,仍然累积了巨大的上涨幅度。

贵州茅台、五粮液、格力电器、万科A、海天味业、苏宁易购、爱尔眼科、中国平安、海螺水泥、云南白药,这些知名度非常高，甚至让人感到有些乏味和厌倦的名字。无论行情如何变化，一直以来，都在整体上不断上涨，走着自己穿越牛熊的独立行情。

有不少投资者都曾经为这些企业"树碑立传"，用各种方式分析其为何能够获得如此巨大的成就，能够抓住其中一两家企业的，也收获了投资生涯的巨大成功。在之前的内容中，我也用了很多的篇幅去分析为何这些企业能够穿越牛熊，积累如此大幅度的上涨。

最核心的观点之一，就是几乎所有产业都遵循着一个非常清晰的规律：从发展初期的"万马奔腾"，到后面的"一枝独秀"。能在"万马奔腾"的时候抓到"一枝独秀"，或者在"一枝独秀"刚刚从"万马奔腾"中显露出来就参与进入，都能大概率获得投资成功。

当然，各种规律性的总结和案例的论证，都能够证明投资垄断型企业是非常有机会获得收益的，但同样应该重视的是，即便是对垄断型企业进行投资，同样不能违背投资的一般规律。如果有人在贵州茅台市盈率高达 100 倍的时候选择买入，那不论茅台在高端白酒领域占据多高的市场份额，酒价怎么上涨，他仍然很难获得利润，甚至有巨大的亏损危险。

因此，在认识了垄断型企业巨大的投资价值之后，我们也应该了解到投资垄断型企业的重要技巧，这些技巧可以帮助投资者降低以过高价格买入垄断型企业的风险，也可以避开那些看似机遇的陷阱。

巴菲特和芒格对于优秀企业和买入时机有非常清晰的定性。在漫长的经商生涯中，他们了解到能够历经数代而不衰的企业非常少，因此他们努力识别而且只购买这些企业，并且"购买股价公道的伟大型企业，比股价超低的普通企业好"。

投资者从这样的观念出发，以低估值的机会购买最优质的企业，才可以确保获得最大的收益。为此，我希望通过总结一系列经验和分析，帮助投资者以更稳妥、安全的方式投资竞争优势企业。

二、放弃按图索骥

选择投资标的是投资过程的第一步，也是最重要的一个环节。同时，很不幸的是，这个环节被很多投资者所忽视了。

在传统的"散户式"交易中，人们更多关注技术面的图形走势，通过大量地浏览股票，来选择那些看起来走势稳健或者强势的股票（当然可能很多人也说不清楚为何自己觉得某些图形是值得买入的）。

或者有投资者因为种种原因熟悉了某几只股票，可能是听朋友的介绍或者在网上看到的信息，而长期交易这几只股票。

这基本上构成了很多投资者进行股票交易最重要的模式。但是其中有一个非常明显的问题出现了：用这两种方式进行标的选择，存在巨大的随意性。

因为符合某一种图形规律的股票可能会有很多，例如"头肩底"形态被看作是重要的见底信号,投资者在这种形态出现的时候,只要买入就可以大概率获得成功。

另外,抓取上述通道的下轨接触点、追击涨停板、跌停板买入等技术面投资的方式,都属于此列。如果按照这种"按图索骥"的方式去寻找标的,往往可以找到十几个甚至几十个符合标准的。

找到这几十个可选择的标的之后,投资者不可能将它们全部买入,而是要进行进一步的筛选。选取的标准越少,这种选择就越类似于抓阄。

可以说,大量投资者使用"按图索骥"这种选股方式,放弃对行业、企业、估值的分析,转而以看似更加简单,但实则具有很强不确定性的方式来做出投资决策。

当然这其中有很多的原因,例如因为工作繁忙,没有时间进行行业、企业基本面的分析,或者因为文化水平的问题,更容易对图形而不是数字进行理解,甚至包括有些投资者对年报等企业提供的数据极其不信任,宁可只看 K 线。

实际上这是一种具有很强不确定性的操作方式,和以追求确定性、以收获长期稳健利润为核心要务的二级市场投资原则是相悖的。

也正是因为这种不看公司、只看图形的交易模式,大大提升了全市场的流动性,也为很多垃圾股、低价值公司抬升了估值,最终造成大面积的"资本运作"和一级市场的巨大泡沫。

因此,投资者应该放弃传统的图形交易模式,转而以更加科学、合理、体系化的方法选择投资标的,选择那些在各行各业有充分竞争优势的公司,以合适的价格进行买入。

我在之前的内容里,具体讲述了竞争优势型企业的价值,以及其持续发展、持续盈利的必然性。这种持续盈利的必然性,意味着企业可以在很长的周期之内,给投资者以很好的回报。

巴菲特、彼得·蒂尔、费雪等优秀、成熟且大获成功的投资家,都是对于这些具备竞争优势的强大型企业有非常高深钻研的人,巴菲特的"护城河"理论,更是对垄断型企业能够持续强势的根源,做出了浅显易懂的解答。

在国内,创立了高毅资产的邱国鹭、横跨一级市场和二级市场的高瓴资本张磊、专注于集中式价值投资并历经波折获得成功的否极泰基金董宝珍、在2018年熊市中筹得120亿元的陈光明等,也都是价值投资的忠实信徒,并且依靠对垄断型、寡头型企业的投资,践行了自己的价值投资理念并获得不同程度的成功。

那么作为普通投资者来说,我们为什么不去追随这些已经在多年时间里充分证明了自己的投资者,而一定要和虚无缥缈的"游资"同行呢?对垄断型企业的运行规律和投资方式有更多了解后,相信广大投资者会对未来的投资更有把握,也更有信心。

三、 龙头不等于竞争优势

如前文所描述的,竞争优势企业是投资者在二级市场中的最佳选择。

但即便是各种竞争优势企业，也有非常多的数量。在市场上，这些企业大多被冠以"行业龙头"的称号。这个概念其实是被很多投资者所认可的，但是在我看来，"行业龙头"和"竞争优势企业"之间是不能画上等号的，投资者应该区分这两者之间的关系。

行业龙头是一个非常宽泛的概念，龙头可以理解为领先，很多时候都是谁能够在市场行情中涨得快、涨得高，谁就是龙头。但在中国资本市场的实际情况中，并非哪家企业的资质最好，哪家企业的市场竞争力最强，谁就能涨得最凶。

例如，一个行业出现利好消息的时候，有些社会游资往往会拉升那些行业中的垃圾股，以达到随后逢高出货的目的（也有观点认为出现行业利好时，业绩差的公司盈利更具弹性）。这些在短时间行情中领涨的所谓"龙头"，显然和竞争优势企业和垄断型企业毫无关系。

另外一种"龙头企业"也是投资者应该谨慎面对的，就是身处一个过于细分的市场之中，而且这个市场并非某一领域的必需品，例如在一些网络上广为流传的各细分领域龙头企业榜单中，列举了若干行业的重点企业，但其中有相当多的都是身处需求非常有限且规模难以增长的细分行业之中。

典型的如手机销售商爱施德，这个市场是受到电商渠道和企业直销渠道冲击最为严重的，虽然爱施德仍然在手机线下销售方面具备很强的社会影响力，并且市场占有率也很高，但是这并不意味着它是一家"竞争优势企业"。

还有一家经常出现在各种类型龙头企业榜单中的金花股份，

这也是一家非常有代表性的"伪竞争优势企业",其主营业务是虎骨酒和各种虎骨制品,显然这是一种非常偏门的中药,本身需求量就不是很高,并且存在很明显的法律纰漏:如果大量用真的虎骨,那势必会触及野生动物保护法的红线,因为从动物园等养殖机构根本获得不了这么多的虎骨;如果没有使用大量虎骨,那有关虎骨功效的各种表述,都成了不实的宣传。

所以这不仅是一个非常狭窄的市场,同时也是一个非常容易触及红线的行业。类似的还有通过借壳上市的青海春天,其在冬虫夏草保健品市场中占比很高,但冬虫夏草的治疗保健效果一直存疑,其本身的市场空间也难以保证。

另外,治疗螨虫的我武生物、生产核电设施阀门的纽威股份、经营全国最大驾校的东方时尚、最大的人造金刚石企业豫金刚石等,都存在着市场空间太过狭窄的情况。这些企业虽然在其中占据了非常高的市场占有率,但股价表现都难以和贵州茅台、海天味业等大型企业相提并论。

因此投资者在投资竞争优势企业和垄断型企业时,要特别避免听到"龙头企业"便奋不顾身冲进去的情况,因为不是所有的龙头企业都配得上"垄断"这块金字招牌,而一些规模非常小的行业,也容不下其中最大的企业进一步发展壮大。

四、市场规模

一个绝对意义上的竞争优势企业,往往给人留下规模巨大、品牌响亮、对所生产商品的价格有强大掌控能力、日进斗金且难以挑战的印象。

事实上这不仅是人们对垄断型企业的印象，同时也是投资者应该去寻找的企业特质。能够垄断或寡占一个庞大行业的企业，显然和身处空间狭窄行业的龙头企业完全不一样。

根据美国财经媒体机构《财富》杂志的评判，全球有 50 个规模最大的行业，其中排名靠前的包括综合商业（零售）、公用设施、炼油、车辆和零部件、计算机和办公设备、保险、健康保健、电子电气设备、采矿业、银行业、食品、多元金融、电信、工业机械、工程建筑、网络服务、贸易、航天防务、计算机软件、家居和个人用品、IT 信息技术服务、化学、制药、邮件包裹物流运输、人寿和健康保险、金属制品、网络和通信设备、半导体和电子元件、娱乐、建筑和农业机械、建材玻璃、铁路运输、饮料、医疗设施、电子办公设备、服装、航空等。

因此，翻看世界 500 强的名单，我们可以轻松地发现一系列身处这些行业的企业：沃尔玛、亚马逊、埃克森美孚、科氏工业、丰田、德国大众、苹果、伯克希尔·哈撒韦、中国平安、强生、诺华医药、施耐德等。

之所以它们能够在世界 500 强中占据一席之地，首先要满足的条件，就是要身处一个规模巨大的行业之中，就像是有足够深的海水，才能养育出庞大的鲸鱼。

在一个足够庞大的行业中，能够占据寡占甚至垄断地位的，就意味着规模巨大的营业收入和随之而来的可观利润。沃尔玛便是这个规模优势的集中体现。这家美国零售行业的寡占者连续四年位列《财富》500强的榜首位置，2017年营业收入达到5000亿美元规模。

如果按照净利润算的话，零售商的利润率较低，其净利润水平要远低于苹果、伯克希尔·哈撒韦等具备强有力盈利能力的企业。作为投资者，应该更多去选择那些具备规模优势的同时，又有更强盈利能力的垄断型企业。这些规模庞大且占据重要领域的企业，可以随着时间的推移，不断为投资者创造价值。

当然，这并非意味着市场规模小的行业就不能出现优秀的投资标的。

规模较大的领域虽然可以形成更大的营业收入和利润，同样也无法阻碍其他企业以垂直细分的方式蚕食大型企业的市场份额。例如腾讯虽然垄断了中国乃至华人的社交网络，但陌陌仍然可以在"陌生人社交"这个领域"占山为王"（见图6-1），Keep则可以在健身社交方面取得成功。

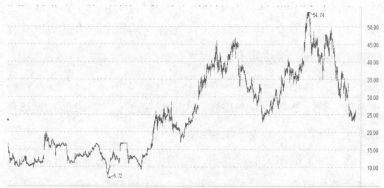

图6-1　陌陌寡占了社交领域重要的细分市场，上市之后股价表现较好

因此，发掘一些细分领域的垄断型企业，也可以给投资者带来超额收益，尤其是一些重要的垂直细分领域，往往可以将市场的主动权牢牢掌握在手中。

但前提是，这些垂直细分领域一定要是具备稳定需求甚至能够保持增长的，不然就有可能如此前所说的，发生企业随行业一起走向没落的情况。

占据新兴产业——也就是那些发展迅猛的产业的某个细分市场，可以给投资者带来巨大的收益空间，寡占＋空间，就意味着企业可以不断地赚钱甚至加速赚钱，这是所有企业经营者梦寐以求的局面，当然也是投资者梦寐以求的。

苹果在成为手机巨头之前，实际上已经占据了音乐随身听领域的王者位置，同时开始深入到产业链中，不仅提供硬件，还提供售卖正版音乐的服务。相比后来的手机业务，这是一个规模没有那么大的金矿，但同样给当时的苹果公司带来了巨大的收益，同时，也为苹果手机的出现打下了坚定的基础。

巴菲特收购的很多小型企业也都属于此类，如占据相当高市场份额的喜诗糖果、在奥马哈处于绝对垄断地位的内布拉斯加家具店（以及后来收购的其他一些同类型家具店）以及布法罗晚报（当地唯一的报纸），都是在某个垂直细分的领域做到了最好，同时因为多种原因可以保持稳定增长的标的。

五、 谨慎面对周期股

由于自然资源的开采和加工的资本密集特征和周期性特征，这一产业中很容易形成自然垄断。全球范围内来看，以各类有色金属、各类矿业、原油、天然气、煤炭等为代表的工矿类企业，有很多都处于寡头垄断的竞争格局当中。

可以看到，这些产业所产出的商品，最大的特点之一，就是绝大多数都没有明确的品牌，个性化的需求相对有限。产品的同质性非常明显，消费者和使用者可以从任意一家企业买到可以同样使用的产品，价格也往往公开透明，没有区别。

所谓"有钱一起赚"，产能整合在自然资源开采产业中，是最容易实现的。行业内的经营者大多都明白，所以通过整合实现规模的最大化，可以大大提高在下游各个产业链中的话语权和定价权。

因此，周期型行业和产品一致性强的行业，更倾向于兼并整合，以这种方式合谋，从下游赚取利润，非常容易形成寡头垄断。

对于价值投资者来说，市盈率指标往往是第一个关注的重点，买入低市盈率股票，是几乎所有类型价值投资者最显著的共性特点。而处在业绩顶峰、市盈率低的垄断型周期股，看起来非常符合我们的买入条件。

但是对于这种周期型企业的投资，投资者要非常慎重，特别是当期业绩优良,市盈率低,看起来风光无限的时期。因为其运行特点决定了,往往是在业绩高涨见顶的时候掉头向下,最终形成低市盈率陷阱,连行业内的垄断型企业也不例外。

在 2007 年那波最著名的行情中,在 6000 点以上的高峰,钢铁、能源等周期型上市公司的市盈率是非常低的,例如宝钢股份在 6000 点时的市盈率只有不到 20 倍,这在当时是相对便宜的估值,因为市场上几乎所有股票都被炒到了 50 倍甚至更高的估值水平。

但随着市场环境的逐渐恶化,钢铁股和资源股的营业利润开始快速下滑,2007 年其扣非每股收益 0.72 元,到 2008 年迅速降至 0.4 元,2009 年更是进一步下跌至 0.31 元。整个过程凶猛凌厉,随着每股收益的下降,其市盈率水平也紧跟着快速提升,如果按照 20 倍估值买入的话,很快就会发现市盈率飙升,并且股价一路下降也无法填平其下降的速度。

同时,由于周期型行业(特别是资源和矿业等重资产投入的企业),往往在市盈率超高、市净率极低、严重亏损时见底。这是由这些重资产行业的运转规律决定的。

由于需要做大规模的前期资产投入,这些行业在周期下行或者行业危机的时候,是不能停工生产的,而是要硬着头皮不断生产,以尽可能低的价格去运转。只有这样,才能尽可能地降低巨额重资产投入带来的损失。

而且以极低的价格出售商品,可以对同行业竞争对手实施"绞杀",使其最终因为太过低廉的商品价格而放弃竞争。这个过程异常残酷，往往是比拼谁能够在极端的产品价格中生存最长的时间。

正因为如此，周期股都要经历一个或若干个非常严重的亏损时期，才能够甩开竞争对手，以更大的市场占有率获得更高的利润。而在这个低谷时期，其盈利能力和市盈率情况，必然是非常之差的，但只有在这个时候买入，才能够买在周期股的最低点。

显然这和其他消费寡头、公共事业寡头的投资方式并不一致。由于周期型行业"磨底"的特点，人们很难判断其底部"绞杀战"何时结束，如果贸然买入，很有可能要在相当长的时间里陷入行业的困境之中，如果有银行对这些企业持续输血，这种绞杀还将持续更长时间，完全无法预测，因此有不少价值投资者最终放弃周期股。

这就需要投资者擦亮双眼，谨慎面对周期型行业中可能存在的"低市盈率陷阱"，而不是在股价最高、利润最好的时候买入，在跌入谷底的时候再将股票卖出。

包括巴菲特、比尔·米勒等在内的伟大的投资人，都曾经吃过低市盈率陷阱的苦头，可以说这是一个连最顶尖投资者都会经常犯错误的领域。因此对于普通投资者来说，即便是将周期型垄断型企业完全放弃也并不可惜。投资者可以转而关注业绩相比来说更好预测、需求更加平滑的消费、公共设施等领域。

六、筛选成果

通过分析，我们可以将垄断型企业投资的投资标的限定在一定范围之内。被摒弃的投资标的，有市场处于萎缩状态中的垄断型企业，过于狭窄市场中的垄断型企业，以及那些以大宗商品为主的周期型垄断型企业。

排除掉这些企业是一个很重要的工作，因为标的的选择在很大程度上决定了对垄断型企业投资的成败。而且这本身是一个非常复杂的工作，因为其中涉及大量的行业知识和经济学分析乃至社会消费习惯的判断等。

但如果我们采用"一刀切"的方式，就可以尽可能地避免陷入很多陷阱当中了。用最严格的筛选方式，有可能会漏掉一些有前景的大宗商品企业或者一些不错的利基市场中的优秀企业；但是从这个"筛子"中留下的，将会是最成功的消费类、医药类、科技信息和公用设施等需求周期相对长的行业中的，以及稳定、弱周期行业中的垄断型企业。

另外，包括银行、地产以及部分大型、精密型制造业企业在内的一些重资产行业，也由于牌照管制或者产能不断集中，可以成为适合投资的垄断型企业。

需要注意的是，由于中国资本市场的特殊国情，有不少优秀的垄断型企业并没有选择在A股上市，有非常多都在港股和美股上市，同时也有大量的世界级优秀企业都是欧美企业（特别是美国企业），因此在投资垄断型企业时，应该将眼光放在更广阔的投资舞台上，而不是仅仅局限在 A 股。

我们可以在此简单罗列一份非常不完整的垄断型或者寡头型企业名单。

食品饮料行业中有大量符合条件的企业，主要包括几个重要的细分领域的寡占型企业和垄断型企业，包括高端白酒寡头型企业贵州茅台、五粮液，世界白酒寡头帝亚吉欧，地域型寡占者的代表古井贡酒、伊力特。

啤酒行业的世界级寡头百威、喜力，中国的华润啤酒、青岛啤酒。

中国乳制品两大龙头伊利、蒙牛，美国雅培。

烘焙方面，包括酵母的垄断者安琪酵母、国内面包市场占有率第一的桃李面包（占有7%左右的市场份额，仍有较大的提升空间）、美国通用磨坊。

调味料方面，包括酱油寡头海天味业、行业第二中炬高新，最大的酿醋公司恒顺醋业，美国最大的调味料公司味好美。

饮料方面，包括植物蛋白方面的承德露露、养元饮品，香港上市的维他集团、达利食品，凉茶方面的寡占者白云山，美国市场的优秀企业可口可乐、百事。

另外，双汇发展、涪陵榨菜、光明乳业、周黑鸭和绝味食品，港股上市的统一和康师傅，美国泰森食品，有大量食品资产的菲利普莫里斯国际、亿滋国际、麦当劳、百胜餐饮、康尼格拉等，都在各自的细分领域中占据领导者位置。

医药生物健康方面，包括中国的血制品寡头华兰生物，生长激素垄断者长春高新，维生素寡头新和成、花园生物、兄弟科技，眼科医院全球规模最大的爱尔眼科，最大的心脑血管支架材料乐普医疗，中药痔疮马应龙，糖尿病药品优势企业通化东宝，最大的抗癌药企业恒瑞医药，生产速效救心丸的中新药业，医用手套全球寡头蓝帆医疗，全国玻璃药瓶垄断者山东药玻，中药巨头云南白药、同仁堂、康美药业，最大的体检机构美年健康等。

美国的医药企业规模更加庞大，强生、辉瑞、默沙东、吉利德、艾伯维、安进、礼来、百时美施贵宝、百健、新基医药位列行业前十名，在不同领域占据市场的主导位置，另外还有世界基因测序行业龙头 Illumina 市场表现常年强劲，达芬奇手术机器人也是新型医疗设备的代表。

科技信息方面，代表了全球范围内创新型企业，美国市场上的几大型企业是当之无愧的王者，苹果公司市值突破万亿美元，亚马逊、谷歌、Facebook 紧随其后，另外还有甲骨文、英特尔、思科、IBM、英伟达、德州仪器、埃森哲、高通、暴雪、Twitter、Priceline、博通、Adobe 等；中国企业则包括在美国上市的阿里巴巴、携程、微博、网易、百度，在中国香港上市的腾讯、中国民航信息网络等。

金融方面，中国有"中农工建"四大国有银行，最优质的股份制银行招商银行；市场占有率领先的券商机构中信证券，在香港上市的信达、华融两大上市资产管理公司；保险方面主要是中国平安、中国人寿、中国太保，香港市场则有汇丰控股、渣打银行、港交所；美国重要的金融机构包括富国银行、摩根大通、摩根史丹利、纽约梅隆银行、维萨、万事达、PayPal、穆迪、运通等。

能源方面，中国有大型企业中国石油、中国石化、长江电力、中国神华、国投电力、国电电力、隆基股份，美国则有埃克森美孚、康菲石油、菲利普66等，中国香港市场有电能实业、香港中华煤气、中电控股等。

地产和建筑建材领域，有中国四大基建公司中国建筑、中国中铁、中国交建、中国铁建，还有海螺水泥、北新建材，港股上市的中国建材，欧洲拉法基豪瑞，中国的房地产公司万科、恒大、保利地产、中海外、香港长实、新鸿基、新世界发展等几家产能不断集中的寡头。

交通设备、交通运输方面，有中国中车、上海机场、白云机场、深圳机场、宁沪高速、招商公路、东方航空、南方航空、中国航空以及物流企业顺丰控股，美国上市的四大航空公司达美航空、西南航空、联合大陆航空、美国航空，飞机制造商波音，大型物流公司联邦快递、UPS等。

国防和军工类，主要包括美国洛克希德·马丁公司、雷神公司、联合技术、通用动力、诺斯罗普-格鲁曼，中国则有航发动力、中航沈飞、中航飞机等。

化学和材料领域，美国有3M、陶氏杜邦、钛白粉龙头科慕，中国则有万华化学、龙蟒佰利、荣盛石化、桐昆股份、恒立股份等。

传媒和内容产业中，美国的 21 世纪福克斯、迪士尼、康卡斯特、奈飞都是体量巨大的企业，中国则有爱奇艺、万达电影等。

虽然列举了很多，但这些企业仍然是全球范围内垄断型和寡头型企业的一部分，各类服务业同样有很多伟大的企业。相比数量众多的中小型企业、创业型企业，这些企业机构能够更加持续稳定地赚取利润，在大多数时候，也可以为投资者创造出稳定的收益回报。

第二节 交易时机

一、伟大的前提

需要注意的是，筛选垄断型企业标的，只是投资的第一步。

很多投资者，特别是中国的价值投资者，为了传播和推广的方便，往往告诉人们要"投资于伟大的企业"。当然这本身并没有错，所有的伟大型企业，必然是在某些领域做到了行业内的最佳，因此大多数都是垄断型企业，但是这并不意味着，在任何时间买入这些股票都是合理的。

如果一些伟大型企业、垄断型企业经过不断的上涨，或者以极高的价格上市，都会最终形成一个漫长的价值回归过程，如果投资者在其价值回归之前或者过程中买入，就有可能被迫等待很长时间，或者亏损。

如果选择进行杠杆买入，那更是有可能亏到本金全无，例如以 1 倍杠杆的方式在最高价购买格力电器的股份，那么这家伟大的企业在 2015 年下半年超过 55% 的巨幅下跌，将会造成投资者被迫平仓，丧失掉全部的本金。

同理，如果投资者因为伟大，就以 1 倍杠杆的方式在 2018 年年初买入万科 A、在 2015 年下半年买入海螺水泥、在 2012 年下半年买入贵州茅台、在 2008 年年初买入伊利股份的话，那么等待投资者的都将是亏光所有本金，因为这些企业都在一年左右的时间里有过 50%~60% 的亏损。

因此，伟大公司也好，垄断型公司也好，都不能和赚钱直接画上等号。只有在特定的时间段、特定的估值水平买入，才有可能获得收益的最大化。当然，伟大公司相比平庸公司不同的地方就在于，它留给人们赚钱的机会更多，也就是有更多可供买入的时间。

翻看格力电器、美的、海尔、贵州茅台、海螺水泥等中国上市公司的股价，可以发现我们在其漫长的上涨历史中，抓住任何一个节点买入，都可以在较长时间的持股周期中获得超额收益，这对于投资者而言是"性价比"非常高的，不需要频繁的操作，不需要不断地分析新的行业或者企业，也不需要考虑宏观经济、大盘行情乃至海外市场行情。

投资者只要能够尽可能避开那些大幅度的下跌（50%～60%），在任何时间段买入都可以获得超额收益。即便是很不幸地赶上了最高点买入，仍然可以在几年沉寂的行情之后再逢走强并创下新高。

值得注意的是，这并非 A 股才会出现的特殊情况，在美国市场上类似的案例只多不少，例如巴菲特首次买入可口可乐的时机实际上并不好，遭遇了大幅度的下跌，对美国运通的投资也是如此。还有中国主权投资基金对美国黑石集团的投资，都是在买入之后就遭遇大幅下跌的。但最终，对价值的正确认知和长时间的坚持持股让它们战胜了市场。

很多人都会说"耐心是投资中最好的美德"，也有人说，"时间是投资者的朋友"，在我看来，这些观点强调了持股的重要性，确实是很正确的。但持股的前提，应该是投资者真正在合理的估值前提下介入每个行业中最强大、最具市场竞争力的企业，才能够获得自己在投资中耐心的回报。

以过高的价格购买优质股票，并不是普通证券投资者面对的主要风险。多年的观察结果告诉我们，投资者的主要亏损，都来自于经济火热时期所购买的劣质证券。

证券购买者把经济火热时期形成的当期较高利润，当成了长期的盈利能力，并且认为一段时期内业务的兴旺就等同于安全边际。也正是在这样的时期，质量较差的股票才能更顺利地被公众所接受。

二、 价值时间线

芒格认为将投资区分为成长投资和价值投资是非常荒谬的事情，并且如果将这种价值类型进行的区分和长期持有伟大公司的模式进行对比，也会发现其中有很多的矛盾。

有很多公司从行业发展的初期，一直领先到行业进入到成熟期，一直被模仿，从未被打败，并且这并非什么个案。包括纽约中央铁路、AT&T、阿里巴巴、亚马逊、谷歌、苹果、腾讯、微博等一系列人们耳熟能详的伟大公司都是如此，它们几乎从未掉队。那么对这些垄断型企业的投资，从任何时期开始，都可以看作是价值投资。而在早期，又可以看作是成功的成长股投资。

经过对产业发展规模和垄断型企业的观察，我将对垄断型企业的投资最终分成了几个部分，按照企业发展的时间顺序来进行区分。

在一个行业早期，发掘其中最具业绩爆发力、最早获得用户认可的公司，买入并长期持有，在其发展的后劲不足、更加强大的对手对其造成致命影响，或者行业见顶时离开，这是成长股投资，类似于费雪对摩托罗拉的投资。

在一个行业发展的中期，当竞争者都逐渐退场、垄断者胜出的时候买入，这是偏早期的价值投资，类似于巴菲特对华盛顿邮报、苹果公司、四大航空公司的投资。

在一个行业发展的后期，行业仅剩的垄断型企业，虽然被很多新产业影响了一些利润,但仍然凭借成本、地理区位、消费习惯等优势,在某些领域和市场中发挥着不可替代作用;这是偏后期的价值投资,以超低的市盈率买入,享受稳定的股价和较高的股息率,类似于巴菲特对伯灵顿北方圣达菲铁路的收购,3G资本对汉堡王和啤酒产业的收购整合。

在一个行业的夕阳期、企业生命的最后阶段,不再盈利,清盘在即,资本市场给出极低的市净率估值,认为其不再具有买入价值的时候,投资者仍然可以用格雷厄姆式"捡烟蒂"的方式,来获得其最后的剩余价值。当然在中国这种投资方式由于法律等因素的限制无法顺利进行,也不在我们"竞争优势企业投资"的讨论范围之内。

我们用企业发展历史的角度去观察,能够在任何一个时间点,通过合适的方法买到伟大的企业——在我的定义中就是行业的垄断型企业,或者那些更有价值的、在行业发展早期就实现了充分竞争优势的企业。沿着这条时间线,我们可以洞察成长股投资、早期价值投资、晚期价值投资和烟蒂股投资清晰的历史沿袭和价值脉络。

在A股市场3000多家企业中,投资者会遇到形形色色可供投资的标的,其中也有非常多的优秀企业。我们不妨用时间线的方式去分析这家企业究竟处于怎样的发展时期中,是行业刚刚兴起就成为王者?还是经过数十年的竞争终于脱颖而出?只要它能够确保自己的竞争优势,投资者都可以在合适的估值水平参与其中,与这些"伟大的企业"共成长。

第三节　重要事件驱动

一、价格操控

通过对产业和其中竞争优势企业发展的"时间线"的观察和把握,我们可以获得良好的买入机会。

当然这需要投资者积累丰厚的财经、产经知识,同时最好还要在日常注意积累一些经济史方面的知识,了解成熟市场中各个产业的发展历程,这些历史规律中的绝大多数最终会在新兴产业中再次上演。

除此之外,投资者还可以借助一些"事件驱动"的方式去对垄断型企业的投资有更多掌握,因为垄断型企业发展壮大的过程,总是和一些政策的变动密切相关,并且其投资机会往往通过各类消息、公告、新闻事件等表现出来。

对这些政策和资讯进行观察,可以观测出竞争优势企业战胜行业中绝大多数企业的情况,或者盈利能力将会出现向上的拐点。由于这些企业在行业中的强势地位,其发展一旦加速或拐点确立,往往具备极强的持续性,因此这些重要的"观测点"往往就变得很有价值。

第六章　价值投资实战策略

对于和"价格操控"相关的新闻，投资者都应该竖起耳朵来听，因为只有市场掌控力足够强大的企业，才能够在行业中拥有足够大的定价权。这主要包括不断加价引发消费者不满，或者××价格的上涨导致下游厂商的不满，甚至发起联合抵制。

2018年8月陆续有两条新闻都属于此种类型。一条是一家位于上海的宠物医院——安安宠物医院，被《21世纪财经报道》爆出价格奇贵，一次"犬细小病毒"的每天住院费用是600元，整个治疗过程需要花费7000~8000元；一次普通的拉肚子检查，耗时10分钟左右，需要630元，而"宠物主人则没有丝毫讨价还价的能力"。

对于消费者来说这听起来不是什么好消息，但对于投资者而言，这是一个非常好的消息——这家名为安安的宠物医院有很强的价格掌控能力，而且立足高端，消费者并没有太多的办法把治疗费用压下来。

如果深挖的话，可以发现，安安是中国门店数量最多的宠物医院机构，其持股约70%的大股东，正是大名鼎鼎的投资机构高瓴资本。而其主要的友商，另一家立足高端的宠物医疗机构——芭比堂宠物医院，同样是由高瓴资本持有70%左右股份，这两家宠物医院不仅占据了中国宠物门诊10%以上的市场份额，而且垄断了行业中利润最高的高端市场。

试想如果这是两家（或者合并成一家）可以在二级市场交易的股票，其市场表现一定是非常优异的。

另外一条新闻,是 8 月上旬,中国三大化纤基地之一的浙江桐乡,发生了一起行业集体停产事件,其中原因是以桐昆股份、新凤鸣两家上市公司为首的化纤企业,在一段时间里大规模调涨产品的出厂价格,最终让下游经编产业不堪重负,最终集体停产抗议。

之所以桐昆和新凤鸣可以不断给产品涨价,很重要的原因,就在于化纤行业经过多年发展,已经形成了清晰的寡头垄断格局,包括荣盛石化、恒力股份、桐昆和新凤鸣在内的几家企业,占据了行业内多种产品的绝大部分市场份额。

而其下游行业就完全不同了。各种小型经编公司在江浙一带星罗棋布,相互竞争,缺乏联合议价能力,大多数时候只能给上游厂商打工,被逼不得已的时候,才选择了联合抗议这条道路。

因此可以看到,桐昆和新凤鸣们的生意,是可以不断涨价的好生意,企业利润得到保障,而下游的经编企业,则称不上好生意,甚至到了必须联合停产才能生存下去的程度。如果投资者买入的是化纤企业,自然能够获得很好投资回报(见图 6-2),但如果买入了下游企业,那财富只能和企业利润一样不断缩水。

由于"价格操控"在严重的时候确实会招致行政处罚,因此爆出此类消息的上市公司股价短期内可能会承压,但是长期来看,这是其行业垄断地位很好的佐证,也是其盈利能力开始爆发的征兆,因此值得投资者密切关注。

图 6-2　桐昆股份股价显示其经营有明显的周期性，且长期看业绩水平向上

二、先款后货

对于大多数投资者来说，虽然每天都在屏幕前看着上市公司的股价变化、新闻、分析师财报，但是对于很多经营层面的信息了解是不充分的。特别是对一些行业中运营和执行层面的规律缺乏了解，虽然这些规律往往也会在经营数据中有所体现。

强势的寡头垄断型企业在经营上有很多与众不同之处，最典型的经营规律特点之一就是"先款后货"。这是衡量一家企业是否在行业中具有强势地位最好的标尺之一，也是只有很少量企业能够做到的强势表现。

步步高的创始人，OPPO、VIVO 手机的幕后老板，中国最成功的投资人之一段永平，对此就有着非常深刻的理解。根据自述,其很长时间内的重要持仓就是苹果和茅台,并且直言"一直没有发现比这两家更好的值得换的"。

由于身处手机行业,他非常明白苹果手机在市场上强大的品牌号召力和盈利能力,并因此对于供应商、分销渠道具有非常强大的掌控能力。

当然,先款后货是做苹果手机经销商必须面对的事实。但这些经销商要面对的现实还不仅如此:苹果公司经过严格的测算之后,对其经销商的利润率做了非常精准的把控,使这些渠道合作伙伴的净利润稳定在10%左右,既能够有持续的盈利,也不会向上侵占到苹果公司本身的利润率。

如果投资者仔细回忆一下自己或朋友、亲戚曾经的经商经历的话,就会对苹果公司的这种能力感到惊讶甚至震惊。在中国有大量的生意,都需要厂家赊卖商品给经销商,待经销商回款之后,才可以将本金+利润还给商家。

苏宁、京东等强势的渠道商,甚至会形成一个高达半年到一年的"账期",在无形中占用厂商大量的营运资金。社会上非常多的生意人,都被这样的经销商模式拖到资金链紧张,甚至资金链断裂而破产。

但对于这些能够做到"先款后货"的强势企业来说,就不必担心在资金链上出现任何问题,甚至由于先打款、后生产的模式,让企业可以用经销商的资金生产商品,连自己需要支付的成本费用都省掉了。

苹果对于供应链的掌控能力之强,在行业内是无出其右的。

其通过派驻大量工程师的方式对供应商进行严格的品质监控和共同开发，以制造出符合苹果手机设计理念的配件。而这些配件从制造出厂到最终收到货款，也要经历一个非常长的时间（相对苹果手机的销售周期而言）。

根据 Sanford Bernstein 分析师托尼·萨科纳奇（Toni Sacconaghi）的报告，平均来看，苹果在采购完成的 83 天之后才向供应商付款，另一方面苹果平均只要 18 天就能收到客户的付款（2011 年数据）。在同一年，苹果的库存水平仅维持在 4 天左右。

直到 2018 年，当市场上有大量投资者对于苹果的市场地位和盈利能力产生怀疑的时候，其对于经销商利润的控制、对于供应商供应能力和账期的控制仍然没有丝毫减弱，甚至更加强大了——目前苹果不允许供应链中有哪个配件只能由一家供应商垄断提供，最少要有两家。

格力也有类似的情况。早在 1990 年，当时董明珠只是格力电器前身珠海海利空调的业务员，她在安徽做成了第一笔先款后货的生意，从此就将这一传统延续至今，并且在全国范围内大规模铺设直销门店渠道，对整个生产和销售渠道体系进行了全面的掌控。

贵州茅台自不必说，能成为茅台的经销商基本意味着端起了金饭碗，而且还可以私下囤酒获利，甚至有经销商因此受到重罚。另外一家非常值得称道的"先款后货"的企业是海天味业。这家企业自 1998 年开始就执行先款后货的模式，一直延续至今，连续多年账面应收账款为零。

这些优秀企业通过长期的先款后货，显示在各自行业中的强势地位，同时这种模式也极大地提升了企业的盈利能力，并积累了数额庞大的现金库存：截至2018年一季度，苹果公司现金库存2400亿美元，格力电器货币资金量超过1000亿元，茅台现金库存超过870亿元。

三、政策壁垒

以关税和网络防火墙为代表的保护政策，可以直接催生国家内部企业的发展，尤其是垄断型企业，往往会在政策的保护下快速发展壮大。

这是在美国经济发展历史中得到验证的。19世纪下半叶，美国的关税水平不断提升，对当时托拉斯的发展起到了难以衡量的巨大作用（见图6-3）。

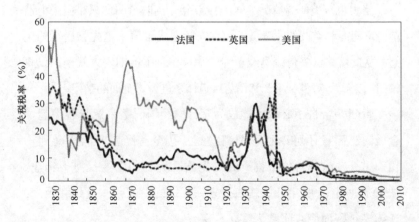

图6-3　美国1860年之后的高关税是催生美国本土大型企业出现的关键原因

例如在 1881 年，英国产钢铁价格为 31 美元/吨，如果美国人进口它们，将支付 28 美元/吨的关税，因而英国钢铁最终价格为 59 美元/吨，相比之下，美国钢铁的价格为 61 美元/吨，因此，以美国钢铁为代表的美国各大钢铁公司获得了巨额利润。

高关税限制外国商品的进口，使得托拉斯减少了竞争，避免了国外价格水平的影响。美国食糖冶炼公司的董事长查尔斯·迈哈耶夫就认为，关税法是所有托拉斯之母。

对外贸易政策，或者说是国际贸易壁垒，是确保美国大型企业盈利能力的重要基础，最终让美国国内的大型企业独占美国市场，并形成全球影响力。

2018 年开始，美国时隔多年再次开启了贸易壁垒，也是从这个角度出发考虑的。实际上从历史上看，美国都并非一味强调自由国际贸易，而是很擅长使用贸易壁垒保护本国产业，帮助本国企业获取超额利润。

在中国，最典型的例子就是对欧美大型互联网公司的限制，催生出了阿里巴巴、腾讯、百度这样规模庞大的互联网垄断型企业，当然这些企业本身也有很多伟大的特质，但强劲竞争对手的消失，也是其能够在很短的时间内做大的重要原因。

与此类似的还有信息安全领域，中美两国对信息安全的重视，以及对科技技术的保护，直接导致各种芯片和重要软件企业获得更有保障的国内收入，其股价不同程度地上涨。国产芯片更是被看作中国产业升级的重要方向，虽然盈利能力尚不强大，但股价已经被反复爆炒。

四、产业支持

众所周知,不仅中国有国有企业,韩国、日本、新加坡包括美国和欧洲国家,也都有一些类似于国有企业的"国家企业"。这些企业并非国有资本控股,但是其一举一动严格遵循国家经济战略,在相当程度上代表了国家经济的支柱力量。

站在政府的角度,也需要这些具备强大经济实力的企业,来贯彻自己的经济主张,发展重要产业,以实现富国强民的目标,因此会以各种方式来支撑、扶持这些企业,甚至直接采用补贴的方式,帮助其与国际上的其他巨头展开竞争。

可以说,只要是能够坚定贯彻国家经济战略的企业,都具备很好的发展机会,并且通常在国内不会有太多的竞争对手,这类企业值得二级市场的投资者密切关注。

最典型的例子,就是韩国半导体行业的发展历程。如今三星、SK 等企业的半导体业务正值景气周期,盈利强劲,风头正盛,三星也凭此成为全球范围内最赚钱的企业之一,在多个领域将竞争对手完全抛在后面。

之所以能够取得今天这样的成就,很重要的原因之一,就是国家层面对于半导体产业的异常重视,并且在产业周期低谷时期,给予了三星和其他大型企业的芯片业务以庞大的政策补贴,助相关企业渡过难关,熬死缺乏政府支持的美国、日本竞争对手。

当然三星、SK 自己也是非常争气的，利用政府层面的支持，平稳渡过半导体行业的数个低谷期，最终战胜了曾经仰视的对手，把几个细分领域都做到了全球最强。

如今，成功的三星电子已经对整个产业形成了举足轻重的影响力。其韩国巨大半导体工厂的周边，日本和美国的制造设备、原材料企业纷纷建立基地，根据与三星的技术协商和三星的产量决定自身的出货计划。

三星在半导体领域庞大的垄断式实力，已经把身为 IT 巨头的谷歌、Facebook、亚马逊等客户都吸引到首尔。

三星地位升高的原因，是存储器需求的爆炸式增长。如今能够和三星竞争，向市场提供类似产品的企业越来越少。三星在 DRAM 领域掌握全球份额的 47%，在这个巨大的市场空间中占据了绝对优势。

物联网时代即将来临，数据量将以极快的速度增长，届时对存储芯片的需求还将进一步扩大。隐忍煎熬了多个周期之后，三星的半导体帝国仍然稳固，这就是国家产业支撑的巨大价值。

在中国，由于国有企业的特殊情况，以及国家对经济发展的深度介入，都导致了有更多政策补贴企业出现，甚至出现过一些造成产业无序发展的情况，如当年的多晶硅泡沫和此前一段时间的新能源汽车补贴事件等。

但是包括国家信息安全、粮食安全、能源安全等关键领域的一些布局和支持政策，仍然会对行业内的优势企业的发展形成促进作用，可以被投资者视为重要的投资基础因素来看待。

五、 缺乏弹性的行业

价格的涨跌根源,是供给与需求共同作用的结果,同时也受到"弹性"的制约,也就是说上市公司所提供的商品如果是不可或缺的,"弹性"就小,股价也更容易有好的表现。

举个例子,北京好多人都爱吃糖炒栗子,但是栗子这东西有个问题,就是大多数生长在山区,包括怀柔和密云等地,而且一年一熟,产量有限,高高的树上挂着一个个毛茸茸的球,采摘困难运输不便,加工起来也费时费力,所以供应一直有限,导致价格不便宜。

但北京消费市场太大了,对板栗的需求稳定且持续增长,毕竟好多人喜欢。

如果我们静态地考虑,全北京的板栗没有从河北省、山东省外送的"进口",那北京北部山区的板栗产地的农民是不是要发财了?并不是。因为板栗的价格一旦涨得太高,超过了某个临界点,比如 50 元/千克以上,恐怕就没多少人吃了。

板栗如此,阿胶和茅台同样如此。

市场上所流行的"涨价概念"也是如此。并非所有产品的涨价都意味着企业的暴富。企业从涨价过程中获利,必须满足的一个条件就是,这个东西不是"板栗",而是小麦和稻米,是必需品,是弹性较小、没有替代品的东西。

很多人将"涨价"视为价值,但实际上,没有坚定的需求基础（也就是更小的弹性）的涨价，是不可持续的，涨到一定程度，消费者和客户就会退而求其次地选择其他替代品。

例如2011年左右中国意识到稀土的重要性，将国内几大稀土企业做了整合，形成了庞大的垄断型企业北方稀土，各种类型的稀土价格一涨再涨，最终导致大量的海外用户加大研发，不断拓展替代品，最终造成了高价稀土滞销，北方稀土等行业垄断者的业绩和股价也没再有很好的表现（见图6-4）。

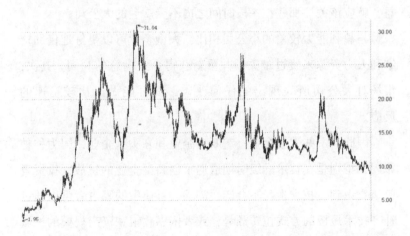

图6-4 高价激发了替代品的研发，实现垄断之后北方稀土股价表现并不理想

所以有必要将"涨价概念"做出细分，是必需的？还是非必需的？替代品是什么？价格如何？然后考虑这种涨价是否值得密切关注。这就是"弹性"在投资中的重要性。

很多看似平淡无奇的生活必需品、生产必需品，往往具备最坚固的市场需求基础。同时，大多数此类行业都具有明显的规模效应,体量越大的企业成本越低,品牌效应越明显,在行业中的竞争壁垒就越坚固。因此"低弹性"的垄断型企业往往是强者恒强,能够持续不断地为股东创造价值。

六、 不受欢迎的大公司

格雷厄姆很早就提示了投资者,如果想要获得稳妥的投资收益,就应该关注那些在一段时间之内不受欢迎的大公司。

与盈利能力较差的小公司相比,大型企业可以更好地借助资本和人力资源来渡过难关,并重新获得令人满意的利润。其次,市场对大公司所表现出的任何改善,都可能做出比较迅速的反应。

因此当一些大型企业、垄断型企业和寡头型企业,因为种种原因,特别是在技术升级时期遭遇了创新型企业的挑战,投资者应该意识到,技术本身不会产生需求,行业中的寡占者可以通过补齐技术短板的方式扭转颓势,或者依靠政策和资产规模的护城河,重新回到良性的发展轨道上。

如之前所说的,大型企业可以通过并购的方式,很快补齐短板,找到新的发展空间,或者以雄厚的资金实力熬过周期下行的寒冬,再次走上正常的发展轨迹。

所以当这些各个行业中的寡头型企业陷入困境、估值下降的时候,经常意味着投资机遇,而非风险。

反过来想,如果没有出现这些各种状况的危机,投资者也不可能以极低的价格买到这些各行业最优秀的企业。

A股历史上这些常年表现强势的优秀企业,出现50%左右大幅度下跌的时候,大多都是遭遇了严重的宏观经济风险局面,或者行业危机、企业自身出现的严重状况等。

管理层动荡对苹果公司的影响让苹果几乎成了一家平庸的硬件企业;"3Q大战"及其对腾讯战略影响的余波,让腾讯在2011年上半年股价大幅下跌了35%左右;2015年董明珠在空调行业主动发动的价格战,恰逢地产行业前所未有的银根紧缩,股价下跌55%左右;塑化剂和"八项规定",让A股最具价值的白酒板块全面调整,深度下跌。

如果投资者能够相信这些伟大的企业并在适当的低点买入,即便不精确到下跌行情的底部,同样可以在几年的时间里收获巨大的涨幅。

但前提是,需要对强势的寡占型企业有极高的信心,同时避开非刚需行业、衰退行业的陷阱,这就需要投资者能够掌握更多的产业发展规律,以及对人性、人类需求的把握能力。

例如,2018年,由于潜在的坏账爆发,人们给予了银行板块以极低的估值,绝大多数银行的估值跌至5~8倍,其中还包括了以稳健著称的"工农中建"四大行,包括杭州银行在内的一些地方商业银行被看空得更加严重,出现了跌破市现率的情况。

同时,由于担心房地产市场出现大幅度变动,地产公司的股票也被抛弃,虽然各家大型地产公司业绩不断上涨,仍然无法阻挡投资者们"用脚投票"。但实际上房地产行业的产能集中度正在不断向龙头企业集中,这个明确的趋势,也将支撑万科、恒大、保利等巨头企业保持增长。

不受欢迎的大公司,只要其估值水平足够低,往往意味着投资机会。

七、第二波行情持续性最强

某一行业的第一波牛市,是发展初期的"雨露均沾",大小型企业都能活得很滋润。

美国资本市场2000年左右的科技股泡沫时代,在这个规模庞大的新兴产业中,所有的企业都可以被市场给予很高的估值,因为每家企业都有机会发展成为行业中的大型企业,投资者也不愿意放弃这个机会。

因此,市场上出现了非常奇葩的情况,只要是带".com"的公司,股价都会一飞冲天,这时候的各路资本看起来都非常傻,以至于分不清企业资质的好坏。

中国在2012年之前第一波白酒股的牛市中,也存在类似的情况,只要沾上酒,各种上市公司股价都不断上涨,同时也有各种类型的公司开始介入到这个狂热的产业中,既包括联想这样的大型企业集团,也包括巨力集团这种民营企业。

与此类似的还有工程机械、光伏(见图6-5)、网络游戏等。这种大规模的行业泡沫,终究有破灭和消散的一天,在这之后全行业往往会面对估值水平重挫的命运。

图6-5 单晶硅寡头隆基股份是新兴产业"第二波行情"的典型代表之一

但是在经过一段时间的沉寂之后,这些行业的市场表现就会出现变化。在企业经营层面,大量的中小型企业倒闭,甚至行业龙头倒闭的新闻就会出现,但随后不久行业中一些优秀企业的股价就会开始反弹,甚至在一段时间之后创出历史新高。

如果投资者看到了类似的消息,都应该对其进行密切的关注,因为这背后的根源,是这些行业的熊市并不意味着行业完蛋了,而意味着随着各种竞争对手的离场,行业过度竞争的局面将出现缓解,龙头企业的市场占有率不断提升,并因此有了更好的盈利能力和股价表现。

这时,行业就会出现第二波牛市,这第二波上涨,一定是行业的头部企业市场占有率不断提升,挤压中小型竞争对手,赢得存量博弈之后形成的部分企业股价的上涨，而不是和第一轮牛市一样，所有企业不分青红皂白地全面上涨。

在2008年经济危机之后，美国市场上的科技股就开始了全面反弹，这些历经了网络泡沫破灭和次贷危机洗礼的互联网企业，大多获得了各自细分市场的垄断地位，盈利能力强大，具备极强的市场掌控力。它们股价的上涨大多由业绩驱动，因此我们可以看到苹果、谷歌、Priceline等企业，在经过多年的上涨之后，其市盈率仍然保持在合理的水平。

航空股也是一个典型代表，这个原本让巴菲特最郁闷的板块，如今已经成了伯克希尔·哈撒韦的重仓。

此前，由于缺乏技术壁垒、市场壁垒的有效控制，航空运输市场在很长时间内都是一个完全竞争市场，企业之间的竞争非常充分，因此普遍难以获得超额利润。

但经过多年的政策调整、行业整合与市场出清之后，全球航空市场集中度不断提升，最终带来了企业效益的改善，股票上涨。巴菲特发现了行业格局改变所带来的机遇，在航空股上放弃了固有的判断，成功搭上了其第二轮牛市。

中国航空公司也处在类似的过程中。2016年，中国本地的航空公司就有923万架次飞机起降。当中大部分来自最大的三家航空公司：中国南方航空、中国国际航空、中国东方航空，它们运送了全国65%的旅客。

也就是说这三家航空公司已经占据了行业内65%的市场份额，未来这个数字还会有进一步的增长（见图6-6）。

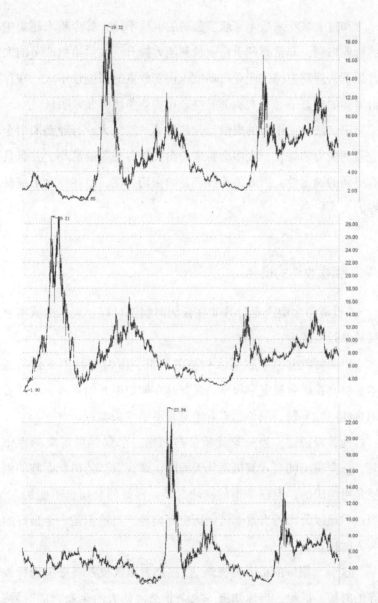

图6-6 相比美国四大航空公司,中国三大航空公司面临的竞争仍然比较激烈

和过去多年来数十家航空公司的混战不同，如今越来越集中的行业格局，非常有利于企业盈利能力提升。在供给侧改革的大背景下，短期内民航产业市场准入再度放宽的可能性不大。在存量博弈的状态下，三大头部航空公司的竞争优势非常明显。

第二波行业牛市的规模，往往比第一波更大，行业垄断型企业盈利能力的爆发，大多会带来超出投资者想象的涨幅，并且具有更强的确定性，因此值得投资者的密切关注，也往往会形成良好的买入机会。

八、银根收缩的机会

"投资伟大型企业"并非在任何时候都可以，买入的成本直接关系投资成败。

巴菲特就非常重视买入价格的高低，因为交易中支付的成本，将直接影响投资回报率。最好是在熊市中开始买入，虽然短期可能继续下跌，但长远来看绝对是不错的买卖。

他曾经说过，当一家优质公司面临一个偶然可解决的困难时，一个完美的买入契机就从天而降。请注意，公司所面临的困境是可解决的，但在牛市的高峰时期，再好的公司也不能买入，当这些超级公司的市盈率已创历史新高时，当然不是一个很好的买入时机。

这个"很好的买入时机"，往往是大多数投资者被迫选择放弃的时候。试想，当你知道一家企业是"伟大的企业"的时候，别人怎么可能不知道。在绝大多数时候，人们是不愿意放弃手中的筹码的，因为这些筹码会随着时间的推移而变得越来越有价值。

只有当遭遇行业意外、企业意外、全市场范围的流动性危机，人们只得大规模卖出股份造成股价大幅下跌时，一个好的买入时机才会出现。巴菲特说："最佳的投资机会大多出现在市场银根最紧的时候，那时候你一定希望拥有强大的火力。"

这个规律在A股市场多年的发展历程中不断验证。例如，历史上的几次重要底部，都是在五月底到六月底之间跌出来的，2005年、2013年、2014年、2017年的年中都是历史级别的重要底部区域。

另外每年11月底到12月底也是暴跌的频发期，2008年、2012年、2016年的年底都是A股历史上最重要的底部。

以上这些底部区域还只是比较重要的点，如果算上一些短期下跌和区域性的底部，每年5月、6月和11月、12月的下跌屡见不鲜。

其中最重要的原因，就是银行体系的资金回笼，对A股市场造成了最大的资金抽离影响。也就是说，每年的这个时间段，是买入股票的好时机。

对于竞争优势型、垄断型企业来说，因为市场流动性问题形成的买入机会，大多是非常有价值的，因为各种原因导致的流动性问题，绝大多数并不会伤害到这些优势企业的经营层面，相反，严重的流动性问题最终会导致行业内的中小型企业退出市场,这是垄断型企业进一步发展的良好机遇。

因此不论是每年6月、12月的"例行钱荒",还是地产行业的周期式现金流紧张,还是2013年压力测试导致的资本市场大钱荒,都会导致各行业优势企业的股价大幅下跌,最终形成买入机会。例如在2017年绩优股、白马股的大牛市中,有相当多股票上涨的起点,就是2013年6月底那场空前的流动性危机。

每次经济危机和金融危机,都是一个行业里领先企业进一步扩大竞争优势的契机。而银根最紧的时候,市场往往会迎来绝佳的买点。

第四节 技术面应用

一、低门槛分析

技术分析是市场上绝大多数个人投资者所使用的方法。正如之前所说的,采用这种方式可以不用研究和分析每一家上市公司的经营情况,也不用去熟悉产业发展的规律,甚至宏观经济也可以不用太在意,只要出现合适的图形形态,就可以做出买入或卖出的判断,这其实是一种降低投资门槛的分析方式。

如果投资者仅因为"简单易懂"就去长期让技术分析指导

投资操作，那一定会出现很大的问题。最典型的后果就是买入高估值股票，并且抬高整个市场的估值水平，最终遭遇亏损甚至全市场的系统性风险。那些看起来如同金科玉律一般的买入诀窍，最终也会在恐慌中失效。

例如，在传统的"上升通道"或者"平台震荡"形态中，如果遭遇全市场范围内的大规模下跌或者各种利空的突袭，加上标的本身被高估的话，就很容易最终造成通道形态被破坏。因此即便在上升通道的下轨进行买入，仍然会被砸下通道，一个典型的"买入信号"，在很短的时间内就形成一个明确的"卖出信号"（见图6-7）。

与此类似的情况还有很多，例如被视为经典的买入信号的颈线回调、红三兵、突破历史新高、底部放量涨停、MACD背离等，都随时可能会因为行情的变化而出现逆转，瞬间转化成卖出信号。

因此，投资者应该坚持以基本面、行业竞争格局为主，以技术面判断为辅的分析方式，在技术面与基本面相冲突的情况下，应该以企业和行业的基本面作为自己投资的支撑理论基础。

在投资过程中，技术面的分析确实被很多价值投资者所摒弃，例如雪球CEO方三文甚至曾经表示，自己已经很长时间没有看过K线图了。

实际上技术面分析并非全无用处，如果能够以理性的方式去看待的话，仍然可以获得一些有效的信息，对投资者能起到一定的辅助作用，特别是在情绪（狂热或者恐慌或者过度谨慎）主

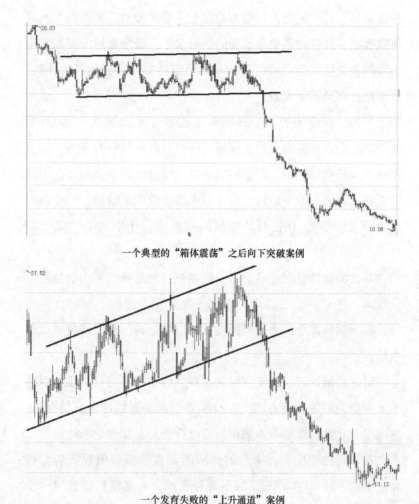

一个典型的"箱体震荡"之后向下突破案例

一个发育失败的"上升通道"案例

图6-7 行情的转变可以很快扭转看似规律的K线形态

导市场行情的时候,分析K线有一定作用。

因为K线图本身就是大量投资者用资金堆砌出来的,这些交易中就蕴含着投资者的情绪，因此在很多时候，都可以通过K线观察资金背后的市场情绪。但技术分析的作用也仅限于此：除了用来分析市场情绪之外，其作用和价值不应该被无限放大。

而市场情绪这个变量，正是企业和行业基本面研究分析中所欠缺的部分。因此，那些能够体现出市场情绪的K线形态和K线组合，应该让价值投资者重视起来，用以更好地把握市场情绪，避免出现不必要的损失。

其中最典型的，就是在狂热、恐慌与过度谨慎的市场情绪下形成特定的形态。

二、喇叭口形态

这种K线形态往往耗时很长，因为市场情绪绝大多数是经过缓慢的发展过程最终积累形成的。

观察喇叭口形态的K线，我们可以看到行情最早开始于窄幅震荡，股价不断上涨之后，参与者越来越多，伴随着成交量的逐渐放大，股价的波动越来越大，并呈现出阶梯状放大，顶点越来越高，低点越来越低。

出现这种情况的时候，意味着市场上投资者对于股价的掌控能力已经丧失，只能在波动的过程中随波逐流并且加剧震荡，最终形成一个向上或者向下的喇叭口形态，伴随着成交量进入"天量"状态，最终跌破这个喇叭口下轨的时候，震荡的行情终结，股价下跌。

这种形态最典型的例子，就是"宝万之争"过程中的万科A股价。由于受到了几个大机构和社会资金的热烈追捧，万科股价从小幅震荡逐渐走向失控，最终轰然崩塌，伴随着宝能出售股份退出的消息，万科股价累计下跌50%以上，甚至一度跌破了2008年高点的价格（见图6-8）。

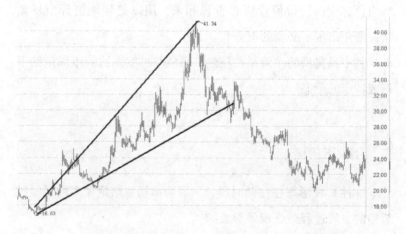

图6-8 "宝万之争"期间，万科A股价K线非常清晰的喇叭口走势

另外2018年8月之前青岛啤酒的走势也是类似的情况，股价从小幅震荡到宽幅震荡，历时半年之久，并在2018年世界杯之前受到了无数散户的关注，进入了量能最高、波动最大的巅峰，在这些人离场的过程中，该股累计下跌40%以上（见图6-9）。

严格来说，这两家企业都是各自行业内的领导企业，质地优良，市场占有率高，但在大规模社会资本炒作的过程中，股价仍

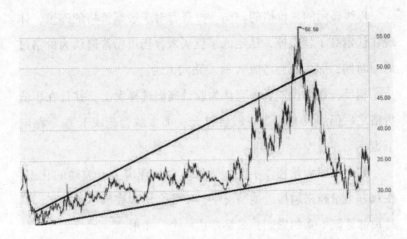

图6-9 青岛啤酒的喇叭口走势稍显隐蔽,最终在世界杯期间市场狂热达到巅峰

然会陷入狂热情绪的控制当中,如果使用技术分析作为辅助,就可以更好地看清事态的进程。

三、三角形

和喇叭口形态相反,三角形是一种收敛形态,出现这种情况,意味着股价走势进入了两难境地,向上缺乏动力,向下又有所支撑,投资者出价越来越谨慎,买方不愿去支付向上突破的价格,持有者则不愿意以更低的价格出售手中的股票。

这种矛盾而纠结的情绪反映在K线形态上,就会在盘面上清晰地画出一个三角形,或大或小,逐渐收敛,大多数时候还伴随着成交量的萎缩。

K线显示的是价格的波动。投资者对于股票价格的谨慎，体现在认定高了就卖掉，认定低了就买入，当市场普遍认为价格过低的时候，那买入会造成K线一路向上走。

相反，如果投资者一直认为股价高而选择卖出，并且在压低价格之后仍然没有买盘将股价拉升，那么就会造成K线一路向下走。

如果两股力量相差不大，股价就会呈现出上下波动的状态。在双方力量越来越接近的情况下，K线会出现底部不断抬高，同时顶部逐渐下降的形态，最终形成一个三角形。

这实际上是一种非常鲜明的犹豫情绪的体现，在上涨的行情中，犹豫的情绪会逐步演变成进一步的乐观，在下跌的行情中，对于向上买入的犹豫最终会逐渐演变成对未来的悲观，最终让三角形整理演变成下跌的趋势。

2018年的A股市场行情并不理想，在这一年出现了非常多的典型的三角形走势，一般都从一波快速下跌见底开始，出现反弹，然后行情反复，反弹的顶部空间被逐步压缩，虽然底部也在逐渐抬升，但整体的犹豫就意味着向上的动能不足，最终股价或者指数会出现又一波下跌。

这种三角形的走势很有欺骗性，很容易让投资者误以为是在做筑底行情，但实际上三角形在大多数情况下都会延续之前行情的走势，并非一个能够预示反转的K线形态，特别是在长期下跌的行情中。

在牛市行情中，三角形整理则会形成买入的机会，特别是当这种技术面与企业的基本面形成"共振"的时候——企业业绩表现良好，估值较低，同时 K 线组合也表现出了相对乐观的状态。最典型的就是 2014—2018 年之间贵州茅台的大行情，在整个 2015 年都处在一个大的三角形整理的状态下，此时买入仍然可以获得一波较大的涨幅收益（见图 6-10）。

图 6-10　2015 年，贵州茅台进行了大规模的三角形整理，随后继续上涨

在具体应用上，如果投资者准备买入一只股票，遇到了三角形整理的情况，那么可以在其下轨道处买入，或者等到其出现一波下跌之后再行买入。在三角形的上轨道处买入风险最大。

四、双顶和 W 底

这种形态意味着投资者不愿意支付比此前最高价更高的价格，导致在下跌之后的反弹，始终无法突破其上一个最高价，最终形成一个左边高，右边低的 M 型双顶。这大多预示着顶部的到来，特别是当行情刚刚经历过一波超越了基本面的非理性上涨之后。

这种对于价格非常坚定、保守的心态，往往会给市场带来非常清晰的指示作用，最终让更多的人选择抛售，导致股票或者指数进一步大幅度下滑，纵观历史，不论个股、大盘、绩优股还是垃圾股，有太多M顶之后形成的大幅下跌。

M顶的最佳使用环境，是在业绩支撑之下的一大波涨幅之后，市场形成情绪惯性，推动股价不断上涨以致超过业绩上涨对股价的影响，最终在较短的时间内形成高估局面。这时出现的双顶往往具备比较高的确定性。

2007年上证综指的历史大顶就是一个典型的例子。"530"印花税大幅提升，意味着监管和政策层面已经不支持股指和个股的进一步上涨，行情对于大型企业业绩提升的反应也已经非常充分。

但是在情绪惯性的作用下，短暂暴跌之后大型蓝筹股仍然在不断大幅度上涨，冲顶行情非常迅猛，6124点之后，沪指的日K线、周K线都形成了明显的双顶形态，此后A股所有重要指数不断下挫，上证最终下跌至1664点才止住下跌（见图6-11）。

个股方面也有非常多叠加了基本面的高估和技术面M顶的例子，例如2017年11月—2018年1月，国产剃须刀的领导企业飞科电器，形成了一个日K线、周K线都非常清晰的M型双顶结构，此后股价下跌50%。

本身业绩表现非常好的中药企业片仔癀，也在2018年6—7

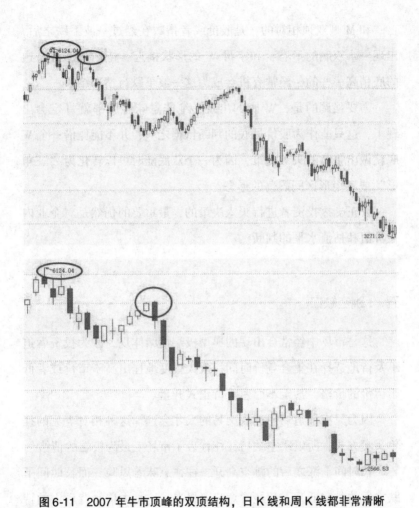

图 6-11　2007 年牛市顶峰的双顶结构，日 K 线和周 K 线都非常清晰

月之间形成了一个清晰的双顶。但它在此前半年的时间上涨了接近 80%，市盈率上升到 35 倍以上，虽然业绩等各方面表现非常好，但仍然无法阻止高估值所带来的抛压。

和 M 型双顶相对的,是股价或者指数在经过一波下跌之后,出现一个双底的形态,和字母 W 的形状接近。特别是那种右边的底稍高一些的,经常有机会成为这一波下跌行情的结束。

需要强调的是,W 底的出现,绝非意味着底部就肯定会出现了,这只能作为股价见底的判断依据之一,并不能凭借一个 W 底就做出鲁莽的买入决策,因为一个双底随时可以转化为"三角形"或者矩形区间震荡的形态。

真正支撑投资者进行买入决策的,最重要的仍然是对企业内在价值和估值水平的判断。

五、 跳空缺口

这是市场中经常会出现的典型极端情绪体现,因为投资者迫不及待地选择在集合竞价时间,就大幅度地挂出高于市价或者低于市价的价格,甚至不愿意等待正式开盘。

因为只有最迫切想达成交易的人才会选择这种相对少见的挂单买卖方式,所以跳空缺口往往代表了市场上最为极端的情绪。

长时间上涨之后的跳空高开,往往意味着风险,而长时间下跌之后的跳空低开,却经常意味着机遇。这是由情绪背后人的特点所决定的,因为正常来说,具备理性的投资者不会选择在一波上涨之后的高位再度选择高价买入,敢于这样操作的一般是市场上最不理性的投资者。

这些投资者入场买入后,市场上就再也没有后续买入的力量了，因此股价自然很难获得进一步上涨的动力，下跌就很自然地出现了。

反过来也是一样，在经历了大幅度的下跌，估值风险得到充分的释放甚至被严重低估的时候，仍然有部分投资者以极端的方式卖出股票，意味着最不理性的空方力量也出现了，股价进一步下跌的动力就会因此消失（见图6-12）。

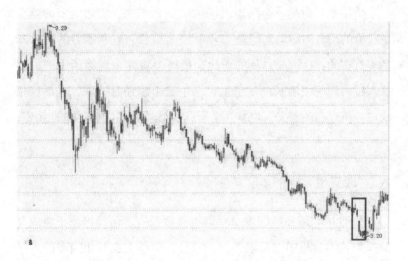

图6-12　2013—2014年，万科下跌60%之后出现向下的跳空缺口，下跌结束

至于很多技术派分析人士所推崇的"跳空大涨代表上涨起点"，则并不在我们对市场情绪的观察范围之列，因为这种情况往往是一种短期内做多情绪的宣泄，很容易出现过激行为。

另外，跳空缺口一般发生在利好消息的刺激之下，不会经历过很长时间的情绪酝酿。而没有经过酝酿的情绪，在大多数时候都是过于激烈的，随时可能因为情绪的冷却而转向相反的方向，因此其并不能真正反映出真实的情况，甚至有可能只是操控的结果。

很多投资者都曾经听说过"缺口必补"的理论，这在一定程度上是有道理的，因为几乎所有的非理性情绪最终都会回到理性状态，所谓"利好消息"虽然可以在一定的时间内刺激企业股价，但最终还是要回归到企业自身业绩增长驱动股价上涨的模式。

情绪是一时的，会随着时间的消逝而消失，随之而来的就会是股价的反方向运动。但是企业业绩的增长、盈利能力的提升却是实打实的，这两股力量的对比，最终会将亢奋情绪所带来的上涨，拉回到业绩增长的航道上，不论是上涨还是下跌。这不仅是缺口分析存在的意义，也是几乎所有K线图技术分析存在的意义。

六、成交量

虽然并不是K线图本身，但大多数投资者已经习惯于将成交量视为技术分析中非常重要的一部分，市场上也有相当多的人试图去揣摩成交量背后蕴含的投资机会。

和K线图一样，我认为成交量也是价值投资者了解市场情绪的一个重要渠道，我们可以通过对成交量变化的分析，了解到其他投资者对我们所选标的（或者是整个大盘）的看法和行动。

成交量的体现方式主要是增加或者减少。增加意味着参与某只股票或者大盘的投资者越来越多。人类的逐利本性决定了，只有在看到"有利可图"的时候，才会采取行动去参与某件事。

因此可以明确的是，成交量的增加意味着越来越多的人相信参与投资可以带来利润。反之也是一样，成交量的稀少代表人们不再相信参与投资可以赚到钱。

当然最终的结果并不会如人们所预期的那么顺利，特别是当越来越多的人看到交易机会，大量参与到交易中的时候，股价涨幅就很容易在短期内被透支掉，最终导致股票的高估和下跌。

A股市场散户占比90%以上的投资者结构决定了，市场上大部分的成交量和换手都是由没有定价能力的个人投资者贡献的，而大多数机构投资者在大多数情况下，都不会在很短的时间内频繁买入卖出。因此持续增长的高成交量意味着没有定价能力的投资者源源不断地入场，这本身就是一种交易状态不健康的表现，也会让股票和大盘指数越发偏离基本面。

以海天味业2017—2018年的行情为例，这家酱油和调味料行业最具竞争优势的企业被机构投资者所看重，在2017年年初到2018年6月1日不断上涨，累计涨幅超过166%，但这段时间整体的换手率只有45%左右，累计交易金额420亿元左右。

但随着其市场表现强劲，吸引了大量投资者来参与投资，股价不断上涨，市盈率逐渐超过低估状态，达到35倍以上。随后半年的时间，从6月2日一直到12月24日收盘，虽然股价下跌了15%，但其换手率达到19.61%，比过去一年半的时间仅少了一半，成交金额相比过去一年半也大幅提升，达到374.65亿元，整体上看成交量和换手率都有了非常显著的提高，但带给这些投资者的反而是下跌和亏损。

相比之下，竞争优势型上市公司在低估值的基础上，如果出现大幅缩量，往往意味着长线投资的机会。

一方面是因为缩量意味着无人参与，大多数人认为无利可图。这时投资者更有机会在较低的估值水平上买入股票，而不至于买入估值过高的股票而导致安全边际不足。

另外一方面，如果在上涨的过程中仍然保持低成交、低换手，往往意味着机构投资者和成熟的投资人在买入之后锁仓不动，这会减少市场上股票交易的供给，使得"筹码"变得稀缺，供求关系不平衡，从而导致股价的进一步上涨。

因此总的来看，相比放量状态，缩量更值得投资者去密切关注。

可以说，对不断上涨的成交量的回避，以及对持续稳定的成交量、低换手的关注，是成交量分析最核心的部分，适合价值投资者去感受市场的"温度"。当然，这也是建立在选取竞争优势上市公司进行交易的基础之上的。

第五节 坚持理性

一、理性第一

《共同基金常识》一书中，作者约翰·博格认为，在投资过程中，人们为自己所设立的目标收益率，应该由投资者愿意并且能够为之付出的智慧所决定，也就是更有投资智慧的人，可以获得更大的收益。

当然如果投资者愿意以安稳省事的方式，也就是做更少的思考、更少的学习而获得收益，那么拿到最低的报酬是理所应当的；而对于愿意付出大量时间、精力和财务成本的投资者来说，他付出了更多的人力、精力和物力，获得更多的回报也是理所应当的。

这种努力更多地体现在对于投资智慧、投资风格的完善和成熟，而不是反复交易。如果将反复的操作视为努力的话，那么这种交易层面的"努力"，会毁掉很多人原本正确的投资决策。

对竞争优势企业的投资，是总结了大量的历史规律，从产业发展规律的角度出发，所找到的对投资者来说最清晰、明确的投资原则。以此为基础来完善自己的投资思考和投资智慧，可以最大限度地释放这些思考和智慧的价值。

如果能够坚持只投资竞争优势型企业，甚至只投资垄断型企业，那么很多普通投资者，或者没有太多时间进行分析和操作的投资者，都有机会获得投资成功，而不至于陷入过度竞争和过高估值的泥沼，从而严重亏损。

如此前所说，在买入这些垄断型企业标的的时候，我们可以通过观察一系列的"事件驱动"因素，来确定这些企业已经进入了垄断的竞争格局，其竞争对手大多已经无力对其发动挑战；随后，利用安全边际的原理，以低于其内在价值、公允价值的市盈率（公允市盈率的七折，并且确保未来几年具备可持续的盈利增长）进行买入——如果不具备估值上的安全边际，宁可不买。

这些看似简单的要求，实际上是非常艰难的，因为人性的弱点——包括贪婪和恐惧，受到诱惑无法坚持理性的判断，对于失去看起来绝佳的投资机会的恐惧，最终会让人偏离既定的准绳，最终偏离航线。

如果某一两次在没有原则的情况下赚到钱，后果可能会更加严重，因为这会加剧投资者的随意性，更加丧失原则，那么最终陷入亏损的可能性将会倍增。

芒格将"保持理性的能力"视为投资中最重要的核心能力。如果投资者能够以理性的态度，只将投资目光锁定在具备持续盈利能力的垄断型企业，并在具有安全边际的情况下买入，那么在绝大多数时候，这些投资都是非常安全的，大概率会在较长的持股周期中获得盈利。

二、 高预期高风险

保持理性是一件知易行难的事情，因为在很多时候，人们很难掌控自己的情绪。

特别是"贪婪"和"恐惧"，这是人们在证券投资时必须克服的两种情绪。我们经常听到"别人贪婪时我恐惧，别人恐惧时我贪婪"这样的教诲，但真正事到临头的时候，很难有谁能完全不受到这两种情绪的影响。

与其不断强调为何很多投资者会陷入这种情绪中,不如更多地去分析情绪出现背后的原因。人们之所以会在上涨和下跌的时候难以控制自己,最重要的原因之一,就是"预期"出了问题。

预期是人们对未来的一种判断。在 A 股的语境下,预期指的是人们对于自己未来能够通过投资获得多少收益的判断。这种对未来收益的判断,包含了人们对未来经济环境、大盘走势和所投企业的经营业绩等因素的综合考虑。

可以毫不夸张地说,大多数个人投资者在投资中的预期都是非常高的。这一方面是由早期证券投资,特别是 1990—2000 年之间涨幅高达 20 倍的牛市所形成的惯性;另一方面,也和投资者在银行理财、信托甚至 P2P 和民间借贷等理财渠道能够拿到很高的收益率有关。各种各样的暴富传说,对于高预期的形成也有很大的推动作用。

相比枯燥的规律、定律和历史总结,人们对于野史传说总是有更强的接受力。

但显然,这些高预期最终的结果并不会应验,在 A 股历史上能够最终持续赚钱的投资者少之又少,大多数人来到资本市场后最终亏钱。其中很重要的原因,就在于过高的预期会使其"铤而走险",更多地去选择那些高风险的品种和交易方式。

例如,高预期的投资者会选择短线交易,以期望不断获得利润的积累;如果每两个月收获一个涨停板,那么一年下来累计的收益就有机会翻倍。

另外,投资者会尽可能去选择那些弹性大、股价波动剧烈的品种，以期望能够在其中赚取更多的差价，那些波动率较低、相对迟缓的绩优股他们并不喜欢。

除此之外，即便是长线持股，人们更喜欢去追求那些"十倍股"，也就是那些市值小，能够快速成长，营业收入、净利润动辄连年增长超过100%的企业。

我们不会否认确实有这样的投资机会存在，但其能够被投资者押中的概率实在太低。如果按照这种方式去操作和挑选投资品种的话，很显然在大多数时候投资者会遭遇到新兴产业的过度竞争，陷入其中无法自拔，自然不能获得持续、稳健的收益。

这种情况不仅出现在小盘股上，在大盘股、绩优股上也同样存在严重的预期过高的问题。早年有2007年的蓝筹股泡沫，近期则是在2017年、2018年的绩优股行情中，投资者同样出现了预期过高的问题。

很多投资者以30倍甚至40倍市盈率的估值，买入那些多年净利润平均增速在10%左右的企业，其结果自然是股票无法承担如此之高的预期，从很高的价格快速下跌，参与的投资者损失惨重。

很多投资者开始因此而嘲笑"价值投资"并不能帮助投资者赚钱，但实际上真正造成亏损的原因，是他们自身不切实际的高预期。

"以低估的价格买入优质公司，长期持有获得合理的回报"是价值投资的真实理念，在高预期人群中，这种原则变成了"不计代价买入优质公司，中短期持有获得超额回报"，显然这是一种非理性的状态，再优质的公司，也承受不了如此之高的期待。

三、管理预期

高预期所带来的高风险操作只是一方面,另外一个造成投资者损失的因素,就是高预期会加剧投资者的恐惧和贪婪,并导致不理性估值的出现。

这种不理性估值不仅体现在中国证券市场常年处于高估值状态,同时也体现在极端低估值出现的情况——在极度悲观时,市场同样会出现极度低估的情况。

过高的股价,伤害到的是那些追高买入的投资者,他们受到贪婪的驱使对已经涨幅巨大的股票产生了更高的预期;而过低的股价,伤害到的是那些相对保守的投资者,以理性的方式去估值和买入,总会遭遇到非理性下跌带来的重击。

从更广泛的投资角度来看,可以更清晰地看到投资者降低预期收益的重要性。投资者应该学会管理自己的预期,以更加理性的方式去面对投资这件事,这样才不至于形成大量错误决策而"害人害己"。

买过美元理财产品的人们都知道,和人民币理财动辄4%~5%收益率不同的是,美元理财产品收益率常年在2%左右,回报率非常低。但中国由于相对特殊的经济环境,无风险利率水平一直较高,以信托产品为代表的高收益率+刚性兑付长期占据理财渠道主流市场,给人们带来了证券市场投资应该享有更高收益率的错觉。

比尔·盖茨和巴菲特共同去参加一次活动的时候，曾经坦言每年获得3%的回报是一件非常难的事情。

中国银行保险监督管理委员会主席郭树清在2018年的一次活动中表示，理财产品收益率超过6%就要打问号，超过8%很危险，超过10%就要做好损失全部本金的准备。

即便是最优秀的投资者，也很难做到长周期里每年超过20%的收益率，能够到15%已经是一个非常了不起的数字，巴菲特、彼得·林奇、戴维斯一家、卡拉曼都是如此。

那么并没有接受过系统性训练，没有经过周期洗礼，没有对企业、产业进行过深度研究的投资者们，怎么可能超过这些历经大风大浪、甩开了成千上万同行的胜利者呢？

作为一个普通人，我们没办法去左右信托产品的高收益率和刚性兑付，也没有办法把中国长期以来的一直很高的无风险收益率降下来，这是谁都没有办法去改变的客观事实。

但是只要选择进入到股票市场进行投资，投资者都应该学会降低自己的预期，把长期的收益预期降至10%甚至8%，这样才能更加从容地面对资本市场的波动，以更好的情绪和心态去面对各种不确定事件的冲击。

同时，在股票或者大盘下跌的时候，也不去过度悲观，而应以更加理性的态度，以企业内在价值分析为依据，去面对可能出现的业绩下滑，而不是凭空去想象各种大幅度的下滑、爆雷和危机，这样才有机会以较低的价格买到具有价值的企业股票。

可以说，学会管理自己的预期是理性原则非常重要的体现。

也许现实的世界会养成投资者高预期的习惯，但理性的投资者必须明白，眼前发生一切看似合情合理的事情，也许并不是会永远持续下去的常态。

四、卖出信号

投资者在获得盈利之后，卖出的选择会更加从容。当需要卖出的时候，可以遵循以下几个原则进行。

首先是护城河的消失。政策、品牌、进入壁垒的保护，可以让企业保持盈利能力，进而有很好的股价表现，但如果因为种种因素护城河消失，例如某项政策的制定取消了某一行业的政策壁垒；大型、强势的其他行业垄断集团逐利而来，以高昂的代价抢夺市场；或者技术的进步，导致需求严重下降。

当然这些都是可以通过财务数据体现出来的：净利润增长的大幅度下滑，营销费用的增长速度大于营业收入的增长速度，并且形成趋势，财务成本骤然增加并且居高不下，库存现金快速减少，毛利率下降等。这些财务指标如果同时出现多项，基本可以断定企业的垄断经营出现问题，这时选择分批、分次抛售，是明智的选择。

其次，垄断型企业股价的上涨并非全都是由业绩驱动的，和垃圾股、高估值股票一样，有可能是被资金推动，出现非理性的情绪化上涨。这种情况下，其股价往往会出现短时间内的大幅度上涨，如果是在较长时间上涨的基础上出现这种情况，就更加值得投资者注意。

面对这种情绪驱动、资金驱动的非理性上涨，投资者可以按照前述的技术面分析的方式，选择在出现喇叭口、双顶等情况时卖出，特别是在较短的时间里获得较高的收益之后。

如果投资者在买入时坚持了安全边际折价买入的原则，那么此时选择卖出，往往已经获得了高额的收益。此时卖出会给调仓换股带来很大的便利——因为盈利使投资者的资金更充裕了。

另外，遇到了更好的投资机会时，卖出原有持仓是必要的。这是巴菲特非常推崇的一个原则，投资者如果遇到真正有价值的投资机会，就应该更加坚定地去介入。例如在2018年，在超过30倍市盈率的白酒股和已经跌至10倍左右的其他优质公司之间，其实是不难做出选择的，特别是那些已经抓住了白酒股历时数年"戴维斯双击"行情的投资者。

有一个广为流传的说法是："会买的是徒弟，会卖的是师父"，此言非虚。如果说买入股票更加考验一个人的理性和定力的话，那么卖出股票，则更多地体现出投资者的应变能力、掌握机会的能力。

证券市场千变万化，产业界新的趋势、新的技术都会反映在股票的行情中，每天都有不同的情况出现。相比买入时的精确计算，能够在合适的时候卖出更像是一种投资艺术的体现，这和更加看重原则的买入时点把握有所不同，也更难以掌握，需要投资者不断摸索、尝试和学习。

当然，坚持投资竞争优势企业的原则，可以让投资者用更加从容、稳定的心态去面对卖出的挑战。因为故事的结尾，往往在开篇时就已经注定了。